한스 큉, 과학을 말하다

HANS KÜNG
*DER ANFANG ALLER DINGE*
*Naturwissenschaft und Religion*

2. Auflage 2005
Copyright © 2005 Piper Verlag GmbH, München

All rights reserved.

Translated by SEO Myeong-Ok

Korean translation copyright © 2011 Benedict Press, Waegwan, Korea.
Korean translation edition is published by arrangement with Hans Küng.

한스 큉, 과학을 말하다
2011년 7월 초판
2021년 4월 재쇄
옮긴이 · 서명옥 | 펴낸이 · 박현동
펴낸곳 · 성 베네딕도회 왜관수도원 ⓒ 분도출판사
찍은곳 · 분도인쇄소
등록 · 1962년 5월 7일 라15호
04606 서울 중구 장충단로 188(분도출판사 편집부)
39889 경북 칠곡군 왜관읍 관문로 61(분도인쇄소)
분도출판사 · 전화 02-2266-3605 · 팩스 02-2271-3605
분도인쇄소 · 전화 054-970-2400 · 팩스 054-971-0179
www.bundobook.co.kr
ISBN 978-89-419-1109-8 03200

이 책의 한국어판 저작권은
Hans Küng과 독점 계약한 분도출판사에 있습니다.
저작권법에 의해 한국 내에서 보호를 받는 저작물이므로
무단 전재와 무단 복제를 금합니다.

# 한스 큉, 과학을 말하다

**만물의 시초**를 둘러싼 **갈등과 소통**의 드라마

한스 큉 지음
서명옥 옮김

분도출판사

【일러두기】

1. 성경 인용문과 인명·지명은 원칙적으로 『성경』(한국 천주교 주교회의 2005)을 따르되, 드물게 문맥에 따라 조금씩 다듬었다.
2. 주요 전문 용어와 인명의 원어는 색인에서만 병기하는 것을 원칙으로 하되, 이해를 돕기 위해 본문에서 병기한 경우도 더러 있다.
3. 특별한 경우를 제외하고, 성과 이름은 원칙적으로 처음 한 번만 병기했다.
4. 독일어 Gott가 보편적 의미로 쓰일 때는 '신'으로 옮겼고, 그리스도교적 맥락에서 쓰일 때는 '하느님'으로 옮겼다.
5. 외국어의 우리말 표기는 주로 『표준국어대사전』(국립국어원·두산동아 1999)을 참고했다.

□ 차 례 □

빛이 생겨라!   11

## 제1부 모든 것을 통합하는 하나의 이론?   17

### 1. 실재의 수수께끼   19
    1.1. 이중의 수수께끼   20
    1.2. 새로운 세계 모형: 코페르니쿠스, 케플러, 갈릴레이   21
    1.3. 자연과학과 교회의 갈등   24
    1.4. 자연과학의 승리   25

### 2. '시초'의 물리학   28
    2.1. 새로운 물리학: 아인슈타인의 상대론적 시공간   28
    2.2. 팽창하는 우주   29
    2.3. 빅뱅의 결과   31

### 3. 무엇이 세계를 가장 깊은 곳에서 결속하는가?   33
    3.1. 하이젠베르크와 양자론   33
    3.2. 세계 정식: 원대한 희망   35
    3.3. GOD 대신 GUT? 스티븐 호킹   37
    3.4. 세계 정식: 참담한 실망   39

### 4. 수학의 근거에 관한 논쟁   41
    4.1. 수학의 무모순성? 쿠르트 괴델   42
    4.2. 모든 것을 위한 궁극의 이론은 없다   44
    4.3. 비판적 자성의 기회   45

| | |
|---|---|
| 5. 실증주의만으로는 부족하다 | 48 |
|    5.1. 초경험적인 것을 배제하라고? 칼 포퍼 | 49 |
|    5.2. 정녕 무의미한 사이비 문제일 뿐인가? | 50 |
|    5.3. 모든 명제가 참이라는 증명은 자연과학에서도 불가능하다 | 52 |
|    5.4. 과학적 지식의 자율성과 한계 | 54 |
| 6. 실재의 불확실성 | 56 |
|    6.1. 우주 · 인간 · 자아 | 57 |
|    6.2. 다차원적 · 다층적 실재 | 58 |
|    6.3. 이성: 중요하지만 능사는 아니다 | 60 |
| 7. 자연과학과 신학: 상이한 관점 | 62 |
|    7.1. 자연과학: 토대는 되지만 전부는 못 된다 | 62 |
|    7.2. 신학도 자기비판이 필요하다 | 64 |
|    7.3. 물리학적 인식은 경험계를 넘어설 수 없다 | 66 |
|    7.4. 대립 · 통합 모형이 아니라 상보성 모형이다 | 68 |

## 제2부 시초로서의 신?    71

| | |
|---|---|
| 1. 시초 중의 시초를 묻는다 | 74 |
|    1.1. 시초의 특이점 | 74 |
|    1.2. 철학의 '코페르니쿠스적 전환': 데카르트 | 76 |
|    1.3. 신 존재 증명은 실패했다: 칸트 | 77 |
|    1.4. 신 부재 증명도 실패했다 | 78 |
| 2. 자연과학은 종교 비판으로 차단되었는가? | 79 |
|    2.1. 종교 비판의 정당성과 부당성: 포이어바흐 · 마르크스 · 프로이트 | 80 |
|    2.2. 신의 죽음? 니체 | 82 |
|    2.3. 자연과학은 신을 끌어들이지 마라 | 83 |
|    2.4. 무신론, 이해는 되지만 필연적인 것은 아니다 | 85 |

3. 자연상수는 어디서 왔는가? 86
   3.1. 시간과 공간 안에 유한한 우주 86
   3.2. 기원 문제 앞에서 지성은 속수무책이다 89
   3.3. 우주 질서 원리는 어디서 왔는가? 92
   3.4. 본능적 반대 94

4. 우주의 정밀 조정에 대한 반응 96
   4.1. 우주론적 사변: 대안우주들 97
   4.2. 우리 우주는 많은 우주 가운데 하나인가? 99
   4.3. 우주론적 논증: 디자이너 우주 103
   4.4. 물리학적 신 존재 증명? 105
   4.5. 의심스런 근본 동인 106

5. 왜 무無는 존재하지 않는가? 109
   5.1. 세계 수수께끼 풀이? 109
   5.2. 지식이 자라면 무지도 자란다 112
   5.3. 근원적 신비에 접근하다 115
   5.4. 가설로서의 신 118
   5.5. 실재로서의 신 119
   5.6. 아르키메데스의 점 121


## 제3부 창조냐 진화냐? 125

1. 생성의 시초 127
   1.1. 생물 종의 진화: 다윈 128
   1.2. 인간은 동물계에서 유래했다 130

2. 신학의 저항 132
   2.1. 난감해진 성공회 132
   2.2. 제2의 갈릴레이 사건 133
   2.3. 프로테스탄트 교회의 창조론 136

3. 신 없이? 신과 함께? 139
    3.1. 신 없는 진보: 콩트 139
    3.2. 신을 향한 진화: 테야르 드 샤르댕 141
    3.3. 과정 중의 신: 화이트헤드 145
4. 신을 어떻게 생각하는가? 148
    4.1. '신'이라는 말에 대안은 있는가? 149
    4.2. 신은 초지상적 존재인가? 151
    4.3. 영원과 무한으로 둘러싸인 시공간 152
    4.4. 신은 인격인가? 154
5. 성경과 창조 157
    5.1. 세계 종교의 창조 신화 158
    5.2. 정보의 결핍? 161
    5.3. 유대·그리스도교적 세계관의 대헌장 163
    5.4. 은유적 상징어 166
    5.5. 과학 언어와 종교 언어 167
6. 궁극적 기원에 대한 신앙적 증거 170
    6.1. 시간과 공간은 무에서 창조되었다 170
    6.2. 창조 신앙의 현대적 의미 173
    6.3. 다가갈 수 없는 빛 177

## 제4부 생명의 기원 181

1. 생명은 언제부터 존재했는가? 184
    1.1. '생명'이란 무엇인가? 185
    1.2. 우주에 우리뿐인가? 186
    1.3. 헛된 탐색 188
2. 생명은 어떻게 생겨났는가? 191
    2.1. 생명의 운반자 192
    2.2. 물질의 자기조직화 193

3. 우연인가 필연인가? 196
　3.1. 우연의 우위? 197
　3.2. 자연법칙은 우연을 통제한다 198
　3.3. 신은 불필요한 존재인가? 200
　3.4. 실존적 선택 202
4. 생명친화적 우주는 왜 하나뿐인가? 203
　4.1. 인간을 향한 진화 204
　4.2. 인본 원리? 205
　4.3. 최종 증명은 없다 207
5. 기적 210
　5.1. 기적은 자연법칙의 파괴인가? 211
　5.2. 성경 비평 212
　5.3. 신앙을 위한 암시 213
6. 신의 활동을 어떻게 볼 것인가? 214
　6.1. 신은 영이다 215
　6.2. 무한한 존재가 유한한 존재 안에서 활동한다 216
　6.3. 신은 세계와 경쟁하지 않는다 217


## 제5부 인류의 기원 223

1. 인간 신체의 발달 225
　1.1. 계통발생사 226
　1.2. 인류의 요람, 아프리카 227
　1.3. 종교의 첫 발자국 230
2. 인간 정신의 발달 233
　2.1. 심신 문제 234
　2.2. 영혼에서 정신으로 235
　2.3. 조건부 자유 237
　2.4. 유전자냐 환경이냐? 239

### 3. 뇌와 정신 — 240
    3.1. 뇌의 물리·화학적 작용이 모든 것을 결정하는가? — 241
    3.2. 자유의지는 환상인가? — 242
    3.3. 죄와 책임에 대한 신경과학의 무관심 — 244

### 4. 뇌 연구의 한계 — 247
    4.1. 뇌의 결정적 차원에 대한 무지 — 248
    4.2. 신경과학의 중대한 문제들 — 249
    4.3. 물리학과 화학은 자아를 설명할 수 없다 — 253
    4.4. 자유의 경험 — 256
    4.5. 정신적 우주 — 259

### 5. 인간 윤리의 기원 — 262
    5.1. 진화생물학적 요인과 사회문화적 요인 — 262
    5.2. 세계 윤리의 토대인 원본 윤리 — 264
    5.3. 성경의 윤리에도 역사가 있다 — 265
    5.4. 빛은 하나인가 여럿인가? — 267

## 에필로그 만물의 종말 — 271
    1. 종말에 대한 물리학적 가설 — 271
    2. 종말에 대한 묵시록적 환시 — 274
    3. 성서적 환시의 의미 — 277
    4. 빛으로의 죽음 — 279

    감사의 말 — 281
    인명 색인 — 283
    사항 색인 — 289

빛이 생겨라!

"**빛이 생겨라!**" 구약성경 첫 부분은 "하늘과 땅"의 "한처음"을 이렇게 그린다. "땅은 아직 꼴을 갖추지 못하고 비어 있었는데, 어둠이 심연을 덮고 하느님의 영이 그 물 위를 감돌고 있었다."[1] 천지 만물에 앞서, 해와 달과 별보다 먼저, 빛이 창조되었다. 하이든의 오라토리오 「천지창조」는 이 장면을 어떤 말보다 강렬하게, 미켈란젤로의 시스티나 경당 천장화보다 훌륭하게 표현했다. 오케스트라가 음울한 마단조에서 찬연한 승리의 다장조로 돌변하며 놀라운 포르티시모를 연주함으로써, '빛'이라는 성경의 말마디를 음악적으로 새롭게 창조한 것이다.

그러나, 내가 (만물의 기원을 묻는) 우주론의 근본 문제에 성경이 답을 내린다고 진심으로 믿는지(그리 믿는 근본주의자들이 미국에만 있는 것은 아니

---

[1] 창세 1,1-3.

다), 또 인간의 모습을 한 신神이, 그것도 세상을 '엿새 만에' 창조했다는 순진하고도 몽매한 성경의 믿음을 고수하는지 행여 자연과학자들이 묻는다면 나는 단연코 아니라고 답할 것이다. 나는 성경을 진실로 받아들이고 싶다. 그러나 바로 그 때문에 글자 그대로 받아들이지는 않는다.

**"빛이 생겨라!"** 이 말이 '계몽주의'(Aufklärung)의 모토가 된 것은 당연하다. 영국(Enlightenment)과 프랑스(les Lumières)에서 태동한 계몽주의는, 이성의 힘으로 인간을 "자기 책임인 미성숙에서 탈출"[2]하도록 도왔다. 계몽주의자는 다들 경건한 '빛의 친구들'이었다. 그들은 교회 안에서도 일찍부터 어떠한 구속이나 정신적 감독도 받지 않고 자유롭게 탐구했으며 이성과 시대에 합당한 가르침을 폈다. 그들은 모두 나름대로 코페르니쿠스 이후의 자연과학을 향유하고 있었다. 갈릴레이에 대한 로마 교회의 재판에서 결국 승리를 구가한 것은 바로 그 자연과학이었다. 그러니 코페르니쿠스와 갈릴레이, 뉴턴과 다윈 이전으로 되돌아갈 수는 없는 노릇이다!

이제 나는 자연과학자에게 되묻는다: 계몽된 이성이 우리를 오도한 적은 없었는가? 이성은 복된 진보를 이룩하기도 했지만 동시에 살인적 전쟁 기계도 만들어 내지 않았는가? 삶의 자연적 기반을 파괴하여 오늘날 많은 이가 지구의 미래를 걱정하도록 만들지 않았는가? 그렇다. 막스 호르크하이머와 테오도르 아도르노가 날카롭게 분석했듯이,[3] 계몽의 변증법이 분명 존재한다. 과학·기술적 이성이 어리석음으로 돌

---

[2] 참조: I. KANT, *Beantwortung der Frage: Was ist Aufklärung?*, in: Werke, hrsg. v. W. WEISCHEDEL, Bd. VI, Frankfurt/M. 1964, 51-61, 인용: 53.

[3] 참조: M. HORKHEIMER - T.W. ADORNO, *Dialektik der Aufklärung. Philosophische Fragmente*, Frankfurt/M. 1969.

변하는 것이다. 그렇다면 사물을 대함에 있어, 자연과학적 시각과는 다른 또 하나의 시각이 필요하지 않겠는가?

**"빛이 생겨라!"** 아인슈타인이 빛의 속도를 상수로 확정하고, 이를 토대로 중력과 공간과 시간을 '상대화'했을 때, 그의 입에서도 이 말이 나왔음 직하다. 아인슈타인은 데모크리토스, 아시시의 성 프란치스코 그리고 특히 스피노자 같은 '이단자'를 내세워, 교의와 무관한 '우주적 신심'을 표방했다. 그런 신심은 "인간의 모상을 한 신을 알지 못한다".[4] 이 우주적 신심이야말로 그에게는 "과학적 탐구의 가장 강하고 고귀한 동인動因"[5]이었다. "케플러와 뉴턴에게는 우주 이성에 대한 깊은 믿음과, 이 세계에 드러난 이성의 미약한 여운만이라도 이해하고 싶은 갈망이 살아 숨쉬고 있었다. 그들이 수년에 걸친 고독한 작업을 통해 천체 역학의 메커니즘을 풀 수 있었던 것도 그래서였다. … 무엇이 케플러와 뉴턴에게 생기를 불어넣었는지, 무엇이 무수한 실패에도 불구하고 목표에 충실할 힘을 주었는지, 그것은 오직 그들과 유사한 목표에 자기 삶을 바쳐 본 사람만이 생생히 실감할 수 있을 것이다. 그 힘을 주는 것이 바로 우주적 신심이다."[6] 모든 자연과학자가 우주적 신심을 견지하는 것은 아니다. 그러므로 이런 신심이든 다른 신심이든, 이 책이 결코 강요하지는 말아야 한다. 나는 그리 알고 있다. 그러나 자연과학자들도 그들의 제한된 시야를 넘어 더 많은 것을 보려고 할 때, 적어도 종교가 제기하는 **문제**에 의해 도전받고 있다는 생각은 들 것이다.

---

[4] 참조: A. EINSTEIN, "Religion und Wissenschaft", in: *Berliner Tagblatt* vom 11. November 1930. 재수록: *Mein Weltbild*, hrsg. v. C. SEELING, Berlin 1955, 15-8, 인용: 16.
[5] 같은 책 17.   [6] 같은 책 17-8.

"**빛이 생겨라!**" 미약하나마 이 책도 빛을 전해 주었으면 한다. 무엇보다 물리학과 생물학의 찬연한 성과들이 세계와 생명과 인간의 기원에 빛을 던져 주기 바란다. 그 빛이 시대에 걸맞게 이해된 성경의 증언을 전혀 다른 방식으로 비추고, 석연히 해명된 철학과 신학을 겸손한 자의식으로 현대인에게 전할 수 있기를 바란다. 이 과정에서 교의적 일치나 교회적·세속적 '정당성'보다 더 중요한 것이 지적 정직성이다.

물론 어려운 시도다. 최근 수십 년 동안 과학적 우주론, 생물학 그리고 인류학 분야의 연구는 감히 '비전문가'가 넘겨다볼 수도 없을 만큼 맹렬한 속도로 진척되었고 그 범위도 넓어졌기 때문이다. 자연과학자들에게도 마찬가지다. 파동역학의 창시자요 1933년도 노벨상 수상자인 에르빈 슈뢰딩거는, 물리학자의 눈으로 살아 있는 세포를 관찰한 사람이다. 이 물리학의 거장도 일찍이 보편적 고찰 방식의 딜레마를 명료하게 정리하여 "탈출구는 하나밖에 없다"라고 말했다. 그것은 "자기 지식이 일부 독창적이지도 않고 불완전한데도, 우리 가운데 누군가 사실과 이론의 개관을 감행하여 스스로 웃음거리가 되는 위험에 빠지는 것이다". 그의 책 『생명이란 무엇인가?』*Was ist Leben?*에 나오는 말이다. 그의 변명이나 나의 변명이나, 독자들은 너그러이 받아들일 수밖에 없을 것이다.

큰 맥락에서 생각하고, 필수 불가결한 전문 분야의 식견을 견지하면서도 전체를 놓치지 않으려면, 철학적·신학적 기초 지식이 필요하다. 거기에 이 책이 구체적인 도움을 줄 것이다. 지난 50년 동안 내가 연구하고 가르치고 출판한 모든 것과, 의도적으로 절제된 소책자의 집필을 가능하게 하는 모든 수단에 힘입었음은 말할 나위도 없다. 나는 이 책이 시류를 타는 과학적 주제들에 새로운 지식을 덧대기보다는, 차라리 자연과학의 근본 문제에 일관성 있고 신뢰할 만한 해답을 주기를 희망한다. 그 해답은 인간 윤리의 기원에 관한 장章에서 정점에 이른다. 그것은 이 책 역시 세계 윤리 구상이라는 컨텍스트 안에 자리매김하고 있음을 보여 준다.

나는 이 서문의 초고를 2004년 7월 초 바르셀로나에서 열린 제4차 세계종교회의를 준비하는 동안, 몬세라트에서 짬짬이 썼다. 오른쪽으로 눈을 돌리면 육중하고 가파른 암벽이요, 왼쪽으로는 바실리카 양식의 베네딕도회 수도원 성당이었다. 그 사이로는 멀리 카탈로니아 풍경이 넓게 펼쳐져 있었다.

우주와 인간의 진화에 관한 온갖 다양한 관점에도 불구하고, 자연과학과 종교 간의 이데올로기적 대립을 하나의 새로운 공통점으로 극복하는 것은 정녕 근대에서 근대 이후로 이행할 즈음 꾸었던 백일몽에 불과한 것이었을까?

끝으로 이 책의 정사精査에 도움을 준 이들에게는 이 책 말미에 따로 감사의 말을 전한다.

2005년 7월, 튀빙겐에서
한스 큉

제1부

# 모든 것을 통합하는 하나의 이론?

**물리학자들은** 그들이 발견하고 숙고하여 실험적으로 확증한 모든 연구 결과에 자부심을 가져도 좋다. 사실 모든 자연과학자가, 소립자와 물질적 실재의 기본 동력을 연구하고 분석하는 기초과학에 늘 의지할 수밖에 없다. 명명백백한 성과들을 근거로, 적지 않은 물리학자들이 언젠가는 우주의 수수께끼를 풀 수 있을 것이라 기대한다. 어떻게? '모든 것', 모든 자연을 움직이는 모든 힘과 존재하는 모든 것을 설명하는 하나의 이론을 발견하면 된다. 우주의 가장 심오한 수수께끼를 풀 수 있고 실재를 물리학적으로 설명할 수 있는 하나의 세계 정식定式(Weltformel)을 발견하는 것이다.

## 1. 실재의 수수께끼

**코스모스**Kosmos: 그리스어 '코스모스'의 역사는 길다. 본디는 '질서'라는 뜻이었다. 기원전 8세기 호메로스가 '질서 있게 도열한 부대'를 표현할 때 이 말을 처음 썼다. 기원전 6세기 피타고라스의 작품에는 코스모스가 '장식'이라는 뜻으로 쓰였다. 서력 기원이 시작될 무렵 이 말은 삼라만상과 연계되어 '조화'를 나타냈고, 그 후 오늘날까지 '세계 질서' 혹은

'우주'의 뜻을 지니게 되었다. 따라서 '세계'는 질서 지워진 전체요, 코스모스로서의 우주는 '혼돈'을 뜻하는 카오스 Chaos의 반대 개념이다.

**우니베르숨**universum: 18세기에, '우주'를 뜻하는 말로 라틴어 '우니베르숨'이 차용되었다. '우니베르숨'은 '하나로 귀일하다, 통일되다'라는 뜻의 동사 '우니베르수스'universus[unus(하나) + vertere, versum(향하다)]의 중성 명사형이다. '우니베르숨'이란 '부분의 총체로서의 전체'를 뜻한다. 이 책에서 나는 '코스모스'와 '우니베르숨'(우리말로는 둘 다 '우주'로 옮겼다 — 역자주)을 호환적으로 병용하면서 그 근원과 의미를 규명하고자 한다.

### 1.1. 이중의 수수께끼

'만물의 시초'라는 이 소박한 책 제목에는 이중의 질문이 숨어 있다.

- **시초 전반**에 관한 **핵심 질문**: 왜 우주는 존재하는가? 왜 무無는 존재하지 않는가? — 우주의 존재 자체에 관한 질문.
- **시초를 둘러싼 조건들에 관한 주변 질문**: 왜 우주는 이 모습으로 존재하는가? 왜 우주는 인간의 생명과 생존을 결정하는 바로 그 속성들을 지니는가? — 우주의 존재 양상에 관한 질문.

이것은 바로 **우주 전체, 실재 전반의 근원과 의미에 관한 문제**다.

실재 **전반**이란 무엇인가? 오직 '자연'만인가, 아니면 '정신'까지 포함하는가? 자연과학이 '정신'도 알 수 있는가? 관찰이 불가능한 단순 가설에 불과하지만, 제각기 다른 성질을 지닌 둘 이상의 우주, 여러 개의 우주, 이른바 어떤 '물티베르숨'Multiversum을 상정해야 할 경우도 있가? 요컨대 **실재**란 무엇인가? 나는 기본적이고 철저하게 열린 개념 규정에서 출발하고자 한다. 그것은 '모든 것'을 포함한다. 실재란 **존재하는 모든 것**, 모든 존재의 총체다.

중세에는 존재의 목적을 물었다: 이 사물은 무엇을 위해 존재하는가? 근대에는 존재의 이유를 묻는다: 이 사물은 왜 이렇게 존재하는가? 그 속성은 무엇이며 무엇으로 만들어졌고 어떤 법칙을 따르는가? 무엇이든 간에, 그것이 무엇인지 알려면 어떻게 생겨났는지 알아야 한다. 우주가 무엇인지 알려면 어떻게 생성되었는지 알아야 한다. 근대 초기, 고독한 사상가들이 이론적으로 사색하고, 실험적으로 탐색하고, 온갖 반대를 극복하면서 인류에게 새로운 세계상을 제시해 주었다는 것에 찬탄을 금치 못한다.

고작 (몇십만 년의) 인류사만을 '**세계사**'로 알면 안 된다. 빅뱅 이후 137억 년이 진정한 세계사다. 그러나 새로운 천체물리학적 세계 모형(Weltmodell: 근대적 세계상의 자연과학적 기초)이 인정받는 데까지는 400여 년이 흘러야 했다.

### 1.2. 새로운 세계 모형: 코페르니쿠스, 케플러, 갈릴레이

진정 새롭고 혁명적인 세계 모형을 천재적으로 구상한 사람은 세속 과학자가 아니라, 니콜라우스 코페르니쿠스(1473~1543)라는 폴란드 가톨릭 주교좌성당 참사회원이었다. 그 모형은 기원전 3세기 사모스의 아리스타르코스의 사상(후세 천문학자들이 물리학적으로 반박)을 기반으로, 자신의 관측과 계산 그리고 기하학·운동학적 숙고에 근거한 것이었다. 이탈리아에서 공부한 그는, 알려진 대로 『천체의 회전에 관하여』[1]에서 프톨레마이오스의 전통적·폐쇄적·지구중심적 세계 모형 대신 개방적 태양중심적 세계 모형을 제시했다. 프톨레마이오스의 모형은 특히 행성의 위치 산정에 있어서 시간이 갈수록 점점 더 부적절한 것으로 입증되고 있었다.

물리학 분야에서 일어난 '**패러다임 전환**'은 전체 세계상에까지 영향력을 확대하여, 급기야 '물리학을 초월한'(Meta-Physik) 인간 영역에도 나타나게 되었다. '코페르니쿠스적 전환'은 근대를 이룩한 여러 근본적이고 혁명적인 '전환들'을 상징하는 모토가 되었고, '패러다임 전환'이 의미하는 것의 전형적 범례가 되었다. 그것은 한 시대의 세계관을 형성하는 '사고 유형'의 전환만이 아니라 "특정 사회 구성원들이 공유하는 확신과 가치 그리고 행동 양식들의 총체적 상황 전환"[2]까지 함의한다.

튀빙겐에서 개신교 신학을 공부한 후 수학과 천문학으로 전향한 요한네스 케플러(1571~1630)는 코페르니쿠스가 순수이론적으로 정립한 세계 모형을 확인·수정했다. 행성의 궤도는 원형이 아니라 타원형이다. 케플러의 행성 운동 제3법칙은 『새로운 천문학』[3]의 근간을 이룬다. 이제 경험적으로 측정 가능한 인식이 자연을 설명하는 유일한 방법이 되었다. 그럼에도 철학적·전체적·보편적으로 사유하는 천문학자 케플러가 이 사실 때문에 창조주에 대한 믿음, 모든 사물과 사태에 수학적

---

[1] 참조: N. COPERNICUS, *De revolutionibus orbium coelestium libri VI* (1543), kritische Neuausgabe, Hildesheim 1984; dt.: *Über die Kreisbewegungen der Weltkörper*, 1. Buch, hrsg. v. G. KLAUS, Berlin 1959.

[2] T.S. KUHN, *The Structure of Scientific Revolutions*, Chicago 1962; dt.: *Die Struktur wissenschaftlicher Revolutionen*, Frankfurt/M. ²1976, mit Postscriptum, 175.

[3] 참조: J. KEPLER, *Astronomia nova*, Prag 1609 (Ges. Werke, München 1937ff, Bd. III); dt.: *Neue Astronomie*, hrsg. v. M. CASPAR, München 1929.

으로 내재하는 신적 세계의 조화에 대한 믿음을 저버리지는 않았다.[4]

새로운 세계 모형은 전통적 성경의 세계상이 극도로 위협받는 순간에 나타났다. 이탈리아의 수학자·물리학자·철학자인 갈릴레오 갈릴레이(1564~1642)[5]가 네덜란드의 선례에 따라 개발한 망원경으로 금성의 주기와 목성의 네 위성 그리고 토성의 띠를 발견하고, 은하가 낱개의 별들로 이루어진 것이라는 것을 알아냈을 때였다. 지구가 태양 주위를 돈다는 코페르니쿠스적 모형을 반박할 수 없도록 확증하고, 정량 실험 (진자 법칙과 낙하 법칙)을 도입함으로써 갈릴레이는 근대과학의 창시자가 되었다.

자연을 제약 없이 탐구하여 자연법칙을 밝혀내는 작업의 기초가 놓인 셈이다. 자신의 연구가 성경의 세계상을 위협한다는 사실을 갈릴레이 스스로도 당연히 알고 있었다. 그는 수학적 언어로 쓰인 '자연의 책'뿐 아니라 '성경의 책'도 진지하게 받아들이고 싶었다. 1613년 베네딕도회 수도승 카스텔리에게 보낸 편지에서 갈릴레이는 성경과 자연과학적 지식의 관계에 대해 언급한다: 자연과학적 지식이 확고부동하고 성경 말씀에 모순된다면 성경을 새롭게 해석해야 옳지 않겠는가![6]

그러나 교회는 이 새로운 세계상에 어떻게 반응했는가? 코페르니쿠스적 '총체적 상황 전환', 이 '패러다임 전환'에 어떤 태도를 취했는가?

---

[4] 케플러의 새롭고도 전체적인 이미지는 V. BIALAS, *Johannes Kepler*, München 2004, 특히 Kap. III: Die Harmonie der Welt에 잘 나타나 있다.

[5] 참조: G. GALILEI, *Dialogo* (1632); dt.: *Dialog über die beiden hauptsächlichen Weltsysteme, das ptolemäische und das kopernikanische*, hrsg. v. R. SEXL - K. v. MEYENN, Darmstadt 1982.

[6] 참조: G. GALILEI, Brief an B. Castelli vom 21. Dezember 1613, in: Opere, Bd. V. Florenz 1965, 281-8.

### 1.3. 자연과학과 교회의 갈등

주교좌성당 참사회원이었던 코페르니쿠스조차 금서목록과 화형이 두려워 한평생 연구 업적의 출간을 죽기 직전까지 망설였다는 것은 잘 알려진 사실이다. 새로운 것, 새로운 자연철학, 무엇보다 새로운 자연과학에 대한 로마 가톨릭만의 전형적인 두려움이었을까? 아니다. 종교개혁가 마르틴 루터와, 특히 필리프 멜란히톤도 그의 연구 성과를 배척했다. 다만 그들은 그것이 이론적으로만 정초되고 이른바 가설로서만 발표되었기 때문에 경시해도 무방할 것이라 여겼을 따름이다. 코페르니쿠스(의 저서)는 1616년, '갈릴레이 사건'이 다급해졌을 때야 **로마의 금서**로 지정되었다. 이로써 종교는 완고한 권력이 되었고, 가톨릭교회는 정신적 소통과 이해를 위해 노력하지 않고 검열과 금서목록 지정, 그리고 종교재판을 야기하는 기관으로 변질되었다.

1632년 갈릴레이는 **로마의 종교재판**에 회부되어, 1616년에 공포된 지동설 전파 금지 조치를 위반했다는 이유로 유죄판결을 받는다. "그래도 지구는 돈다"라는 말은 추측건대 그의 것이 아닌 듯하다. 고문을 받았다는 주장도 자주 제기되었지만 사실이 아니다. 어쨌든 외압은 대단히 심했다. 1633년 6월 22일 이 학자는 충실한 가톨릭 신자로서 자신의 '오류'를 버릴 것을 맹세했지만 아르체트리의 자택에 연금되고 말았다. 4년 뒤 실명하고, 8년 동안 제자들과 자택에 머물며 역학과 낙하법칙에 대한 저작을 완성하는데, 이는 향후 물리학 발전에 매우 중요한 업적이었다.

가톨릭교회사학자 게오르크 덴츨러는 「갈릴레이 사건은 끝나지 않았다」라는 논문에서, 현대의 열렬한 가톨릭 호교가들에 반대 입장을 표명했다. "'갈렐레이 연구'의 최근 동향에 따르면, 1633년 교황청 검사성성(지금의 신앙교리성)의 판결은 틀렸고, 갈릴레이가 자신이 덮어쓴 죄목에 책임질 부분은 매우 제한적임을 인정하지 않을 수 없다."[7]

갈릴레이와 교회의 갈등이 특별한 불운이었나? 아니다. 그것은 새롭게 발흥하는 자연과학과 교회와 종교의 관계가 뿌리째 고사될 징후를 드러내는 하나의 선례였다. 당대 로마의 태도는 후대에도 변하지 않았고, 오히려 자연과학의 진보에 직면하여 더욱 완강해졌다. (훗날 찰스 다윈의 생물학 연구에 맞서 특히 그러했다.) 불행히 로마가 루터와 프로테스탄트를 파문한 후, '갈릴레이 사건'의 후유증으로 자연과학자들은 가톨릭교회를 조용히 떠났고 자연과학과 정규 신학 사이의 갈등이 끊이지 않았다. 그때부터 20세기에 이르기까지 이탈리아와 스페인은 종교재판의 악영향으로 이렇다 할 과학적 후진을 배출해 내지 못했다. 그렇다고 자연과학의 명증성과 맞서 교회의 억압이 제대로 성공을 거둔 것도 아니었다.

### 1.4. 자연과학의 승리

로마조차도 천국과 지옥 사이에 세상이 존재한다는 중세적 세계관의 붕괴를 막지 못했고, 자연의 탈마법화와 악마·악령·마녀·마술에 대한 중세적 믿음이 극복되어 가는 것을 저지할 수 없었다. 사실, 갈릴레이의 유죄판결 후 가톨릭교회는 50년 동안 반종교개혁과 얄궂은 승리감의 절정을 구가했다! 마치 망원경이 발명되지도 않았고 천문학

---

[7] G. DENZLER, Der Fall Galilei und kein Ende, in: *Zeitschrift für Kirchengeschichte*, Bd. 95, Heft 2 (1984) 223-33, 인용: 228.

과 물리학에서 어떤 패러다임 전환도 일어나지 않았다는 듯, 로마의 예수 성당 중앙 회중석 전체를 의도적으로 삼위일체와 모든 성인과 천사들이 그려진 거대한 천장 프레스코화로 꾸몄다. 그러나 예술가적 환상이 언제까지나 과학 혁명에 대항할 수는 없는 일이었다. 전통적 가치 규정은 그렇게 점점 더 확신을 잃어 갔다.

마르크스주의자 베르톨트 브레히트, 유대인 막스 브로트, 가톨릭 신자 게르트루트 폰 르포르 등은 '갈릴레이 사건'을 문학적 형상화의 소재로 거듭 활용했다. 현대에 와서 많은 자연과학자와 역사학자들은 '갈릴레이 사건'에 대한 교황 요한 바오로 2세의 모순적 진술에 적잖이 놀랐다. 그의 선임자들이 천문학과 지동설에 대해 잘못된 판단을 내렸듯이 그는 산아 제한과 여성 사제 서품에 대해 확실히 잘못된 판단을 내린 바 있다. 1979년 교황은, 갈릴레이 사후 350주년에 즈음하여 조사위원회로 하여금 '갈릴레이 사건'을 재심의하도록 하겠다고 엄숙히 선포했다. 그러나 심의가 끝난 후 1982년 10월 31일 자 연설에서도 자신의 선임자들과 검사성성의 오류를 명백히 시인하지 않았으며, 그 책임을 당대의 불특정 '다수 신학자들'에게만 전가시켰다. 결국 "명예는 회복되지 않았다".[8]

그러나 갈릴레이의 명예 회복은 전문가들 사이에서 진작에 이루어졌다! 족히 두 세대 뒤 영국의 천재 수학자 · 물리학자 · 천문학자이며

---

[8] M. SEGRE, Light on the Galileo Case, in: *Isis* (The history of Science Society) 88, 1997, 484-504에 따르면, 모든 심의 절차가 종결된 1992년, 교황 요한 바오로 2세는 두 번째 연설에서 자신이 1979년에 선포한 내용을 실질적으로 철회했다고 한다. 참조: M. SEGRE, Galileo: a 'rehabilitation' that has never taken place, in: *Endeavor*, Vol. 23 (1) 1999, 20-3; M. SEGRE, Hielt Johannes Paul II. sein Versprechen?, in: M. SEGRE - E. KNOBLOCH (Hrsg.), *Der ungebändigte Galilei. Beiträge zu einem Symposion*, Stuttgart 2001, 107-11.

케임브리지 대학 교수인 아이작 뉴턴(1643~1727) 경卿은 갈릴레이의 정당성을 입증했다. 그는 『자연철학의 수학적 원리』[9]에서 자신이 20년 전에 발견한 중력의 법칙(만유인력의 법칙)과 관련하여 역학의 3공리(운동의 3법칙)를 정식화했다. 이들은 모두 천체의 운동에도 적용된다. 이로써 '천체역학'이 가능해졌다. 사과를 나무에서 떨어뜨리는 것과 달을 지구에 붙들어 두는 것은 동일한 중력이다. 그 외에도 뉴턴은 빛과 전기의 성질을 발견했고 고트프리트 빌헬름 라이프니츠(1646~1716)와 같은 시기에 미적분법을 확립했다.

케플러와 갈릴레이가 포괄적 이론의 단편적 요소들을 제공했다면, 뉴턴은 그것들을 포함한 또 다른 발견들을 토대로 새롭고도 신뢰할 만한 세계 시스템을 정식화했고, 수학적으로 정확한 정량적 법칙을 합리적으로 제시했다. 이로써 뉴턴은 (갈릴레이에 이어) 정밀한 자연과학의 두 번째 창시자이자 **고전적 이론물리학**의 창시자가 되었다.

20세기 초에 이르러 상대성이론과 양자론은 뉴턴적 세계상의 즉물적 실재론과 결정론과 환원주의에 의문을 제기하기 시작했다. 물리학은 결코 뉴턴이 전제하는 것처럼 관찰자의 관점과 무관하게 세계 자체를 기술하지 않는다는 것이 명백해졌다. 물리학의 이론과 모형은 실재를 원자 차원에서 곧이곧대로 기술(소박한 실재론)하는 것이 아니라 관찰 가능한 구체적 현상들을 구성하는 **세계의 구조를 상징적이고 선택적으로 묘사하려는 시도**다. 이것이 물리적 실재를 단순한 관찰을 통해서

---

[9] 참조: I. Newton, *Philsophiae naturalis principia mathematica*, London 1687, ³1726, Neuausgabe in 2 Bd., Cambridge/Mass. 1972; dt.: *Mathematische Grundlagen der Naturphilosohie*, Hamburg 1988.

가 아니라 실험과 해석의 창조적 결합을 통해서 인식하려는 **비판적 실재론**이다.[10]

## 2. '시초'의 물리학

물리학이 또 한 번의 패러다임 전환을 통해 새로운 모습으로 성숙해질 때까지, 정확한 계산과 발견들이 뉴턴의 패러다임 범위 내에서 속속 이루어졌다. 의외로 새로운 물리학은 시간과 공간이 더는 따로따로 관찰될 수 없는 유동적 단위량임을 입증했다.

### 2.1. 새로운 물리학: 아인슈타인의 상대론적 시공간

20세기 초 알버트 아인슈타인(1879~1955)은 뉴턴 고전물리학의 무한한 세계와 전혀 다른 새로운 세계 모형을 발전시켰다.[11] 이 모형은 그가 1914~1916년에 발표한 일반상대성이론의 기본 방정식에서 도출될 수 있었다. 그는 **광속**(초속 약 30만 km)을 절대불변의 자연상수로 설정했다. 광속보다 빠르게 전달되는 정보는 없다. 관찰자가 서로를 향해 상대적으로 얼마나 빨리 움직이든, 광속은 모든 관찰자에게 동일하다! 그는 이렇게 중력과 더불어 뉴턴의 체계에서 불변량이었던 시간과 공간까지

---

[10] 미국의 물리학자이자 신학자인 바버(I.G. BARBOUR)는 자연과학과 종교 간의 대화에 공헌한 바 크다. 고전물리학과 현대 물리학의 인식론적 차이에 대한 정확한 과학적·철학적 분석은 그의 *Religion and Science*, San Francisco 1998; dt.: *Wissenschaft und Glaube. Historische und zeitgenössische Aspekte*, Göttingen 2003, Kap. 7 참조.

[11] A. EINSTEIN, *Über die spezielle und die allgemeine Relativitätstheorie* (1917), Braunschweig ²¹1973, 특히 §30-32: Betrachtungen über die Welt als Ganzes 참조.

상대화했다. 이제 시간과 공간은 새로운 물리적 단위량인 **시공간 연속체**(Raum-Zeit)로 융합되었다. 질량은 시간과 공간을 휘게 한다. 중력이란 질량에 의한 시공간 연속체의 '휨'에 다름 아니다.

결과는 놀라운 4차원 시공간 연속체다. 이를 구상화하기는 어렵다. 거기서 시공간 좌표는 비유클리드 기하학으로 산출되어야 한다. 먼 천체에서 출발한 빛이 태양 주변에서 (뉴턴 역학의 예상보다 두 배 정도 강하게) 휠 거라는 아인슈타인의 예측은 1919년 5월 개기일식 때 관측을 통해 확증되었다. '공간이 휜다!'는 것은 센세이셔널한 소식이었다. 우주가 공간적으로 휜다는 말은, 우주 공간이 무한하다고 생각되지만, 실은 유한한 용적을 가질 수 있다는 뜻이다. 공 표면 같은 3차원 공간을 상상하면 쉽게 이해된다. 딱정벌레 한 마리가 공 표면을 아무리 기어다녀 봐야 그 끝을 찾을 수 없다. 딱정벌레는 공이 무한히 크다고 여기겠지만 공의 용적은 유한하다. 다만 그 한계를 알지 못할 뿐이다.

### 2.2. 팽창하는 우주

아인슈타인의 시공간 연속체 모형에도 결함은 있다. 19세기의 거의 모든 과학 체제가 그러했듯이, 그도 처음에는 우주가 안정적이고 영원불변하다고 생각했다. 일찍이 아리스토텔레스도, 우주가 공간적으로는 유한하지만 시간적으로는 무한하다고 가정한 바 있다.

그러나 (많은 반대에도 불구하고) **우주가 역동적이라는 관점**이 설득력을 얻기 시작했다. 1927년 일반상대성이론을 기반으로 우주 팽창 모형을 발전시키고 '원시원자'와 '대폭발'('빅뱅'은 별명) 가설을 처음 확립한 사람은 흥미롭게도 신학자였다(그래서 약간 의심스럽기도 하다). 조르주 르메트르(1894~1966)라는 이 과묵한 루뱅 대학의 천문학자는 아서 에딩턴과 아인슈타인의 제자이자 조교였다.

1923~1924년 파사데나에서 미국의 천문학자 에드윈 허블(1889~1953)은 성운 가장자리에 분류될 수 있는 별들을 수단으로 지구에서 안드로메다 성운까지의 거리를 잼으로써 외부은하(은하계 외 성운)의 존재를 최초로 입증했다. 근대적 '외부은하 천문학'의 기초는 이렇게 확립되었다. 저 유명한 '허블 천체 망원경'은 수십 년 뒤 그의 이름을 따서 지은 것이다. 1929년 허블은 자신이 발견한 은하계 스펙트럼선의 적색편이 赤色偏移(허블 효과)를 보고 우주 팽창이 진행되고 있다는 결론을 내렸다.[12] 이는 거대한 은하계가 단순히 공간을 점하고 있는 것이 아니라, 엄청나게 빠른 속도로 팽창한다는 것을 의미한다(헬륨 플라스크 위의 풍선처럼).

흑암의 우주에서, 별들은 무한할 것 같은 공간의 심연까지 균등하게 분포되어 있지 않다. 그것들은 끊임없이 변화하고 발전한다. 우리 은하계 밖의 먼 은하들은 빠른 속도로 우리와 멀어지고 있으며 그 속도는 거리에 비례한다. 언제부터 그랬는가? 영원 전부터일 리는 없다. 시초는 분명히 있었다. 빅뱅이었다. 물리학과 수학이 이를 증명했다. 윌슨산의 동료 허블을 방문한 후, 아인슈타인도 자신의 정적 우주론을 포기하고 우주 팽창 모형을 인정했다. 그러나 그간에 거듭 실험적 입증을 거치며 발전된 양자론만큼은 받아들이지 않았다. 그 때문에 세계적 명성에도 불구하고 아인슈타인은 점차 고독과 고립의 길을 걷는 탐구자가 되어 갔다.

---

[12] F. HUBBLE, *The Realm of the Nebulae*, New Haven 1936 참조.

## 2.3. 빅뱅의 결과

이러한 기초적 발견과 계산을 토대로, 오늘날 천체물리학자들은 **우주의 시초**를 정확히 기술해 낼 수 있다. 우주가 어떻게 생성되었는지, 말하자면 '천지창조'가 어떻게 진행되었는지 자연과학적 관점에서 기술하는 것이다. 그 과정에서 자연과학자들은 가히 '표준모형'이라 할 만한 괄목할 합의를 이루어 냈다. 반면에 그에 상반되는 모형은 지지받지 못했다. 간략히 요약하면 이러하다:

최초에 모든 에너지와 물질은 상상할 수 없이 작고 뜨거운 **원시태양** 안에 최소 용적과 최대 밀도와 최고 온도로 압축되어 있었다. 복사輻射 에너지와 물질의 이 혼합물은 매우 밀도가 높고 뜨거워 그 안에는 은하도 별도 존재할 수 없었다.

비교적 '작은' 원자폭탄의 폭발 이후 이를 상상하기가 더 쉬워졌다. (천체물리학자들의 최신 산정에 따르면) 137억 년 전, 우주는 엄청난 **대폭발**(빅뱅)과 함께 탄생했다. 우주는 빠르게 팽창되면서 식어 갔지만, 100분의 1초 후까지도 온도는 섭씨 1,000억 도($10^{11}$), 밀도는 물의 약 40억 배($4 \times 10^9$)에 달했다. 우주는 여전히 사방으로(isotrop: 등방성으로) 팽창하고 있었다.

처음 몇 초 동안, 고에너지를 함유한 광자光子에서 양성자陽性子·중성자中性子 그리고 그 반입자反粒子 같은 무거운 **소립자**들과, 전자電子·양전자陽電子 같은 가벼운 소립자들이 생성되었다. 몇 분 후 양성자와 중성자의 핵융합 과정에서 헬륨핵이 형성되었고, 수십만 년 후에는 전자들이 결합하여 중성 **수소 원자**와 **헬륨 원자**도 생성되었다. 2천만 년 뒤에는, 본디 고에너지를 함유한 광자의 압력이 약해지고 계속 식어 감에 따라, 가스가 중력에 의해 물질 덩어리로 응집되었고 마침내 **은하계**가 탄생했다. 추측건대 통상 각 100억 개 이상씩의 별들로 구성된 1,000억 개의 은하로 응집되었을 것이다.

무엇이 물질을 은하계로 응집시켰는지는 아직 밝혀지지 않았다. 해명된 후속 단계들을 간략히 묘사하면: 가스 구름이 제 무게로 와해되었을 때, 그것은 중력에 의해 **별**들로 응집되었다. 별에서 핵반응이 일어나고, 수소와 헬륨 외에 탄소·산소·질소 같은 무거운 원소들이 생성되었다. 시간이 흘러 이 별들 중 불안정해진 다수가 폭발하면서 새로 생성된 엄청난 양의 원료는 성간星間으로 튕겨져 나갔다. 그것들은 여기서 대량의 가스 구름을 형성하지만 시간이 지나면 다시 별들로 응집된다.

수소와 헬륨 외에 무거운 원소도 포함하는 저 **제2세대 별**들과 더불어, 약 90억 년 후 직경 10만 광년에 이르는 나선 은하의 한 외부 지류에서 비로소 우리의 **태양**이 탄생한다. 태양은 물질을 **행성**들로 응집시키는데, 이것들도 지구 생명체에 필수 불가결한 탄소·산소·질소, 기타 무거운 원소들을 함유하고 있다. 행성을 갖춘 제2세대 별들이 생성되면서부터 비로소 생명과 의식이 발전할 조건도 형성되기 시작했다.

수십억 년의 세월 속에서 복사열이 식기 시작하여, 오늘날에는 절대온도 0(-273.15°C)에 근접하는 극히 낮은 **우주배경복사**만 존재한다. 1964년 미국의 기술자 아노 펜지어스와 로버트 윌슨은 전파망원경으로 우주 소음 수준을 측정하다가 우연히 한 가지 사실을 발견했다(이 발견으로 1978년 노벨 물리학상 수상): 그들이 도처에서 데시미터와 센티미터 범위로 감지한 우주의 마이크로파 복사 혹은 배경복사가 바로 빅뱅과 결합된

초고온 복사의 잔유물과 다르지 않다는 것이었다. 이 잔유 복사가 우주 팽창을 통해 초저온 복사로 이행된 것이다. 이 우주복사장輻射場이 발견되고 측정된 후부터 '빅뱅 모형'이 '표준모형'으로 통용되고 있다.

137억 년이 지나서야 비로소 **인간**이 등장했다. 인간은 제1세대 별들의 산물인 생명의 화학적 원료, 특히 탄소 원자와 산소 원자로 구성되었다. "우리는 별들의 먼지다"(노발리스).

## 3. 무엇이 세계를 가장 깊은 곳에서 결속하는가?

물론 표준모형도 모든 물음에 답을 주지는 못한다. 왜 물질의 분포가 그렇게 동질적이고 등방성을 지니는지, 왜 물질의 균등한 분포에서 은하계 같은 구조가 형성되는지, 아직 해명되지 않았다. 어찌 되었든, 새로운 물리학은 우주의 시초를 경험적으로, 놀랄 만큼 정확하게 기술하는 데 극적으로 성공했다. 괴테는 『파우스트』*Faust*에서, "무엇이 세계를 가장 깊은 곳에서 결속하는가?"라고 물었다. 이 물음에 결정적으로 답하기 위해, 많은 물리학자가 그처럼 고도의 지식 수준을 기반으로 실재 속을 더 깊이 파고들려고 애쓴다 한들 뭐 그리 놀랄 일이겠는가?

### 3.1. 하이젠베르크와 양자론

아인슈타인은 시간과 공간이 텅 빈 공간에서가 아니라 빅뱅에서 생겨난 것임을 당연하게 받아들였다. 시공간 연속체의 팽창과 더불어 비로소 물질이 응집되고 은하계와 별들이 생성될 수 있었다. 이 모든 사건을 결정한 것은 중력이다. 아인슈타인은 상대성이론을 논리적으로 확장하여 중력과 전기역학을 포괄하는 '통일장이론'을 정립하려고 1920년부터 수십 년간 애썼지만, (알려진 대로) 실패했다. 애당초 그는 양자론과 소립자물리학의 필요성, 특히 핵력과 같은 강력한 상호작용의 존재를 고려하지 않았던 것이다.

그러나 1900년에 이미 베를린의 물리학자 막스 플랑크는 전자기 에너지가 일정한 불연속적 단위, 즉 '다발'(Paketen)이나 에너지 양자로만 방출되거나 흡수된다는 사실을 알아냈다. 뉴턴 이후의 물리학을 가장 크게 변화시킨 양자론은 이렇게 태어났다. 양자론이 없었다면 오늘날 핵에너지, 원자 시계, 태양 전지, 트랜지스터, 레이저 따위는 존재할 수 없었을 것이다. 아인슈타인은 플랑크의 생각을 비판했지만, 1913년 덴마크의 물리학자 닐스 보어는 음전기를 띤 전자가 양전기를 띤 원자핵 주위를 선회하는 원자 모형으로 결정적 진보를 이룩했다.

족히 10년이 지난 1925년에야 보어의 독일인 제자 베르너 하이젠베르크(1901~1976)와 오스트리아의 에르빈 슈뢰딩거(1887~1961)는 각각 성숙한 **양자론**을 제시했고, 이를 막스 보른(1882~1970)과 영국의 폴 디랙(1902~1984)이 발전시켰다. 양자역학은 원자와 분자 같은 미시 세계의 역학을 기술한다. 그것은 양자(Quant)라는 단위로 나타나는 극미한 에너지량의 입자 특성과 파동 특성을 아우름으로써 입자설과 파동설을 모순 없이 결합할 수 있다. 이로써 양자물리학은 현대 화학과 분자생물학의 토대가 되었다.

흔히 그렇듯이, 새로운 지식은 새로운 무지無知를 동반한다. 양자물리학은 하이젠베르크의 **불확정성원리**에 지배된다. 전자가 어디 있는지(위치)는 알아도 그것이 뭘 하는지(운동량)는 모른다. 아무리 정확히 측정하고 계산해도, 입자의 위치와 운동량을 동시에 측정할 수는 없다. 측정이 불분명하고 '부정확하기' 때문이다. 여기에 물리적 확실성은 없다. **확률적 개연성**만 존재할 뿐이다. 이 자극적 발견의 결론은 이렇다: 어떤 대상의 현 상태를 (고전적 의미에서) 정확히 측정할 수 없다면, 그 미래도 정확히 예측할 수 없다. 그렇다면 우연이야말로 양자론과 필연적으로 결합되는 요소다. 아무리 더 정확한 관찰을 거듭해도 이 우연이라는 요소는 배제될 수 없다.

1905년 독창적인 광양자설光量子說로 사전 작업을 마쳤음에도 아인슈타인이 양자론에 고집스레 맞선 것도 그 때문이었다. "양자역학은 실로 인상적인 이론입니다. 그러나 내면의 소리는 나에게 이것이 진짜 야곱은 아니라고 말합니다. 이 이론은 많은 것을 주지만, 우리를 크신 어른의 신비에 가까이 인도하지는 않습니다. 어쨌든 나는 **그분**이 주사위 놀이를 하지는 않는다는 것을 믿어 의심치 않습니다."[13]

### 3.2. 세계 정식: 원대한 희망

"양자론을 이해했다고 주장하는 사람은 양자론을 이해하지 못한 사람이다." 물리학자가 아닌 사람은, 노벨상 수상자이며 양자론의 아버지 가운데 한 사람인 리처드 파인먼의 이 말에 위안을 받을 것이다: 사실 불확정성은 뉴턴의 세계 모형에도 아인슈타인의 세계 모형에도 어울리지 않는다. 후자에서는 행성에서 소립자에 이르기까지 전 우주가

---

[13] A. EINSTEIN, Brief an Max Born vom 4.12.1936, in: Albert EINSTEIN, Hedwig und Max BORN, *Briefwechsel 1916~1955*, München 1969, 118-9. 129-30 참조.

동일한 강제적 법칙의 지배를 받는다. 그때부터 물리학자들은 거시 세계를 기술하는 **중력의 법칙**과 물질의 미시 구조를 설명하는 **양자물리학의 법칙을 단 하나의 이론**으로 통합하는 지상 과제에 모든 노력을 집중했다. 지금까지의 모든 획기적 성취를 살피건대, 자연의 힘에 대한 하나의 포괄적 이론, 혹은 '세계 정식'의 출현은 당연히 가능해 보였다.

1923년, 아인슈타인은 세계 정식의 첫 안을 제출했지만, 그것뿐 아니라 그 후속 정식들도 오류로 증명되었다. 제2차 세계대전 후에는 하이젠베르크가 물질을 설명하는 하나의 통일된 이론을 발전시키려 했다. 양자장이론으로 전체 소립자와 그 상호작용을 설명하는 세계 정식을 세우고자 한 것이다. 1958년 드디어 '하이젠베르크의 세계 정식'이 발견되었으나 이 또한 물리학자들을 확신시킬 수는 없었다.

이 근본 문제의 해결에 새로운 접근로를 열어 준 것이 **끈이론**이다. 끈이론은 우주의 가장 기본적인 요소를 면적 없는 점 입자가 아니라, 다양한 주파수로 진동하는 미세한 끈으로 본다. 그러나 이 이론을 정량화하려니, 끈의 속성을 수학적으로 일관되게 기술하기가 쉽지 않았다. 과학자들은 11차원 이상의 시공간과 천 개의 다양한 우주가 존재할 수 있다는 것은 알았지만, 왜 하필 우리의 이 우주가 실재하게 되었는지는 설명하지 못했다.[14]

이 이론의 배경에는 완벽한 초超이론을 꿈꾸는 일부 물리학자들(하이젠베르크는 아니다!)의 소망이 있었던 것 같다. 이 이론은 창조주의 세계 창

---

[14] 초끈이론과 소위 '대통일이론' 비판: M. GELL-MANN, *The Quark and the Jaguar*, New York 1994; dt.: *Das Quark und der Jaguar. Vom Einfachen zum Komplexen – die Suche nach einer neuen Erklärung der Welt*, München 1994, Kap. 10.

조 방식에 다른 대안이 없었음을 설명해 줄 것이다. 그리되면 신神은 이미 발견된 세계 정식과 동일한 존재가 되어, 설 땅을 잃을 것이다. 물리학자들의 그런 사고는 (의식적이든 무의식적이든) 과학의 모든 문제를 지체 없이 해결할 수 있다고 믿는 19세기 이래의 기계론과 유물론 패러다임을 여전히 벗어나지 못한다. 신GOD이 설 자리를 없애려고 대통일이론GUT(Grand Unified Theory)에 매진하는 최근의 물리학자들만큼 이런 세계관에 충실한 이도 드물었다.

### 3.3. GOD 대신 GUT? 스티븐 호킹

케임브리지의 물리학자 스티븐 호킹(1942~ )은 대중적 경탄의 대상이다. 불치의 척수 신경 마비로 컴퓨터를 통해서만 세상과 소통할 수 있다. 그는 빅뱅 직후의 우주 상태를 연구하면서 알려진 모든 상호작용을 융합하여 하나의 '대통일이론'을 발전시키고자 했다. 그 이론은 '무엇이 세계를 가장 깊은 곳에서 결속하는지' 설명할 것이었다. 이미 하이젠베르크가 양자역학을 통해 경험적으로 확증된 이론을 제시했고 종교적 영역에 깊은 경의를 표한 바 있지만, 호킹은 계몽적 낙천주의로 가득 찬 베스트셀러 『시간의 역사』[15]에서, 단순히 경험적 데이터만 설명하는 것이 아니라, '신의 마음을 아는'(to know the mind of God)[16] 능력을 우리에게 부여하는 하나의 거대한 이론을 약속했다. [나는 독일어로, '신의 정신을 아는'(den Geist Gottes kennen)[17▶]이라 옮긴다.]

---

[15] S. HAWKING, *A Brief History of Time: From the Big Bang to Black Holes*, Toronto 1988; dt.: *Eine kurze Geschichte der Zeit. Die Suche nach der Urkraft des Universums*, Reinbek 1988 참조. 2천 5백만 부나 팔렸지만 실은 과학자들도 이해하기 어렵다!

[16] S. HAWKING, *A Brief History of Time*, 175.

이는 호킹이 일부러 골라 쓴 반어적 표현이다. '모든 것을 통합하는 이론'(TOE: Theory of Everything)이 있어 세계가 스스로 설명되어 버리면, 창조자로서의 신은 더 이상 필요하지 않으리라는 것이 호킹의 진심이었다. 우주가 특이점(크기가 0이고 에너지 밀도와 온도가 무한대인 빅뱅 이전 '태초'의 상태 — 역자 주)도 한계도 없이 스스로 완결된 체계라서 하나의 통일된 이론으로 온전히 기술된다면, 물리학은 신을 불필요한 존재로 만들 것이다. 물론 GUT나 TOE 같은 멋진 약어는 모든 물리적 힘을 통합할 이론이 발견되기도 전에 먼저 고안되는 법이다.

종래의 빅뱅 이론과 달리, 호킹이 표상하는 세계(한계와 초기 조건 없는 자기완결적 우주)에는 **'특이점'이 존재하지 않는다**. 신이 전적으로 자유롭게 태초의 조건과 법칙들을 정하는 특이점이 없다. "물론 신에게는 우주의 법칙을 선택할 결정의 자유가 있었겠지만, 이 선택에서 신은 진정한 결정의 자유를 누리지는 못했을 것이다. 완전히 통일된 이론의 수가 매우 적었거나, 있어도 이형끈이론 하나밖에 없었을 것이기 때문이다. 그런 이론은 자기 모순이 없고, 인간처럼 우주의 법칙을 탐구하거나 신의 본성에 대해 묻기도 하는 복잡한 구조물의 존재를 허용한다."[18]

하나의 '완전히 통일된 이론'이라? 물론 호킹은, 모든 것을 설명하는 **방정식**이 아무리 정교한들 만물의 **실재**는 밝혀지지 않을 것이며, **왜 우주가 존재하는가**라는 물음은 미결인 채 남아 있으리라고 진지하게 확인해 주었다. "하나의 통일된 이론이 있을 수 있다 한들, 규칙과 방정

---

[17] 독일어판 S. HAWKING, *Eine kurze Geschichte der Zeit*, 218에는 'mind'(마음)가 'Plan'(계획)으로 번역되어 있다. 나는 이 표현이 너무 약하게 느껴져 'Geist'(정신)라는 개념을 썼다.

[18] S. HAWKING, *A Brief History of Time*, 174.

식의 체계에 불과할 뿐이다. 누가 방정식에 숨을 불어 넣어 우주를 기술하게 할 것인가? 수학적 모형을 고안하기 위해 과학이 택하는 방법이, 그 모형이 기술하는 우주가 왜 존재해야 하는지에 대한 질문에는 대답할 수 없다."[19]

그럼에도 호킹은, 왜 '우주가 존재하는가'라는 물음에 언젠가는 GUT가 대답할 수 있으리라는 희망을 분명하게 피력했다. "우리가 완전한 이론을 발견해 내기만 하면, 어느 정도 시간이 흐른 뒤 소수의 과학자들뿐 아니라 누구라도 대강의 원리는 이해하게 될 것이다. 그러면 우리(철학자, 자연과학자, 보통 사람들) 모두는, 왜 우리가 그리고 우주가 존재하는지 토론할 수 있을 것이다. … 우리가 이 물음에 대한 대답을 발견한다면, 그것은 인간 이성의 궁극적 승리가 될 것이다. 우리가 신의 정신을 알게 될 것이기 때문이다."[20]

그러나 사정은 그렇지 못했다.

### 3.4. 세계 정식: 참담한 실망

호킹은 자연법칙의 완전한 정식, 그러니까 '임의의 정확성'(to an arbitrary accuracy)을 가지고 미래를 예측함으로써 특정 시기 우주의 상태를 적어도 원칙적으로는 정확히 확정할 수 있게 해 주는 일련의 규칙을 발견할 수 있으리라 생각했다. 고전물리학은 특정 시점에 모든 입자의 위치와 속도를 안다면, 모든 다른 시점의 위치와 속도도 계산할 수 있으리라 여기고 있었다. 그러나 양자물리학은 원칙적으로 예측할 수 없는

---

[19] 같은 곳.  [20] 같은 책 175.

사건들이 있다는 것을 보여 주었다. 그럼에도 호킹과 그 동조자들의 목표는, (신을 끌어들이든 말든) 양자론까지 포함하여 실재의 포괄적 기술을 찾아내는 것이었다.

그런데 놀라운 일이 벌어졌다. 2004년 케임브리지 강의에서 호킹이 대통일이론의 **추구**를 원칙적으로 영구히 **포기**했다고 선언한 것이다.[21] 그는, 세계의 깊은 속내를 알아 그것을 통제하기 위한 하나의 완전하고 포괄적 이론을 찾으려는 희망은 미망이었다고 확신했다. 몇몇 유한한 진술을 가지고 우주의 이론을 세운다는 것이 불가능해 보였던 것이다.

여기서 호킹은 놀랍게도, 오스트리아의 수학자이며 20세기 최고의 논리학자인 쿠르트 괴델(1906~1978)의 제1불완전성정리를 증거로 내세웠다. 1931년에 발표된 이 정리에 따르면, 유한한 공리 체계는 늘 이 체계 내에서 증명도 반증도 될 수 없는 명제들을 포함한다.[22] 이와 유사한 고대의 예로, '이 진술은 거짓이다'라는 진술을 들 수 있다. 모든 진술이 근본적으로 참이거나 거짓이라면(체계의 완전성!), 앞의 진술은 그것이 거짓일 때 정확히 참이 된다. 그래서 모순이다.[23]

호킹은 괴델을 올바로 인용하고 이해했는가? 이 모든 것으로 그는 자신보다 수십 년 앞선 지도적 수학자들과 과학철학자들의 경험을 되

---

[21] S. HAWKING, Gödel and the End of Physics, in: **www.damtp.cam.ac.uk/strtst/dirac/hawking** 참조.

[22] 전문가를 위한 정확한 표현: 1차 논리를 적용할 수 있고 자연수를 덧셈과 곱셈으로 기술할 수 있는, 귀납적·공리적 방법으로 구성된 무모순의 산술 체계에는, 이 체계 안에서는 증명도 반증도 될 수 없는 명제들이 늘 존재한다.

[23] 적합한 정수론(整數論)을 해독한 후 자신이 증명될 수 없음을 주장하는 명제를 예로 듦으로써 증명된다. 이 문제에 흥미로운 조언을 해 준 튀빙겐 대학의 논리학·수학 교수 울리히 펠그너에게 감사드린다.

풀이했을 뿐이다. 1910년, 수학의 발전은 이미 **근거 논쟁**에 불을 지폈다. 특히 집합론과 배중률排中律에 대한 논쟁은 오늘날까지 활발히 진행되고 있다.[24] 나처럼 1970년대부터 과학철학의 성과를 집중적으로 탐구한 사람이라면,[25] 호킹의 전향에 그리 놀라지 않을 것이다. 그래도 GUT 대신 GOD인가? 계속 이 물음에 천착하겠지만, 우선은 수학의 근거 문제에 대해 숙고하려 한다.

## 4. 수학의 근거에 관한 논쟁

근대가 시작된 이래 물리학과 함께 쉼 없이 앞만 보고 전진해 온 수학은 천체역학, 음향학, 광학, 전기학을 포함한 자연과학과 공학 전 분야에 응용되면서 승리에 승리를 거듭했다. 그렇다면 데카르트와 라이프니츠가 품었던 **수학적 보편 과학**[보편 수학(mathesis universalis)]**의 꿈**은 당연히 실현되었어야 하는 것 아닌가? 이 장에서 나는 매우 어려운 문제에 도전하려 한다. 우선은 수학과 논리학에 특별한 관심을 가진 이들만 솔깃하겠지만, 이 문제는 과학과 종교의 관계에 현저한 영향을 미친다. 별 관심이 없는 독자는 몇 쪽 안심하고 건너뛰어도 좋다.

---

[24] 참조: C. PARSONS, Art. Mathematics, Foundations of, in: *Encyclopedia of Philosophy*, London 1967, Bd. 5, 188-213.

[25] 참조: H. KÜNG, *Existiert Gott?*, München 1978, Kap. A III,1: Die wissenschaftstheoretische Diskussion.

### 4.1. 수학의 무모순성? 쿠르트 괴델

수학을 기초 과학, 보편 과학으로 만들려는 시도가 결국 수학의 위기를 초래했다. 19세기 후반 독일의 수학자 게오르크 칸토어(1845~1918)가 확립한 집합론은 수학의 무모순성과 확실성을 위협했다. 집합론은 **이율배반**, 역설, 모순을 야기한다. 진술들은 수학적으로 동시에 증명될 수도 반증될 수도 있다. '모든 서수의 집합'이라는 이율배반은 유명한 예다(체사레 부랄리포르티): 모든 서수의 집합에 대하여, 이 집합에 속하는 모든 서수들보다 더 큰 하나의 서수가 존재한다. 그러나 '모든 서수의 집합'보다 더 큰 각 서수는 (더 크기 때문에) 이 집합 안에 있을 수 없지만, 동시에 증명되거니와, 이 집합 안에 들어 있어야 한다! (그렇지 않으면 '모든 서수의 집합'이 아니기 때문이다.)

논리수학적 · 언어학(의미론 · 통사론)적 이율배반을 무수히 극복해 나가는 동안 **수학의 근거에 대한 심각한 위기**가 닥쳤다. 수학사에서는 수학 이론의 무모순성 문제가 대두되었고, 이를 다양한 방법과 사고방식으로 해결하려는 시도가 있었다. 결국 자기 안에서는 논리적이지만 서로에게는 모순적인 세 가지 표준 해석과, 이에 따른 세 학파가 형성되었다: 논리주의(프레게, 러셀, 화이트헤드), 직관주의(브라우버르), 형식주의(힐베르트)가 그것이다. 수학을 논리학으로 환원하는 논리주의도, 논리학을 모종의 수학의 근본 통찰에서 구성하려는 직관주의(구성주의)도 보편적 인정을 얻어 내지 못했다. 논리학과 수학을 (의미는 모두 무시하고) 공리적 연산으로 획득한 규칙 체계로 보는 형식주의도 마찬가지다.

따라서 괴델의 유명한 제2불완전성정리도 역사적 맥락 속에 있다. 괴델은 이 정리를 통해, 충분히 복잡한 체계의 무모순성은 통상 그 체계에 모순이 없을 경우, 체계 자체 내에서 쓰는 수단을 가지고는 증명되지 않는다는 것을 증명했다. 여기서, 수학의 공리 체계들은 대부분 그 자신의 무모순성을 증명할 형편이 못된다는 결론이 나온다. 유한하고 구성적인 무모순성 증명을 통해 수학적 사고를 보편적으로 통용되도록 안전하게 보호하는 것은 불가능하다. 수학자들 사이에 회자되는 경구가 있다: 수학의 무모순성은 신이 존재한다는 징표요, 그 무모순성을 증명할 수 없음은 악마가 존재한다는 징표다(앙드레 베유).

수학자이자 논리학자인 한스 헤르메스는 명저 『셈 가능성, 결정 가능성, 계산 가능성』에서 이렇게 말했다. "수학이 오늘날 우리의 세계관에 중요한 역할을 담당한다는 사실과 관련하여, 계산만으로는 처리될 수 없는 수학적 문제가 존재한다는 것을 수학자들이 엄밀한 방법을 써서 보여 주었다는 사실은 대단히 흥미롭다."[26] 헤르메스는 에밀 포스트를 인용하여, "호모사피엔스의 수학화 능력의 자연법칙적 한계"[27]에 대해 언급하기도 했다.

수학자들 자신이 환상 없는 수학을 요구한다. 미국의 저명한 수학자 모리스 클라인(1908~1992)의 판단은 동료들에게 과장스럽고 악의적으로 비칠 수 있지만, 많은 수학자가 별로 의식하지 못하고 있는 근원적 불확실성을 고려한다면 이해할 만하다. 나는 이것을 대화를 통해 분명히 알았다. 호킹의 베스트셀러보다 족히 10년 앞선 1975년, 클라인은 이

---

[26] H. HERMES, *Aufzählbarkeit, Entscheidbarkeit, Berechenbarkeit*, Berlin 1961, Vorwort. 헤르메스는 여기서 괴델의 제1불완전성정리를 언급한다. 수학과 논리학이 일상 언어에서 형식 언어로 이행하는 데 따르는 난점에 관해서는 H. HERMES, *Einführung in die mathematische Logik. Klassische Prädikatenlogik*, Stuttgart ²1969 참조.

[27] 같은 곳.

렇게 썼다. "수학의 현재 상황은 심히 유감스럽다. 진리에 대한 요구는 포기되어야 했다. 역설을 배제하고 구조의 무모순성을 밝히려는 노력들은 좌절되었다. 공리의 적용에 관해서는 의견이 분분하다. … 완벽한 증명을 요구하는 것은 포기해야 한다. 결국 구조들의 집합이라는 수학의 지배적 개념은 저마다 각자의 공리에 근거할 뿐, 수학이 포함해야 할 모든 것을 다 포괄하지는 못한다. …"[28]

### 4.2. 모든 것을 위한 궁극의 이론은 없다

물론 일상에서 수학의 근거 문제를 확인하는 경우는 드물다. 우리의 주제에 중요한 것은, '신의 정신을 알고자 하는' 수학자나 물리학자라면 철학적·신학적 문제와도 물리적 문제와 똑같이 진지하게 대결해야 한다는 것이다. 수학의 근거가 증명되지 않는 것이라면, 수학적·과학적 사고의 보편적 요구들은 더욱 겸손하고 조심스럽게 표현되어야 하지 않겠는가?

오늘날 호킹은 이렇게 본다. "증명할 수 없는 수학적 결과가 있다면, 예측할 수 없는 물리적 문제도 있다. 우리는 우주를 밖에서 바라보는 천사가 아니다. 우리와 우리의 모형들은 우리가 기술하는 우주의 일부다. 물리학 이론도 괴델의 정리처럼 그 자체에 적용된다. 그래서 우리는 그것이 모순적이거나 불완전하다고 생각할 수 있는 것이다."[29]

---

[28] M. KLINE, Les fondements des mathématiques, in: *La Recherche*, Nr. 54 (März 1975) 200-8, 인용: 208; 참조: M. KLINE, *Mathematical Thought from Ancient to Modern Times*, New York 1972.

[29] S. HAWKING, *Gödel and the End of Physics*.

호킹은 신의 정신을 인식할 통일된 이론을 추구했으나 실패했다. 그는 자신의 실패를 끝내 간접적으로만 시인했다. "유한한 수의 원리들로 정식화될 수 있는 궁극의 이론(ultimate theory)이 없다면 누군가는 매우 실망할 것이다."[30] 그는 자신이 어느 진영에 속하는지 고백했다. "나는 생각을 바꾸었다. 이해하려는 우리의 노력은 그 끝을 모르고, 언제나 새로운 발견에 도전하게 되었으니 나는 기쁘다."[31] 전화위복이 되는 듯하자 이렇게 덧붙인다. "이것 없이는 우리는 정체될 것이다. 괴델의 정리는 수학자들에게 할 일이 늘 있다는 것을 보증한다." 물리학자들에게도 물론이다!

### 4.3. 비판적 자성의 기회

온 세상을 하나의 물리적 이론 안에 집어넣으려 했고, 철학·신학·인류학을 주저없이 경멸했던 한 물리학자의 주제넘은 야망은 이로써 현실의 바닥으로 떨어졌다. 케임브리지 지저스 칼리지의 사이언스 앤드 휴머니티 디맨션 프로젝트 책임자 존 콘웰의 논평을 이제는 이해할 수 있다: 아인슈타인·보어·디랙·하이젠베르크의 수준에서, 관찰로는 검증할 수 없는 이론을 창출한 "호킹의 명성은, 그가 존재의 궁극적 진리를 발견하기 위해 죽는 날까지 시간을 거슬러 싸울 것이라는 생각에 근거하고 있다. '발견해야 할 것이 늘 남아 있을 것이다'라는 고백으로 그는 좀 덜 지적인 사람의 대열에 합류했다. 사실, 우주는 단지 우리가 상상하기에 기이한 것이라기보다 우리가 **상상할 수 있는 것보다 더**

---

[30] 같은 곳.   [31] 같은 곳.

기이한 것이라는 영국의 명민한 과학자 존 홀데인의 말을, 호킹이 인정하는지도 모른다."[32]

호킹은 친구이자 동료인 로저 펜로즈와 함께, "아인슈타인의 일반상대성이론은 시간과 공간이 빅뱅과 함께 시작되고 블랙홀에서 끝난다는 것을 함의하고 있음 …"[33]을 입증했다. 그러나 호킹은 **블랙홀**에 대한 자신의 경험적 견해도 수정해야 했다.[34] 블랙홀은 우리 은하와 대부분의 은하계 중심부에서 초고밀도의 질량이 뭉치면서 생긴다. 블랙홀의 존재는 일찍이 독일의 천체물리학자 카를 슈바르츠실트(1873~1916)가 예측하고 기술했다. 매우 무거운 별이 폭발하여 붕괴되면 자체 중력을 이기지 못하여 초고밀도의 물질 덩어리로 뭉쳐진다. 여기에 중력의 법칙과 양자물리학의 법칙이 적용된다. 가령 지구가 지름 1cm 미만의 구球라면 태양의 지름은 3km 미만일 것이다. 1976년에 발표된 호킹의 이론에 따르면, 외부 경계, 즉 '사건의 지평선'(Ereignishorizont)을 넘어서는 모든 것은 블랙홀 안으로 빨려 들어간다. 블랙홀은 빛조차 빠져나올 수 없는 초고밀도의 덩어리다. 호킹은 어떤 정보도 포함하지 않은 순수 복사를 주장했다. 블랙홀로 빨려 들어간 정보는 영원히 숨겨져 절대 방출되지 않을 것이라는 주장을 놓고, 1997년 캘리포니아 공과대학의 존 프레스킬과 공개적으로 내기를 하기도 했다.

---

[32] J. CORNWELL, Hawking's Quest: a Search Without End, in: *The Tablet* vom 27, März 2004.

[33] 참조: About Stephen – A Brief History of Mine, in: **www.hawking.org.uk/text/about/about.html**.

[34] 2004.7.17/18일 자 *International Herald Tribune* 기사 참조: "Hawking Backpedals on Black Holes."

그러나 호킹은 2004년 7월 일반상대성과 중력에 관한 제17차 더블린 회의에서, 블랙홀 가장자리에서 지속적인 동요가 일어나면서 정보가 방출될 수도 있다고 밝힌다. 그는 내기에 졌다. 게다가 30년 동안이나 고수해 온, 이른바 물질과 에너지가 블랙홀로 사라지는 현상을 우리 우주 외에 **평행 우주**들로도 설명할 수 있다는 견해마저 수정했다. 아니었다, 별들이 붕괴할 때 형성되는 거대한 소용돌이는 그것이 빨아들인 에너지와 물질을 결코 평행 우주로 방출하지 않았다. 모든 것이 우리 우주 안에 있으면서 압착된 형태로 블랙홀의 해체를 견뎌 내는 것이다. "내가 한때 상상한 것 같은 아기 우주(baby-Universum)는 존재하지 않는다."[35] 공상 과학계를 실망시킨 것 같아 호킹은 유감스러웠다.

빈Wien의 '사이언티픽 컴퓨팅' 교수 루돌프 타쉬너에 따르면, 괴델의 제1불완전성정리가 컴퓨터 전문가들에게 주는 의미는 이렇다. "모든 프로그램에 대해 컴퓨터가 (실행을) 멈출지 무한 반복을 계속할지 결정할 수 있는 보편적 처리 절차란 없다. 컴퓨터의 전지전능함에 대한 믿음은 거의 종교적이기까지 하지만, 이 믿음에서 구원해 줄 소식이 바로 이것이다. 아무리 정교하게 고안된 컴퓨터라도 처리할 수 없는 문제는 늘 있다. 온갖 기교로 맞서 봐야 실패할 뿐이다."[36] 타쉬너 이전에 이미 앨런 튜링이 '정지 문제'의 해결 불능성을 인지하여 증명해 냈다.

호킹과 그의 동조자들은 바야흐로, 공상적 사변思辨과 경험적 견해뿐 아니라, 19세기를 풍미한 과학적 사고의 실증주의적 토대까지 총체적

---

[35] S. HAWKING, 2004년 7월 22일 자 AP 통신의 보도.
[36] R. TASCHNER, *Der Zahlen gigantische Schatten. Mathematik im Zeichen der Zeit*, Wiesbaden 2004, 102.

으로 점검해 봐야 할 때가 되지 않았을까? 쉬운 시도는 아니다. 수학과 논리학의 근거를 건드리기 때문이다. 실증주의는 단순한 이론이 아니라 하나의 세계관이다. 자신이 실증주의라는 안경 너머로 세계를 보고 있는 줄 까맣게 모르는 과학자가 많다. 그래서 나는 실증주의적 세계관의 근본 가정假定을 비판적으로 규명해 봐야겠다.

## 5. 실증주의만으로는 부족하다

호킹이 진작 칼 포퍼(1902~1994)에게만 조언을 구했어도, 자연과학의 근원적 한계를 일찍 깨달을 수 있을 뻔했다. 빈 태생의 이 걸출한 철학자는 1946년 이래 런던 정경대학의 논리학 및 과학철학 교수로 재직하고 있었다. 포퍼는 청소년기에 이미, 막스 플랑크의 제자 모리츠 슐리크[37]를 중심으로 철학자·수학자·과학자들이 모이는 **빈의 한 실증주의 학단**과 어울려 지냈다. 여기에는 괴델도 속해 있었다.

1922년 이 학단은 '과학적 세계관'[38]에 관한 선언을 발표하는데, 그 요지는 이러하다: 의미 있는 명제란, 수학과 논리학의 명제처럼 경험적 내용이 없는 순수 형식 명제들과, 경험적으로 검증 가능한 경험과학

---

[37] M. SCHLICK, *Gesammelte Aufsätze 1926~1936*, Wien 1938. (형이상학에 완전히 반대하지는 않았던) 슐리크의 복잡한 인간성에 대해서는 '서문'으로 재수록된 프리드리히 바이스만의 기념사 참조. 1930년, 슐리크는 라이프니츠, 프레게, 러셀 그리고 특히 비트겐슈타인을 내세워 '철학의 전환'을 선포한다.

[38] 빈 학단(비엔나 서클)에는 슐리크, 괴델, 카르납 외에도 헤르베르트 파이글, 필립 프랑크, 한스 한, 빅토르 크라프트, 칼 멩거, 오토 노이라트, 프리드리히 바이스만 등이 속해 있었으며, 이들은 베를린의 한스 라이헨바흐와도 깊이 교류했다.

의 명제들뿐이다. 그렇다면 초경험적·형이상학적 명제들은 전부 무의미하다는 것인가?

## 5.1. 초경험적인 것을 배제하라고? 칼 포퍼

**논리실증주의**는 '감각 소여所與', 즉 감각적 경험에 '주어진 것'을 논증의 최종 근거로 삼는다. 프랑스 철학자 오귀스트 콩트의 해묵은 **경험적 실증주의**처럼 감각적 경험을 유일한 출발점으로 보지는 않지만('실증주의'란 말도 1830년 콩트가 만든 것이다), 그래도 감각적 경험은 모든 주장의 정당성에 대한 '컨트롤 타워' 구실을 하는 것이었다. 그런 연유로 논리실증주의를 **신실증주의** 혹은 **경험주의**라고도 부른다.

콩트 이후 100년 만에, '객관적이고' '정확하고' '정밀한' 자연과학과 수학에 깊이 감화된 신실증주의자들은 모든 철학적 진술에 대해서도 경험적 '검증'을 요구했다. 오직, 직접적 관찰에 근거하거나 실험을 통해 검증될 수 있는 사태에 대한 진술만 실재적이고 의미 있다. 그런 자연과학과 철학이 종교나 '신' 같은 **초경험적인 것을 전혀 고려하지 않는다는 것**은 자명하다. 철학은 논리학과 언어 분석으로 환원되고, 형이상학은 어차피 극복될 것이며 신학은 애초부터 무의미한 것이었다.

하지만 형이상학적 문제들이 단지 '무의미한 사이비 문제'일 뿐이라는 실증주의적 '인식'은 그저 일종의 희망 사항이 아닌가? 바로 이것이 포퍼의 초기 단계 **반론**이었다.

> 물론 이 소망은 … 언제라도 충족될 수 있다. 어떤 문제를 '무의미한 사이비 문제'로 밝혀내는 것보다 더 쉬운 일은 없다. '의미' 개념을 충분히

좁게 한정하기만 하면, 온갖 성가신 문제들을 설명할 수 있다. 거기에 어떤 '의미'도 없다고 말하면 그뿐이다. 경험과학적 문제만 '의미 충만한' 것으로 인정하면, 의미 개념에 대한 모든 논쟁조차 무의미해져 버린다. 일단 입지를 굳히면 이 '의미의 도그마'는 영원히 공격받을 일도 없다. '견고하고 최종적'이다(루드비히 비트겐슈타인).[39]

모리츠 슐리크와 루돌프 카르납을 비롯한 빈 학단(비엔나 서클) 회원들은, 미래에는 무엇보다 명백함을 추구하게 될 거라는 낙관적 희망을 품었다. 이 희망을 유린한 것은 나치즘과 파시즘이었다. 1935년 카르납이 미국으로 망명했고, 1936년에는 슐리크가 옛 제자에게 살해되었다. 1937년 포퍼가 뉴질랜드로 망명했고, 1938년에는 나머지 회원들도 해외로 뿔뿔이 흩어졌다. 회원 대부분이 유대인이라는 이유로 빈 학단의 활동은 금지되었다. 이것이 논리실증주의가 영미권에 널리 유포된 속사정이고, 어느 때보다 더 많은 비판적 반론이 제기되는 이유다.

### 5.2. 정녕 무의미한 사이비 문제일 뿐인가?

논리실증주의 프로그램의 위기를 초래한 내적 아포리아가 있었다. 논리학자 자신들도 그것을 마침내 깨달았다. 너도나도 **과학 맹신에 반기를 들었다**: 원자 같은 자연과학의 기본 개념을 명백하게 정의할 수 있을까? 오히려 끊임없이 변천하는 연구 성과에 달린 것은 아닐까, 그리하여 개념의 일의성―義性을 얻기 위해 노력은 하겠지만 결코 도달될

---

[39] K.R. POPPER, *Logik der Forschung* (1934), 6. verbesserte Auflage Tübingen 1976, 24.

수는 없는 것이 아닐까? '원자 = 나눌 수 없는 것'이라는 정의도 연구를 통해 이미 부인되지 않았는가? 수학적·자연과학적 인식과 연구에서 순수한 객관성을 확보하기 위해 주체, 즉 주체적 조건과 전제, 입장과 관점을 고스란히 희생시켜도 되는가? 정녕 모든 학문이 수학적·자연과학적 방법론을 유일하게 적법한 연구 노선으로 받아들여야 하는가? 당시 통일된 과학언어와 통일과학을 정립하려고 무던히 애써 봤지만 그것이 미망이었음은 그동안 분명히 증명되지 않았는가?

그럼에도 **의미와 무의미**의 문제는 더 철저히 천착되어야 한다. '의미'가 무엇인지 경험적·수학적으로 정의할 수 없다면, 특정 문제를 처음부터 '무의미한' 것으로 배제하는 것이 과연 옳은가? 무슨 권리로 감각적 경험을 의미의 기준으로 삼았는가? 오히려 그것으로 '형이상학적'인, 그래서 '무의미한' 명제를 내세우면서 2,000년을 이어 온 형이상학의 비판적 사고들을 '무의미'한 것으로 단정짓지 않았는가? 그런 꼼수로 "언어의 논리적 분석을 통한 형이상학의 극복"(카르납)을 달성할 수 있겠는가? 정말로 모든 형이상학이 '개념의 사기극'에 지나지 않는가? 형이상학적 명제들은 사이비 명제인가? 절대자, 무제약자, 존재자의 존재, 자아 같은 개념들은 사이비 개념인가? '신'이라는 말은 의미의 기준도 없고 의미도 없다는 점에서 '바비히'babig 같은 조어造語와 정말 다를 바 없는가?[40] 유신론, 무신론, 불가지론 간의 구별은 벌써 무의미해졌는가? 수학과 자연과학이 성공했다는 이유로, '신은 언어 체계 내에서 죽을 수밖에 없는 운명'인가? 나는 이 모든 것에 반대한다. 현대의

---

[40] R. CARNAP, Überwindung der Metaphysik durch logische Analyse der Sprache, in: *Erkenntnis* 2 (1931), 219-41, 인용: 227.

논리학과 과학철학은 절대로 반反형이상학적이고 반신학적이어서는 안 된다. 왜 그런가?

**5.3. 모든 명제가 참이라는 증명은 자연과학에서도 불가능하다**

1935년 포퍼는 『탐구의 논리』*Logik der Forschung*에서 **과학적 가설과 이론의 획득에 관한 규칙**을 날카롭게 분석하고 경험과학에서 귀납법의 한계를 제시했다. 그는 묻는다: 어떻게 연구자는 개별적 경험 명제로부터 하나의 이론 체계에 이를 수 있는가? 어떻게 새로운 과학적 인식에 이를 수 있는가? 포퍼의 대답은 놀랍다: 그것은 (참임을 증명하는) 검증을 통해서가 아니라, (거짓임을 증명하는) 반증을 통해서다.

논리실증주의의 핵심은 **검증 원칙**이다. 모든 진술이 경험을 통해 검증될 수 있어야 한다는 극단적 요구는 초경험적 진술에만 적용되지는 않는다. 경험적 가설, 나아가 과학적 지식 전부가 동시에 사라질 것이다. "실증주의적 극단주의는 형이상학뿐 아니라 자연과학까지 절멸시킨다!"[41] 왜? **대부분의 자연과학적 명제는 경험적으로 검증될 수 없고,** 사이비 명제로 내쳐질 수 있기 때문이다. '자연법칙들도 **논리적으로는** 기본 경험 명제로 환원될 수 없다.' 예컨대, '모든 구리는 전기가 통한다'라는 명제를 경험적으로 검증하려면, 전 우주의 모든 구리가 그런 속성을 지니는지 조사해 봐야 한다. 당연히 불가능하다. 이론을 일반화하는 근거가 실험이다. 어떤 이론도 실험만큼 확실하지는 않다.

미래에 대한 예측을 결정적으로 가능하게 하는 **자연법칙들**은 결코

---

[41] K.R. POPPER, *Logik der Forschung*, 11.

검증될 수 없고, 다만 시도와 오류(trial and error)를 통해 **반증**될 수 있을 뿐이라는 것이 포퍼의 반론이다. 또 다른 예로, '모든 백조는 희다'라는 명제는 검증될 수 없다. 세상의 모든 백조를 다 아는 사람은 없기 때문이다. 그러나 (오스트레일리아에서처럼) 검은 백조가 단 한 마리라도 발견될 경우, '모든 백조는 희다'라는 명제는 반증되고도 남는다. 여기서 우리는 겸허해진다. "절대적으로 확실하고 증명 가능한 지식이라는 옛 과학의 이상은 일종의 우상으로 드러났다." 긍정적으로 말하면, 모든 과학적 명제는 "가설이다. 사실로 증명될 수도 있겠지만, 모든 증명은 상대적이다".[42]

지식의 처음에는 언제나 '추측', 추정, 모형, 가설들만 시험을 기다리고 있다. 포퍼가 보기에, 더는 비판할 수 없는 최종 증명이 과학적 명제에 존재한다는 믿음은, 그저 주장만 하는 독단론이거나 늘 새로운 논증만 일삼는 무한소급이거나, 아니면 개별적 체험을 일반화하는 심리주의[43]라는 가망 없는 트릴레마Trilemma로 귀결될 뿐인데, 이 중 쓸 만한 건 아무것도 없다[포퍼는 이 개념을 야코프 프리스(1773~1843)에서 발전시켰다].

검증 기준을 유의미한 명제와 무의미한 명제를 구분하는 **실증주의적 의미 기준**으로 삼으면 안 된다. 그것은 다만, 논리적·수학적·경험과학적으로 신뢰할 수 있는 명제와 그렇지 않은 명제를 구분하기 위한 **합리적 구획 기준**으로만 쓸 수 있다. 긍정적으로 말하면, 비실증주의적·합리적 구획 기준은 유의미한 '비물리적·초경험적·형이상학

---

[42] 같은 책 225.

[43] H. ALBERT, *Traktat über kritische Vernunft*, Tübingen ³1975, 13-5 참조; 그는 이 도식을 무한소급 — 순환논증 — 논증중단 / 독단론이라는 '뮌히하우젠 트릴레마'로 변경시켰다.

적' 명제, 자연과학의 범위를 넘어서는 명제들에도 여지를 남겨 둔다. **형이상학적 문제의 합리적 분석은 근본적으로 가능하다**는 것이 포퍼의 결론이다. 여기에는 특히 "모든 지성인의 관심을 끄는 우주론의 문제", 또한 "우리 자신과, 우리가 속한 이 세계와, 그리고 세계의 일부인 우리의 지식을 이해하는 문제"가 포함된다.[44]

포퍼에 따르면, "순수하게 형이상학적인 (그래서 철학적인) 사유가 우주론의 발전사에 엄청나게 중요한 역할을 했다"는 사실을 결코 부인할 수 없다. "탈레스부터 아인슈타인에 이르기까지, 그리스의 원자론자들부터 데카르트의 물질에 대한 고찰에 이르기까지, 윌리엄 길버트, 뉴턴, 라이프니츠 그리고 보슈코비치의 에너지에 관한 성찰로부터 마이클 패러데이와 아인슈타인의 에너지 장場에 관한 추론에 이르기까지, 이정표가 되어 준 것은 바로 형이상학적 사유였다."[45] 자, 이 모든 것이 우리의 실재 인식에 의미하는 바가 무엇인가?

### 5.4. 과학적 지식의 자율성과 한계

성공을 거듭하자 자연과학자들은 그들의 지식을 수학적 확실성의 차원에까지 끌어올리려 애썼다. 매우 정당한 시도였다. 빅뱅의 표준모형이 좋은 예다. 원자물리학에서 천체물리학에 이르기까지, 분자생물학에서 의학에 이르기까지, 자연 탐구는 수학적 확실성에 최대한 근접할 만큼 정밀하게 수행된다. 따라서 **수학적으로 정위된 자연과학**은 완전한 **정당성 · 독자성 · 자율성**을 지닌다. 신학자나 성직자가 '더 큰' 권

---

[44] K.R. POPPER, *Logik der Forschung*, XIV.

[45] 같은 책 XIX.

위(신, 성경, 교회, 교황)에 기대어 이의를 제기할 문제가 아니다. 오늘날에도 종교적 권위가 세세한 개별적 문제까지 감독하려 드는 판국에, 수학적·자연과학적 명제를 초경험적·철학적·신학적 명제와 구획 짓는 것은 정당하고도 필요한 일이다.

비단 자연과학만을 위해 이런 구획이 필요한 것은 아니다. 자연과학의 문제를 자연과학적 방법과 양식으로 다루어 마땅하다면, **정신과학**의 문제, 그러니까 인간의 정신·사회·법·정치·역사·미학·윤리·종교에 관한 문제들은 그 대상에 적합한 **고유의 방법과 양식**으로 다루어야 한다. 자연과학의 독자성과 자율성을 강조하는 것이 아무리 정당해도, 그 근거 문제까지 불문에 부쳐서는 안 되고, 그 법칙의 가설적 성격을 간과해서도 안 되며, 그 결과들을 절대화해서도 안 된다.

경탄할 만한 성취에도 불구하고, 수학과 물리학의 최근 역사는 **물리학적·수학적 인식의 원칙적 한계**도 노정露呈시켰다. 이 사실은 물리학과 수학에 기초를 둔 생물학, 특히 신경생물학에도 중요하다.

- **물리학**은 양자론에서 근본적 한계에 봉착했다. 양자론의 주요 원리 중 하나인 하이젠베르크의 불확정성원리에 따르면, 입자의 위치와 운동량은 동시에 측정될 수 없으므로, 특정 원자 사건들은 원칙적으로 예측될 수 없다. 불확정성은 통계적 개연성만 허용한다.
- **수학**은 근거 문제에서 근본적 한계에 봉착했다. 괴델의 제2불완전성정리에 따르면, 어떤 유한하고 구조적인 증명도 수학적 사고가 무모순성에서 자유롭다는 것을 보편적·강제적으로 보장할 수는 없다.

이 모든 것은 결국, 자연과학의 위대한 가능성과 **한계**가 함께 고려되어야 한다는 뜻이다. 수학과 물리학의 능력이 닿지 않는 **궁극의 물음**이 있다. 종교뿐 아니라 과학도 가끔은 인간의 사고와 행위를 컨트롤한다. 이런 위협에 직면하여 한 가지만 확실히 해 두자: 초경험적·철학적·신학적 명제를 무의미한 '사이비 문제'라고 선언할 수 있는 수학적·자연과학적 기준이란 결코 존재하지 않는다. 수학화가 모든 학문의 목표일 수는 없다. 개별적 사건을 다루는 역사학에서는 당연히 실행 불가능하고, 심리학과 철학에서도 분명히 한계에 봉착한다.

1980년대 이후에는 수학의 강조점도, 어차피 똑 부러지게 해결되지도 않을 근거 문제에서 실용주의적 태도와 구체적 문제 제기로 옮겨갔다. 이때 예기치 못한 가능성을 열어 준 것이 컴퓨터다. 여기서 잠시 수학을 떠나 실재 자체와 관계하는 보편적·철학적 문제로 돌아가자.

## 6. 실재의 불확실성

실재란 **존재하는 모든 것**이다. 모든 존재자, 존재자의 총체, 그런 뜻에서 존재 일반이다. 그러나 이것이 실재의 **정의**일까? 아니다. 실재는 애당초 정의될 수 없는 것이다. 모든 것을 포괄하는 전체는 정의상 규정될 수도 경계지을 수도 없다. 논의가 추상적이고 공허해지는 것을 막기 위해 실재의 **구체적** 의미를 몇 마디로 잘라 말하자. 실재는 처음부터 투명하고 의심할 바 없고 확실한 것이 아니라, 여러 모로 **의문투성이**였다. 왜 그런가?

### 6.1. 우주 · 인간 · 자아

실재, 그것은 무엇보다 우리의 **우니베르숨**, 우리의 코스모스다. 이 세계, 시간과 공간 안에서 세계를 구성하는 모든 것, 자기 심연을 가진 대우주와 소우주다. 물질과 반물질, 양성자와 반양성자, 소립자, 힘의 장場, 휜 공간, 백색왜성, 적색거성, 블랙홀이다. 빅뱅 이후 130억 년, 태양 생성 이후 50억 년, 생명 탄생 이후 35억 년, 그리고 인간 출현 이후 20만 년이라는 나름의 역사를 가진 세계, 자연과 문화가 어우러진 세계, 기적과 공포가 함께하는 세계, 어쨌든 '이상향'은 못 되고 온갖 불확실성과 불완전성이 공존하는 세계가 실재계다. 생생한 위험과 자연재해, 사실적 불행과 고통들이 무수한 세계다. 인간과 동물이 살아남기 위해 사투를 벌이고, 생겨나고 사라지며, '먹고 먹히는' 세계다.

세계 내에서 무엇보다 **인간**이 실재다. 각계각층의 인간, 모든 인종과 민족과 종교, 개인과 사회, 인간의 영욕이 실재다. 인간은 자연 존재로서는 자연과학과 의학의 대상이지만, 동시에 정확히 예측할 수 없고 그 자체로 하나의 수수께끼인 자유 존재로서는 정신과학의 대상이다. 엄청난 기술적 진보를 이룩했지만, 동시에 전대미문의 환경 파괴, 인구 폭발, 물 부족, 에이즈 등에도 책임을 져야 할 존재가 인간이다.

무엇보다 실재는 **나 자신**이다. 나는 주체이면서 나 자신에게 객체가 되고 자의식을 가진다. 나는 몸과 마음, 기질과 행동, 강함과 약함, 높고 낮음, 빛과 그림자를 지닌 실재다. 과학적 지식에 따르면, 나는 전적으로 물질적 · 생물학적 인과성, 완벽한 물리적 인과성의 지배를 받는 듯 보이지만, 나 자신과 (남들의) 명백한 자아 체험이 비판적 성찰을 거치면, 자기를 인식하고 스스로 결단하며 전략적으로 사고하고 행동할 능력이 나에게 있다는 것을 깨닫는다. 이제 '실재란 무엇인가?'라는 첫 물음에 구체적인 답이 나온다. 실재는 일차원적·단층적이 아니라 다면적이다.[46]

### 6.2. 다차원적·다층적 실재

모름지기 과학적 탐구는 사물의 '근원', '뿌리'까지 파고들어야 한다. 그러나 진정한 철저성과 근원성이 일면성과 일차원성과 같을 수는 없다. 절대화된 합리성, 합리주의라는 '이데올로기'에 직면하여 우리는 처음부터 실재의 다차원성과 다층성을 함께 고려해야 한다. 말할 나위도 없이, **실재는 매우 다양한 양상으로 드러날 수 있고**, 전혀 상이한 성격을 지닐 수도 있다. 나는 루체른 고교 졸업반 친구들과 함께 아테네 국립박물관을 관람한 일을 아직도 기억한다. 그때 나를 놀라게 했던 것은 바로 이것이었다. 같은 박물관이라도, 청동 주조와 이런저런 기술적 문제에 관심을 기울인 화학자와, 고대 그리스 초기 미술부터 그리스 고전 미술을 거쳐 헬레니즘 미술까지의 발전사에 관심 있는 역사학자와, 작품의 아름다움에 매료된 미술 애호가들에게 각기 전혀 다른 실재라는 사실에 나는 깜짝 놀랐다. 미케네 왕자의 황금 마스크가 전혀 다른 관점에서 묘사되고 평가될 수 있다. 중요한 것은, 화학자든 역사학자든 미술 애호가든, 개개의 **묘사와 평가가 모두 참일 수 있다는 것이다 — 관점에 따라!**

동일한 실재가 관찰자의 관점과 관심에 따라 명백히 달라진다. '실재

---

[46] 이하는 유물론적 혹은 자연주의적 일원론에 대한 간접적 답변이다. 참조: E.O. WILSON, *Consilience*, New York 1998; dt.: *Die Einheit des Wissens*, Berlin 1998.

자체'란 존재하지 않는다. **실재의 다양한 관점, 차원, 층**이 존재할 뿐이다. 위대한 물리학자 가운데는 1942년 하이젠베르크가 "실재의 '층에 관한 이론'"에서 실재의 최하위층과 최상위층에 관해 말한 바 있다. 실재의 최하위층에서는 시간과 공간 내 현상과 과정의 인과관계가 객체화될 수 있다. 실재의 최상위층에서는 "비유를 통해서만 표현될 수 있는 세계의 부분, 즉 '실재의 최종 근거'에 대해 시야가 열린다".[47]

실제로 연구하고 가르치고 살아가는 데 있어, 책상이나 자전거처럼 단순한 대상에조차도 단 하나의 물리적 차원이 아니라, (기능적 차원을 포함하여) **여러 가지 설명의 차원**이 존재한다. 실재의 특정 측면을 절대화하지 말았으면 한다. 그리되면 문자 그대로, 다른 실재에는 눈멀어 버리기 때문이다. 철학자·신학자를 포함한 인문학자에게서나, 수학자·물리학자·신경생리학자를 포함한 자연과학자에게서나, 전문가적 맹목성은 곧잘 실재의 맹목성으로 변하기 쉽다. 사람들은 더 이상 있는 대로 보지 못하고 보고 싶은 대로 볼 뿐이다. '모든 것을 위한 이론'도 자세히 뜯어보면 물리적인 것만을 위한 이론에 불과하여, 셰익스피어나 헨델, 심지어 뉴턴을 이해하는 데도 별 기여하는 바 없다. 뇌와 자유의지를 둘러싼 논쟁에서도 사정은 다르지 않다는 것을 곧 알게 될 것이다.

데카르트·스피노자·라이프니츠·볼테르·레싱·칸트 같은 철학자들, 그리고 코페르니쿠스·케플러·갈릴레이·뉴턴·보일 같은 과학자들 — 근대 학문에 엄청난 자극을 준 이 거목들이 과연 수학적·과

---

[47] W. HEISENBERG, Ordnung der Wirklichkeit (1942), in: *Gesammelte Werke*, hrsg. v. BLUM u.a., Abt. C, Bd. I, München 1984, 217-306, 인용: 294.302.

학적 이성과 다른 차원의 이성을 부인하거나 무의미한 것으로 간단히 매도한 적이 있었던가? 적어도 이런 관점에서 이 위대한 이성적 인물들(Rationalen)을 '합리주의자'(Rationalist)라고 부르는 것은 옳지 않다. 그들은 실재의 다른 측면에 눈을 가리운 '무슨 무슨 주의主義'의 신봉자들이 아니었다.

한 가지 오해는 즉시 막아야겠다. 실재가 다층적이긴 하지만, 실재의 층이 다르다고 실재 자체가 다른 것은 아니다. 실재가 다차원적이긴 하지만, 여러 다른 차원에 내재된 **통일성**마저 간과해서는 안 된다. 다양한 관점 · 차원 · 층 · 양상 · 차이에도 불구하고 실재는 **하나**다. 이 세상에서 온전한 인간성을 희생시켜 가며 인간이 실재를 분열시켰을 뿐이다.

그 때문에 일찍부터 주체와 객체, 사고와 존재, 정신과 물질, 영혼과 육체, 인간과 동물을 가르는 데카르트의 이원론은 비판의 대상이 되었다. 이성과 신앙, 철학과 신학의 이원론에 관해서도 **실재의 통일성과 진리**는 늘 새롭게 논구되어야 한다. 존재의 통일성과 진리에 대한 그리스 철학의 문제와 우주의 구원과 그 의미에 대한 고대 히브리인들의 문제는 아직 끝나지 않았다. 그것들은 서로 밀접히 관련되어 있다. 숙고할 일이다.

### 6.3. 이성: 중요하지만 능사는 아니다

17세기는 심각한 불확실성의 시대였다. 이 불확실성은 새로운 우주론과 함께 찾아왔다. 이때부터 인간은 확실성의 새로운 근거를 **이성**에서 찾았고['나는 생각한다. 고로 존재한다'(cogito, ergo sum)], 포괄적인 회의懷疑를 통해 더욱 광범위하게 이성을 사용하는 법을 배웠다. 인간이 **과학적 계몽**을 통해 자연법칙과 자신과 사회상을 다양한 관점에서, 편견 없이, 합리적이고 체계적으로 탐구한 것은 전적으로 옳았고 역사적 필연이기도 했다.

그러나 인간은 이성만으로 살지 않는다. 독립적 합리성과 과학적 인식의 근본적 정당성과 역사적 필연성에도 불구하고, 합리성의 절대화는 막아야 한다. 물리학자든 철학자든 누구든, **모든 인간은 이성 이상의 것과 관계를 맺는다**. 욕구와 감각, 상상과 정서, 감정과 열정 등은 단순히 이성으로 환원될 수 없다. 방법적·합리적 사고 같은 데카르트의 '기하학의 정신'(Esprit de géometrie)도 있고, 직관적·전체적 인식, 감각 지각, 감정 같은 블레즈 파스칼의 '섬세의 정신'(Esprit de finesse)도 있다.

물론, **'객관적'인 것**만 실재하는 것이 아니겠느냐라고 반박할 수도 있겠다. 결코 그렇지 않다. 근대 과학의 핵심인 과학적 객관성은 근대라는 한 시대조차 제대로 풍미하지 못했다.[48] '객관성'을 '진리'와 동일시할 수는 없다. 정의가 사회적 덕목의 전부가 아니듯, 객관성도 인식론적 덕목의 전부는 아니다. 구체적인 경우, 정의가 자비와 상충하듯 객관성도 진리의 다른 차원과 상충한다. 객관적인 것처럼 보이는 물리학·수학·화학 공식이 실재의 유일한 척도는 아니기 때문이다. 색과 소리와 냄새가 있는 다채로운 세계, 전 우주의 감각계는 모든 물리·화학적 공식보다 훨씬 더 풍요롭다는 것은 자연과학자들도 늘 겪는 일이다. 물리학자나 화학자도 다양한 파장과 진동수를 가진 무색의 전자기

---

[48] 참조: L. DASTON, Can scientific objectivity have a history?, in: *Alexander v. Humboldt-Mitteilungen* 75/2000, 31-40.

파를 지각하기 전에 이미 빨강, 노랑, 파랑, 초록이 천만 가지 조화를 이루는 것을 (그때그때 상황에 따른 변화무쌍한 감정으로!) 보고 있다.

이성을 통한 과학적 인식의 환원주의와 맞서 싸워야 한다. 무턱대고 이성과의 전쟁을 선포하는 **종교**는 이성에 오래 맞설 수 없다는 칸트의 말은 확실히 옳다. 튀빙겐의 신학자 위르겐 몰트만이 올바른 대처법을 내놓았다. "신앙에 대한 계몽적 승리를 통해서는 **이성**조차 혼자 버틸 수 없어, 소박한 믿음이라는 매우 비이성적 양상으로 발전했다."[49] 사실, '이성이라는 여신'의 숭배도 프랑스혁명 당시 단두대의 '공포'를 막을 수는 없었다. 그렇게 합리적인 자연과학도 늘 이성적 기능만 발휘하는 것은 아니어서, 때로는 불합리한 결과들을 초래하기도 한다.

### 7. 자연과학과 신학: 상이한 관점

자연과학은 그 시초의 무구함을 상실한 지 오래다. 19세기와 20세기 전반을 휩쓴 진보의 쾌감도 사라졌다. 과학의 진보가 항상 인간의 진보는 아니라는 것이 지난 수십 년 동안 더욱 분명해졌다.

**7.1. 자연과학: 토대는 되지만 전부는 못 된다**

원자력공학, 유전공학, 집중 의학, '녹색 혁명', 생산 자동화, 경제 · 기술 · 통신의 세계화 등, 거의 모든 주요 과학 · 기술적 진보는 예기치

---

[49] J. MOLTMANN, Theologie in der Welt der modernen Wissenschaften, in: *Perspektiven der Theologie. Gesammelte Aufsätze*, München 1968, 269-87, 인용: 275.

않았거나 알아도 감수할 수밖에 없는 부정적 결과를 낳기도 한다. 20세기 말 거품경제가 붕괴되고 난 뒤에는, 신자유주의 경제학자들도 이른바 금융시장이 자기 조정 기능을 가지고 이성에 의해 지배된다는 사실을 더는 믿지 않는다. 제3천년기에도 세계 열강들은 여전히 가난·기아·질병·문맹과의 싸움이 아니라, 전방위적 군비 확장에 수십억씩 투자하고 있다. 이 모든 것이 이성을 거역한다. 그렇다, 첨단 기술로 무장한 21세기 초, 아프가니스탄과 이라크 전쟁은 명목상 대단히 '합리적으로' 수행되었지만, 당사국과 전 세계에 미친 끔찍한 결과들은 인류의 이성을 총체적으로 의심하게 만들었다. 물론 이 모든 것이 과학·기술을 절대화하는 과학맹신주의에 대한 비판일 수는 있어도, 이성과 과학 자체에 대한 비판은 아니다.

자연과학은 당연히 근대적 세계상·기술·산업·문명·예술 전반의 토대가 되었다. 그러나 **모든 건물을 오직 자연과학이라는 토대 위에만 세우려 하지 않을 때**, 즉 모든 세계상과 구상과 모형과 관점의 상대성과 임시성, 사회적 조건과 윤리적 함의를 볼 때, 자연과학적 방법 외에 인문·사회학적 방법과 철학적 방법과 (또 다른 방식으로) 신학적 방법까지 허용할 때, 비로소 자연과학의 역할은 정당한 평가를 받게 되는 것이다. 달리 말해, **자연과학은 세계관을 만들지 말아야 한다.** 아무리 정밀하고 심오한 과학이라도 자기를 절대화해 버리면, 세상의 웃음거리가 되고 민폐를 끼치기 십상이다. 과학이 다른 모든 체계를 계몽하려 든다면(정신분석학처럼), 결국 자신의 매력도 잃게 될 것이다. 대책이 필요하다.

### 7.2. 신학도 자기비판이 필요하다

관점은 다양하다: **자연과학자들**에게는 당연히 데이터 · 사실 · 현상 · 작용 · 과정 · 힘 · 구조 · 발전의 분석이 더 중요하다. 그러나 **신학자들**에게는 (원한다면 철학자들도!) 최종적 · 최우선적 의미와 목적의 문제나, 가치 · 이상 · 규범 · 결단 · 태도의 문제가 당연히 더 중요하다. 자연과학자들이 궁극적 · 결정적 진리의 제공자가 아니라는 것은 그들 스스로도 기꺼이 인정한다. 오늘날 그들은 기존 입장을 바꾸거나 경우에 따라 완전히 취하할 준비가 그 어느 때보다 잘되어 있는 것 같다: '시도와 오류'(칼 포퍼).

한편, 신학자와 철학자들도 자연과학과의 대화에서 겸손하고 자기비판적이어야 한다. 그들은 직무상 신앙의 진리를 지키려 애쓰고 있지만, 그렇다고 **진리를 처음부터, 결정적으로 소유한 사람들은 아니기** 때문이다. 그들도 남들처럼 진리를 거듭 모색해야 하고, 다만 진리에 다가갈 수 있을 뿐이며, '시도와 오류'를 통해 배워서 자기 입장을 수정할 준비가 되어 있어야 한다. 신학이 불모의 독단론이 아니라 학문이기를 원하거든, 구상 · 비판 · 재비판 · 개선 등의 상호작용이 원칙적으로 가능해야 한다. 자연과학자들과의 논쟁에서, 신학자들은 계몽주의 이래 비과학적인 것으로 드러난 권위에의 논증을 토론에 끌어들이거나, 이른바 성경과 교황과 근거를 캐묻지도 못하는 공의회 문헌의 무류성 無謬性으로 도피하는 일이 없어야 한다.[50] 자칫하면 자연과학자들이 논쟁하기 편해질 것이다.

---

[50] B. KANITSCHEIDER, Es hat keinen Sinn, die Grenzen zu verwischen, Interview in: *Spektrum der Wissenschaft*, November 1995, 80-3.

**독일 신학**이야말로 자연과학과의 관계를 현저히 회복할 필요가 있다. 카를 바르트 학파는 자연과학과 대화하기 어려웠다. '자연신학'에 대한 역사적 반감 때문이었다. 루돌프 불트만 학파는 우주론을 경시하고 인간 존재 규명에 집중했다. 가톨릭 신학자들은 무엇보다 유해한 로마 교의 문서들을 철저히 검토하고 갈릴레이와 테야르 드 샤르댕을 복권시키는 문제에 몰두했다.

**영미권**의 사정은 달랐다. 여기서는 신학자들만 물리학에 관여한 것이 아니라 물리학자들도 신학에 깊이 개입함으로써, 뜻 깊은 조정 작업이 수행되었다. 수십 년 전부터 저작들이 다량 출간되었다: 물리학자이자 신학자인 이안 바버(노스필드/미네소타),[51] 신학자이자 생화학자인 아서 피코크(옥스퍼드),[52] 수리물리학 교수이자 신학자인 존 폴킹혼(케임브리지)[53] 등이 모범적인 사례다.

여기서 내게 자연과학과 신학의 방법론적 유사성이나, 과학과 합리성의 개념적 통일성은 그리 중요한 것이 아니다. 그런 문제는 폴킹혼도 자신의 초기 저작에서 강조한 바 있다. 내게 중요한 것은 자연과학과

---

[51] 참조: I.G. BARBOUR, *Religion in an Age of Science*, London 1990; I.G. BARBOUR, *Religion and Science*, San Francisco 1998; dt.: *Wissenschaft und Glaube*, Göttingen 2003.

[52] 참조: A. PEACOCKE, *Theology for a Scientific Age. Being and Becoming – Natural and Divine*, Oxford 1990; dt.: *Gottes Wirken in der Welt. Theologie im Zeitalter der Naturwissenschaften*, Mainz 1998; A. PEACOCKE, *Paths from Science towards God. The End of all Exploring*, Oxford 2001.

[53] 참조: J. POLKINGHORNE, *Belief in God in an Age of Science*, New Haven 1998; dt.: *An Gott glauben im Zeitalter der Naturwissenschaften. Die Theologie eines Physikers*, Gütersloh 2000; J. POLKINGHORNE, *Science and Theology. An Introduction*, London 1998; dt.: *Theologie und Naturwissenschaften. Eine Einführung*, Gütersloh 2001. A. DINTER, *Vom Glauben eines Physikers. John Polkingshornes Beitrag zum Dialog zwischen Theologie und Naturwissenschaften*, Mainz 1999는 과학철학적·생태윤리적 경향을 띤 폴킹혼의 초기 저작들(1979~1996)을 비판적으로 고찰한다.

정신과학, 특히 철학과 신학의 방법론적 독립성과 자율성이다. 따라서 모든 방어적·호교론적 태도는 나와 거리가 멀다. 영미권 학자들과 달리, 나는 자연과학의 결과들을 그리스 교부학(과 중세)에 나타나는 '고전' 헬레니즘적 교의들과 비교하지 않으려 한다. 이런 작업은 나의 역사비평적 연구에 충분히 포함되어 있다.[54] 차라리 나는 자연과학의 결과들을 당대의 역사비평적 성서 해석이 신·구약 성경에서 밝혀낸 연구 결과들과 비교해 볼 생각이다.[55] 자연과학과 비교할 때도 위대한 뉴턴의 '고전' 물리학에만 매달리지 않고, 어차피 상대성이론과 양자론과 대결하게 된다.[56]

### 7.3. 물리학적 인식은 경험계를 넘어설 수 없다

임마누엘 칸트는 물리학적 지식이 시간·공간적 현상들과 관계할 뿐, 우리의 주관과 독립된 세계 '자체'와는 무관하다는 것을 인식론적으로 거듭 확인했다. 물리학은 오직 '현상계', 즉 시간·공간 내 경험계만 상대한다. 물리학은 이것을 원칙적으로 넘어설 수 없다.

물론 현대 물리학은 두 가지 점에서 칸트에 동의하지 않을 것이다.

---

[54] 참조: H. KÜNG, *Das Christentum. Wesen und Geschichte*, München 1994; TB-Ausgabe München 1999 (Serie Piper 2940); H. KÜNG, *Große christliche Denker*, München 1994; TB-Ausgabe München1996 (Serie Piper 2283).

[55] 참조: H. KÜNG, *Christ sein*, München 1974; TB-Ausgabe München 2004 (Serie Piper 1736).

[56] H. KÜNG, *Existiert Gott? Antwort auf die Gottesfrage der Neuzeit* (München 1978; TB-Ausgabe München 2001, Serie Piper 2144)에서 정립한 방법론에 근거하여 논구할 것이다. 특히 Teil A, III, Vernunft oder Glaube? Gegen Rationalismus für Rationalität; Teil G, II,2: Der Gott der Bibel: Gott und seine Welt 참조. A. BENK, *Moderne Physik und Theologie. Voraussetzungen und Perspektiven eines Dialogs*, Tübinger Habilitationsschrift, Mainz 2000 은 상대성이론과 양자론에 관해 상세한 논의의 장을 펼친다.

**첫째**, 시간·공간·인과성 같은 자연의 기본 범주는 객관적 소여성 所與性이 아니라, 우리의 선험적 인식 조건일 뿐이라는 점에 동의하지 않는다. 경험계는 순수 주관성에 온전히 근거하고 있지 않다.

**둘째**, 자연과학은 순수 주관성의 절대 우위를 지양했을 뿐 아니라, 인식을 '촉발하는'(칸트) '물자체'物自體에 대해서도 의문을 제기했다. (인식을) 구성하는 의식이 초시간적 기관이 아니듯, 객관화될 수 있는 (인식) 내용도 현상 '배후의' 세계가 아니다. 물리학의 차원은, 주관이든 물자체의 세계든 어느 한쪽에만 근거하지 않고 자기만의 고유한 세계를 형성하는 일종의 과정이다. 발터 슐츠는 이를 "물리학의 세계"[57]라 불렀다.

결론인즉, 실재 그대로의 존재자, '존재 자체'를 개념적으로 분명히 기술할 수 있다는 자연과학의 고전적 자기이해는 오늘날 더 이상 지지될 수 없다. 양자물리학과, 수학의 근거 논쟁은 인간 인식의 불완전성과 다의성을 지적한다. 그렇다, 모든 자연과학적 이론을 한정된 적용 영역과 결합시킬 수 있다고 해도, 그 이론 모두를 하나의 자연과학적 세계상으로 짜맞출 수 있다고 해도, 경험적 신빙성이 필연적으로 증가하지는 않을 것이다.

실재에 대한 관점의 상대성을 진지하게 받아들이는 자연과학자들에게도, '더 높은'(하이젠베르크) 혹은 **더 깊은**(나는 이 표현을 선호한다) 차원에서 곰곰이 생각해 보면 '무엇이 세계를 가장 깊은 곳에서 결속하는가'라는 질문이 제기된다. 이것은 원자핵 내부의 가장 작은 입자들(쿼크) 사이에

---

[57] W. Schulz, *Philosophie in der veränderten Welt*, Pfullingen 1972, 114-5 참조.

서 작용하는 강력強力(그로스, 윌첵, 폴리처가 이 연구로 2004년 노벨 물리학상 수상)에 대해서만 묻는 질문이 아니라, **실재 전체의 근원과 의미**에 대해서 묻는 질문이다.

오늘날의 수학자와 천문학자들은 니콜라우스 쿠자누스 · 케플러 · 갈릴레이 · 칸토어 · 플랑크 같은 선배들이 그랬듯이, 사물의 수학적 속성이야말로 그 신적 기원을 제시하는 것이라는 플라톤과 피타고라스 학파의 노선을 거의 따르지 않는다. 그래도 수학의 근거 논쟁 이후, 인간 정신의 발명품인 수학과, 인간의 창조물이 아닌 이 세상이 서로 절묘하게 어울린다는 사실은 우리에게 그 어느 때보다 더 깊이 사색할 거리를 제공했다: 그것들은 똑같이 합리적이고 질서 정연하고 매우 단순해 보인다. 이로써 내가 자연과학과 종교의 관계를 어떻게 이해하고 있는지 분명해졌을 것이다.

### 7.4. 대립 · 통합 모형이 아니라 상보성 모형이다

이 책에서 내가 택할 방법은 이것이다:

- 과학과 종교의 **대립 모형 지양**: 과학이나 역사비평적 성서 해석의 성과를 무시하거나 억압하는 근본주의적 · 전근대적 발상도 거부하고, 철학적 · 신학적 근본 문제들을 기피하거나 종교를 처음부터 중요하지 않다고 매도하는 합리적 · 근대적 색채도 지양한다.
- 조화로운 적응을 추구하는 **통합 모형 지양**: 과학의 성과를 자기네 교의에 흡수 · 동화시키는 신학자들의 주장도, 자기네 명제들을 위해 종교를 도구화하는 과학자들의 주장도 지양한다.

- **과학과 종교가 비판적·건설적으로 상호작용하는 상보성 모형 지향**: 자기 고유 영역은 보존하고, (타 영역으로의) 무리한 이행은 피하고, 절대화는 일체 거부한다. 상호 질의와 상호 향상을 통해 전체로서의 실재를 모든 차원에서 정당하게 평가하려는 모형.

나는 다음 부部에서 물리적 세계의 수학적 구조를 넘어 더 깊이 천착하면서, 현상계의 모든 사물을 결속시키는 근원적 의미에 대하여 숙고하고자 한다.[58] 여기서는 종교적 믿음이 없는 과학자들조차도 만물의 시초, 절대적 시초에 대한 질문을 피해 갈 수 없을 것이다.

---

[58] K. WILBER, *The Marriage of Sense and Soul*, New York 1998은 자연과학과 종교의 문제에 관해 유사한 접근을 시도한다. dt.: *Naturwissenschaft und Religion. Die Versöhnung von Weisheit und Wissen*, Frankfurt/M. 1998. 또한 David Bohm, Niels Bohr, Max Born, Arthur Eddington, Albert Einstein, Werner Heisenberg, James Jeans, Pascual Jordan, Wolfgang Pauli, Max Planck, Erwin Schrödinger, Carl Friedrich von Weizsäcker 등이 공동 기고한 논문집 H.-P. DÜRR (Hrsg.), *Physik und Transzendenz. Die großen Physiker unseres Jahrhunderts über die Begegnung mit dem Wunderbaren*, Bern [7]1994도 시사하는 바 크다.

제2부

# 시초로서의 신?

저마다 100억 개가 넘는 별들을 거느린 1,000억 은하계 변두리의 이 작은 행성에 '고작' 20만 년 전부터 인류가 산다. 우리의 망원경은 꽤 멀리 보이지만, 한계가 있다. 더 멀리 보이는 망원경을 가지고도, 우리가 볼 수 있는 우주의 범위는 늘 한정되어 있을 것이다. 시야 저편에도 은하계는 존재한다. 영국 왕립 천문학자 마틴 리스 경卿의 말처럼, "그 은하계들은 지금만 원칙적으로 관찰할 수 없는 것이 아니다 — 그것들은 영원히 우리 시야의 피안에 있을 것이다".[1] 가장 위대한 것을 인간은 파악할 수 없다. 한정된 우주의 지평을 뛰어넘는 길은 과학적 확증에 있는 것이 아니라, 기껏해야 사변思辨에 있는 것 같다.

그럼에도 제2부에서 나는 우주론적 사변보다는 철학적·신학적 성찰에 더 큰 관심을 기울일 것이다. 우주의 네 가지 힘, 즉 전자기력·약력·강력·중력이 어떻게 서로 관련되어 있는지 (아직) 알지 못해도, '세계 정식'이나 '모든 것을 위한 물리적 이론'이 없어도, 우리는 만물의 시초가 과연 무엇이었을지 물어 나갈 수 있다.

---

[1] M. REES, Andere Universen – Eine wissenschaftliche Perspektive, in: T.D. WABBEL, *Im Anfang war (k)ein Gott*, Düsseldorf 2004, 47.

## 1. 시초 중의 시초를 묻는다

만물의 '시초'(arché)에 대한 물음은 고대 그리스 철학의 주된 문제였다. 기원전 6세기 초 이오니아의 전기 자연철학자들은 만물 생성의 유일한 근본 원리를 묻고, 그것을 밀레토스의 탈레스는 물, 아낙시메네스는 공기, 헤라클레이토스는 불, 아낙시만드로스는 '무한자'(ápeiron)와 '신성'(theîon)이라 했다. 기원전 5세기의 후기 자연철학자 아낙사고라스는 세계에 질서를 부여하는 자존적 '정신'(noús)을 세계를 구성하는 질료에 맞세웠다. 기원전 4세기 플라톤에게 그것은 선의 이데아였고, 아리스토텔레스에게는 우주 내 부동不動의 원동자原動者요 모든 현실적 노력의 궁극 목표였다. 어쨌든 그때부터 그리스 철학에는 '신적인 무엇'이 존재했다. (그리스의) 초기 그리스도교 철학자와 신학자('호교론자')들에게 이 '신적인 것'과 '정신'을 성경의 창조주와 동일시하는 일은 그리 큰 개념적 노력 없이도 가능했다. 그러나 현대 과학에서는 문제가 달라진다.

### 1.1. 시초의 특이점

물리학자들은 자연에서 유일무이한 것, **특이한 것**을 좋아하지 않는다. 이 점 족히 이해되지만, 행여 특이점이 합법칙성으로 흡수되지는 않는지, 증명된 물리 법칙의 구조로 편입되지는 않는지 탐구하도록 그들을 자극하는 것도 바로 특이점이다. 물리 법칙의 특성은 개별성이 아니라 반복성이다. 많은 경우 특이점은 성공적으로 해소되었다.

그러나 **시초의 특이점**에서는 뭔가 근본적으로 다르다. 그것은 물리학의 모든 개념과 법칙을 교묘히 피해 간다. 알려진 물리학의 법칙들은 빅뱅 후 100분의 1초부터 적용된다. 물리학자들에게는 제로 시점과 신비의 최초 폭발 원인이 다소 혼란스럽다: 무한 밀도와 온도, 최초 진동을 가진 무한히 작은 한 점 안에 1,000억 은하계의 가능성이 오롯이 잠재되어 있었다는 것을 어떻게 설명해야 할까? 그 **초기 조건들**이 설명될 수 있을 때만 우리 우주의 특별함도 설명될 수 있을 것이다. 물리학자가 이에 대답하지 않으려면, **초물리적**(Meta-Physisches)**이거나 원**原**물리적인**(Proto-Physisches) 어떤 것에 개입해야 하지 않겠는가?[2]

당연히 '인간에 대해서'도 논의해 봐야 한다. 이 모든 문제가 과연 인간 이성에게 너무 무리한 요구인가? 뒤집어 보자. 우주론적 표준모형은 인간 이성에게 얼마나 많은 '믿음'을 요구하는가! 빅뱅 이후 무한히 작은 한 점에서 과연 수십억의 은하계가 생성되었단 말인가? 그것이 일종의 '과학적 기적에 대한 믿음'이 아니라면? 미국의 과학 저널리스트 그레그 이스터브룩은 이렇게 본다: '도무지 믿어지지 않는 일'에 관한 한, "신학이나 형이상학의 어떤 부분도 빅뱅을 건드리지는 못할 것이다. 우주의 기원을 매사추세츠 공과대학(MIT)이 아닌 성경이나 코란이 묘사한다면, 그것은 터무니없는 신화로 다루어질 것이 분명하다".[3]

물론 전문신학자인 나도 물리학적 표준모형에는 확실한 근거가 있다고 생각하며, 동시에 자연과학자들이 우주 만물의 '**시초**'를 임의의 시작으로 이해하지 말기 바란다. '빅뱅'은 단순한 '시작'이 아니다! 우주

---

[2] 의학자이자 과학평론가인 디트푸르트는 진지하면서도 이해하기 쉬운 저술을 통해 이 현안에 깊이 관여했다: H. v. DITFURTH, *Kinder des Weltalls*, Hamburg 1970; *Im Anfang war der Wasserstoff*, Hamburg 1972; *Der Geist fiel nicht vom Himmel*, Hamburg 1976; *Wir sind nicht nur von dieser Welt*, Hamburg 1981.

[3] G. EASTERBROOK, *Wissenschaftlicher Wunderglaube. Die Theorie des Urknalls und die Frage nach dem Anfang des Kosmos*, in: Neue Zürcher Zeitung vom 23./24. Oktober 1999.

기원사의 비교 가능한 순간들의 연속선에 내재한 일회적 첫 순간(첫 '100분의 1초')이 문제가 아니다. 문제는, 우주의 역사를 총체적으로 가능하게 한 것이 과연 무엇이었냐는 것이다. **시초의 시점**이 아니라, **시간의 시초**가 문제다! 상대적이 아니라 **절대적인 첫 시작**, 세계의 시간이나 시간의 세계 내에서는 일어날 수 없는 시작, 그것 없이는 세계의 시간도 시간의 세계도 설명될 수 없는 그런 시작이다.

시간과 공간을 넘어선 세계의 시작을 '**기원**'(독: Ursprung, 라: origo, 영: origin)이라는 말로도 할 수 있다. 독일어 Ursprung은 땅에서 '솟아나는'(erspringend, entspringend) 샘(원천)을 뜻했지만, 나중에 의미가 확장되어 정신적인 것을 포함한 모든 종류의 '출발점'으로도 이해되었다. 이 '원천'을 처음부터 '창조자', 그리스도교적 의미의 신과 동일시하면 안 된다. 신학자들이 논리적 오류를 범하기 쉬운 대목이다. 근대철학은 중세나 종교개혁 당시처럼 무턱대고 '신'을 사유의 출발점으로 삼지 않고 '아래로부터' 사유한다. 근대철학은 **인식**의 단초를 인간의 경험에 두었다.

### 1.2. 철학의 '코페르니쿠스적 전환': 데카르트

철학의 '코페르니쿠스적 전환'은 천문학의 코페르니쿠스적 전환을 계승했다. 그 기초를 다진 사람은 갈릴레이와 같은 시대를 산 르네 데카르트(1596~1650)다. 그는 해석기하학의 창시자이며 근대철학의 '아버지'다. 계산과 실험, 방법과 정밀한 학문의 새 시대에 그는 수학적 확실성이라는 이상을 선포했다. 신의 확실성에서 자기 확실성으로 나아가는 중세적 노선이 아니라, 자기 확실성에서 신의 확실성으로 나아가는 근대적 노선이었다. 신중심적 사고가 인간중심적 사고로 교체되었다.

**인간, 주체, 이성, 자유가 방법론적 출발점이 된 것이다.** 이로써 학문의 자율성이 철학적으로 정립되었다. 그렇다. 이것이야말로 칸트의 근원적 비판을 통해 완결된 패러다임 전환이다. 칸트의 '순수' 혹은 이론이성 비판은 신 존재 증명에 대한 철저한 비판에서 정점에 이르렀다.

### 1.3. 신 존재 증명은 실패했다: 칸트

짐작과는 달리, 임마누엘 칸트(1724~1804)가 신 존재 증명을 비판한 배후에 이성의 역할에 대한 체념이 도사리고 있지는 않다. 그 비판은 오히려, 이성에는 한계가 있고 이성의 한계가 곧 실재의 한계는 아니라는 윤리적·종교적 확신에 근거한다. 이성이 인식하지 못하는 것도 실재할 수 있다는 것이다! 신도 그중 하나인가?

1781년, 57세에 출간한 『순수이성비판』 2판 서문에서 칸트는 이렇게 썼다. "나는 **신앙**에 자리를 내주기 위해 **지식**을 버려야 했다."[4] 장자크 루소도 그랬지만, '비판적인' 칸트에게도 신앙은 마음의 진리요, 모든 철학적 반성과 예증의 피안에 있는 양심의 진리였기 때문이다. (칸트는 루소를 높이 평가했다.) 그는 『순수이성비판』 말미에 이렇게 증언했다. "신에 대한 믿음과 다른 세계에 대한 믿음은 나의 윤리적 정서와 밀접하게 연관되어 있어서, 나는 후자를 상실할 위험에 빠질 일도 없고, 언젠가 전자를 빼앗길 염려도 하지 않는다."[5]

칸트는 과학적 **신 존재 증명**을 **불가능**하다고 여겼다. 신은 시간·공

---

[4] I. Kant, *Kritik der reinen Vernunft*, Vorrede zur 2. Auflage, in: Werke, hrsg. v. W. Weischedel, Bd. II, Frankfurt/M. 1964, 33.

[5] 같은 책 694.

간 속에 존재하지 않으므로 직관 대상이 아니다. 따라서 과학적 증명을 통해서는 아무것도 인식할 수 없고 아무것도 판단할 수 없다. 이들은 직관에 의존하기 때문이다. 칸트가 비판철학 이전 단계에서 주장한 것까지 포함해서, 신 존재 증명은 사실상 좌초되었다. 그렇다, 그것들은 이론적으로 전혀 불가능하다. 칸트에 따르면, 시간 내 세계의 시초 문제도 미결로 남는다. 왜인가? "우리를 경험할 수 있는 영역 밖으로 이끌어 내려는 추론은 모두 기만적이며 근거 없는 것들"[6]이기 때문이다.

사고의 힘으로 현상계를 넘어 '물자체'(논증할 수는 있으나 직관할 수는 없다!)에 닿으려고, 심지어 실재하는 신에게 나아가려고, 이성은 헛된 날갯짓을 하고 있다. 이것이 칸트의 확신이다. 인간은 바벨탑을 쌓지 못한다. 경험의 차원에서 우리 사업을 위해 넉넉히 넓고 높은 집만 지으면 된다! 그러므로 믿는 이들조차 널리 동의해 줄 만한 신 존재 증명은 어디에도 없다. 그러나 이것은 문제의 단면에 불과하다.

### 1.4. 신 부재 증명도 실패했다

신 **존재** 증명과 마찬가지로 칸트는 신 **부재** 증명도 거부한다. 왜 그랬을까? 그 또한 경험의 지평을 넘어서는 것이기 때문이다. 신에 대한 관념 자체가 모순은 아니다. 따라서 신의 부재를 증명하려는 사람들은 더욱 부당하다. 이성이 신의 존재를 주장할 능력이 없음을 증명해 줄 근거가 있다면, "이성이 신의 부재를 주장하기에도 적합하지 않음을 증명하는 데도 바로 그 근거"면 충분하다는 것이 칸트의 생각이다. "만

---

[6] 같은 책 563.

유의 근원인 신이 존재하지 않는다는 통찰을 이성의 순수 사변을 통해 어떻게 얻어 냈단 말인가 …."[7] 칸트는 신에 대한 관념이 이론적 한계 개념일 수밖에 없다고 확신했다. 인식 과정에서 도달할 수는 없지만, 이상적 목표로서 끊임없이 향해 갈 수는 있는 먼 별과 같다는 것이다.

커튼 뒤에 숨은 것이 보이지 않는다는 이유로 커튼 뒤에 아무것도 없다고 주장해서는 안 된다. 이 점에서 무신론도 한계가 있다. 저명한 무신론자들의 온갖 증명과 예시는 신의 존재를 의심스럽게 하기에 충분하지만, 그렇다고 신의 부재를 확신시킬 정도는 아니다.

바로 19, 20세기에 신앙과 과학, 신학과 무신론 간에 헛된 암투가 횡행했다는 것은 유감스러운 일이다. 더욱 유감스러운 것은, 21세기까지도 많은 자연과학자가 19, 20세기의 무신론적 종교 비판에 얽매여 있다는 것이다. 이미 오래전부터 알려진 논증이지만 그들은 별로 숙고하지 않았다. 지금도 과학자들 중에는 무신론의 예언자가 더러 있다.

## 2. 자연과학은 종교 비판으로 차단되었는가?

여기서 '신유물론'의 옹호자들을 깊이 다루지는 않을 것이다. 옥스퍼드 대학의 레기우스 명예 신학 교수 키스 워드는 스티븐 호킹, 칼 세이건, 자크 모노 같은 무신론자들의 논증과 세세히 대결했다. 이들에 대해서는 이 책 다른 곳에서 다루려 한다. 워드는 이렇게 썼다.

---

[7] 같은 책 562-3.

유감스럽게도 최근 몇 년 동안 일종의 유물론이 유행하고 있다. 이 사조는 종교에 철저히 적대적이고 세상의 객관적 목적과 가치에 대한 생각을 비웃는다. 프랜시스 크릭, 칼 세이건, 스티븐 호킹, 리처드 도킨스, 자크 모노 그리고 피터 앳킨스 같은 탁월한 학자들이 종교적 믿음을 공개적으로 조롱하는 책들을 출간하여 자신들의 비판에 과학적 권위를 내세웠다. 그들의 주장은 대단히 부적절하다. 그들 본연의 과학적 작업은 종교적 주장들의 진리나 오류와 별 관련이 없다. 그들이 어쩌다 철학의 영역으로 길을 잘못 든 거라면, 그들은 철학적 관점의 역사도 다양성도 무시해 버린 셈이다. 그들은 유물론적 견해가 보편적 지지를 얻고 있는 양 둘러대지만, 유물론을 지지하는 철학자들은 사실 극소수에 지나지 않는다(그들에게는 '신학자'가 당연히 욕이다). 그들이 신봉하는 유물론은 특히, 의식 문제와 진리와 도덕 관념의 중요성을 전혀 고려할 능력이 없다는 점에서, 매우 신랄하고 비판적인 반론에 부딪쳤다.[8]

고전적 선임자들의 깊이를 '신 유물론'의 종교 비판이 턱없이 따라가지 못한다는 것은 말할 나위도 없다.[9]

### 2.1. 종교 비판의 정당성과 부당성: 포이어바흐 · 마르크스 · 프로이트

근대 유럽의 대표적 무신론자인 루드비히 포이어바흐, 카를 마르크스 그리고 지그문트 프로이트의 종교 비판이 대체로 옳았다는 것은 신자들도 인정해야 한다!

---

[8] K. WARD, *God, Chance & Necessity*, Oxford 1996, 11-2.
[9] 참조: H. KÜNG, *Existiert Gott?*, Teil C: Die Herausforderung des Atheismus (221-380).

- 포이어바흐는 전적으로 옳았다: 모든 인간적 믿음·소망·사랑처럼 종교에도 **투사**投射의 요소가 분명히 있다. 그러나 포이어바흐는 종교가 투사에 **불과하다**는 것을 증명했는가? 아니다. 종교는 전혀 다른 실재와의 관계일 수도 있다.
- 마르크스도 전적으로 옳았다: 종교는 사회를 진정시키고 위로하고 억제하는 수단인 **아편**일 수 있고 실제로도 그랬다. 종교는 그럴 수 있지만 꼭 그래야 하는 것은 아니다. 그것은 포괄적 계몽과 사회적 해방의 수단일 수**도** 있다.
- 프로이트도 전적으로 옳았다: 종교는 심리적 미성숙, 심지어 신경증이나 퇴행의 표현인 **망상**일 수 있고 실제로도 그랬다. 그러나 꼭 그래야 할 필요는 없다. **오히려** 인격적 정체성과 심리적 성숙의 표현일 수 있다.

**투사로서의 종교에 대한 심리학적 혹은 사회심리학적 논증**은 변화무쌍했다. 어떻게 받아들여야 할까? 그 논증은 방법론적·사실적 근거가 박약한 한 요청에 기반을 두고 있다: 포이어바흐의 투사 이론, 마르크스의 아편 이론, 프로이트의 망상 이론은 신이 **단지** 인간적 투사, 개인의 이해利害의 제약을 받는 위안이나, 유아적 망상에 **지나지 않는다**는 것을 증명할 수 없다. '단지 ~' 혹은 '~에 지나지 않는다'가 포함된 문장들은 믿을 만한 것이 못 된다. (신학자들에게는 말할 것도 없다!)

   신에 대한 믿음이 심리학적으로 설명될 수 있다는 것은 인정해야 한다. 여기서 심리학이냐 아니냐의 양자택일은 잘못이다. 심리학적 관점에서, 신에 대한 믿음은 늘 투사의 구조와 내용을 보여 주며, 투사라는 의심을 받는다. 그러나 투사 사실이 관련 대상의 존재 여부를 결정하는 것은 절대 아니다. 실재하는 신과 신에 대한 소망은 얼마든지 상응할 수 있다. 내가 죽는다고 해서 모든 것이 끝이 아니라는 것을 바라면 왜 안 되는가? 내 삶과 인류사에 어떤 깊은 의미가 있기를, 신이 존재하기를 좀 원하면 왜 안 되는가?

## 2.2. 신의 죽음? 니체

**종교의 종말에 대한 역사·문화철학적 논증**도 변화무쌍했다. 어떻게 받아들여야 할까? 그 또한 어차피 미래에 대한 근거 없는 추정을 기반으로 한다. 종교가 무신론적 휴머니즘에 의해 '폐기'(포이어바흐)될 거라는 예언도, 무신론적 사회주의에 의해 '소멸'(마르크스)될 거라는 예언도, 무신론적 과학에 의해 '대체'(프로이트)될 거라는 예언도, 대개 맞아 들어가지 않았다. 이론적·실제적 허무주의 문제가 오늘날 아무리 심각하다 해도, 프리드리히 니체가 예언한 '신의 죽음'조차 (100년 후) 틀린 것으로 입증되었다! 우리는 반대로 본다.

- 포이어바흐의 투사 이론은 무신론적 휴머니즘이 종교를 '폐기'할 것이라 예측했지만, (갖은 세속화에도 불구하고) 종교인들의 새로운 이론적·실천적 휴머니즘이 도처에서 일어나고 있다. 반면, 인간 선성에 대한 무신론적 휴머니즘의 믿음은 20세기의 흉포한 범죄가 있고 나서야 그 자체가 투사라는 의심을 받으며 나타났다.
- 마르크스의 아편 이론은 무신론적 사회주의가 종교를 '소멸'시킬 것이라 선포했지만, 초기 사회주의 국가들에서도 종교적 각성이

새롭게 일어나고 있었다. 반면, 구소련이 붕괴된 오늘날, 사회주의 공동체의 도래에 대한 무신론적·유물론적 믿음은 개인적 이해가 얽힌 위안이요, 혁명은 인민의 아편으로 여겨진다.
- 프로이트의 망상 이론은 무신론적 과학이 종교를 '대체'할 것이라 예견했지만, (또 특정 분과에서는 종교에 대한 적대감이 상존하지만) 윤리와 종교에 대한 새로운 이해가 대두되고 있다. 반면, 합리적 과학이 모든 문제를 해결할 거라는 무신론적·과학주의적 믿음은, 기술적 진보의 양가적兩價的 결과에 직면하여 오늘날 망상이 되어 버렸다. 과연 자연과학은 무신론의 대안이 될 수 없는 걸까?

### 2.3. 자연과학은 신을 끌어들이지 마라

과학을 방법상 무난히 발전시키기 위해서라면, (경험적으로 확인되고 분석될 수 없는) 신일랑 필연적으로 무시해야 했고 또 그래야 한다는 것쯤은 신앙인들도 이해해야 할 것이다. 모든 물리학자의 진술은 물리적 영역(시간, 에너지)과, 수학적 언어로 정식화된 자연법칙에 관련된다. 물리학자들은 이 영역 바깥에서 일어나는 상호작용들, 더 정확히 말해, 물리학적 측정 가능성을 넘어선 문제들에 대해서는 의미 있는 대답을 할 수가 없다. 이 점에서 **신의 존재는 물리학의 문제가 아니다.**

자연과학자들이 염두에 두어야 할 것은, 주체와 객체, 방법과 대상이 내적으로 얽혀 있어서 자연과학이 파악할 수 있는 현상들과 전체로서의 실재는 구별되어야 한다는 것이다. 아무리 확실한 방법도, 아무리 적합한 구상도, 아무리 정확한 이론도 절대적으로 확립되어서는 안 된다. 수학적·자연과학적 방법의 가변성은 우리에게 **더 큰 실재 전체와**

관련하여 늘 그 한계를 의식하고 있으라고 요구한다. 하지만 물리적 영역 내에서 묘사되지 않고 자연과학적 인식 가능성에서 애당초 벗어나 있는 실체·사건·상호작용들이 우리 우주에 존재하는 것은 아닐까?

따라서 자연과학이 자기 방법에 충실하려면 **경험의 지평 너머까지 제 판단을 확대하지 말아야 한다**. 회의적 무지無知의 불손도, 천하에 모를 것 없다는 오만도 자연과학에는 어울리지 않는다. 경우에 따라서 음악가, 시인, 예술가, 종교인은 실재를 예감하고 느끼고 보고 들어서 에너지와 시간이라는 물리적 영역을 돌파하는 작품으로 표현할 수 없을까? 모차르트의 음악도 의심할 바 없는 물리적 현상이지만, 그렇다고 물리학만 가지고 그것을 파악할 수 있을까? 물리학자가 「주피터 교향곡」에 대해 물리학자의 자격으로 **최종** 판단을 내려도 되는가?

이것은 절대 시초, 원천, **'만물의 근원'**(칸트)에 관한 물음, 가능한 최초·최후의 포괄적 실재에 관한 물음에 더욱 적절하게 적용된다. 확인도 분석도 할 수 없기에 조작할 수도 없는 이 실재를 인간은 '신'이라는 이름으로 불렀다(끊임없이 남용되긴 했지만). 자연과학은 방법적으로 이 문제를 무시해 버렸다. 그러나 반문하건대, 전체로서의 실재, 특히 인간과 관련하여, 최초·최후의 의미와 기준, 가치와 규범, 최초·최후의 실재에 대한 물음을 처음부터 거부해서 될 일인가? 과학자든 철학자든 신학자든, 인간은 근본적으로 실재 전반에 대해 열려 있어야 한다. 오늘날에는 과학철학자들도 과학적 인식 영역을 초월하는 '삶의 문제'(비트겐슈타인), '우주론'(포퍼), '세계'(토머스 쿤)에 대한 더욱 포괄적이고 '초경험적인' 물음을 인정한다(1부 5장 참조).

### 2.4. 무신론, 이해는 되지만 필연적인 것은 아니다

'갈릴레이 사건'은 일어나지 않아도 되었을 불운이었다. 16, 17세기 과학자들의 생각에는 그리스도교 신학과 교회가 신학문의 동반자가 될 수도 있었기 때문이다.[10] 성경의 하느님 신앙에 비추어 봐도, 그리스도교 신학과 교회가 발흥하는 자연과학적 인식에 처음부터 대립할 필요는 전혀 없었다. 갈릴레이와 데카르트가 원했고 자연과학의 성과와 자연과학자들 스스로가 종용했듯이, 성경의 세계상과 성경의 메시지는 진작에 구별되어야 했다. 그러나 자연과학과 새로운 철학적·사회정치적 발전을 거부함으로써, 신학과 교회는 **과학적·정치적 무신론**의 성립에 본격적으로 기여했다. 18세기에는 몇몇 선구자에게, 19세기에는 대부분의 지식인에게, 20세기와 21세기에는 동서양의 광범위한 계층에까지 무신론이 통했다.

'이성理性 사건' 또한 불운이었다. 자율적 이성이 근대 자연과학의 형태로 절대화되는 바람에 초경험적인 것에 대한 믿음은 설 땅을 잃었고, 신에 대한 믿음은 대부분 **과학에 대한 맹신**으로 대체되었으나 이 또한 꼭 그래야 할 일은 아니었다. 왜 근대 자연과학은 하필 유대·그리스도교적 전통을 기반으로 발전했는지, 일본의 불자佛子들은 얼마든지 물을 수 있을 것이다. 이것이 데카르트·갈릴레이·뉴턴의 경우, 자연에서 철저히 신성을 배제한 창조관과 관련이 있으며, '성경의 책'과 '자연의 책'이라는 신의 두 책을 전부 진지하게 받아들여야 한다는 견해와 관련

---

[10] L. Châtellier, *Les espaces infinis et le silence de Dieu. Science et religion, XVI<sup>e</sup>-XIX<sup>e</sup> siècle*, Paris 2003 등의 역사적 연구는 당시 지도적 학자들의 신앙적 태도에 대해 시사하는 바가 크다.

이 있다고 생각해도 크게 틀리지는 않을 것이다.

근본주의 신자와 신학자의 주장이든, 합리주의 과학자와 철학자의 주장이든, 오늘날 과학과 신학의 **대립 모형은 한물간 듯하다**(1부 7장). 이제 독자들은 내가 1부 1장에서 제기한 두 근본 문제에 돌입하기를 기대할 것이다. 그것은 우주의 시초 전반에 관한 질문과 시초를 둘러싼 조건들에 관한 질문으로, 실재의 수수께끼를 결정하는 것들이었다.

### 3. 자연상수는 어디서 왔는가?

이 문제는 그리 쉽지 않을 것이다! 순진한 그리스도인들은 '특이점'(빅뱅) 이론을 천지창조 진리를 증명하는 데 썼다. "하느님께서 말씀하시기를 '빛이 생겨라.' 하시자 빛이 생겼다. … 첫날이 지났다"(창세 1, 3-5). 이 돌연한 창조 행위에서 성경을 믿는 이들은 기뻐 어쩔 줄 모르며 '빅뱅'의 굉음을 듣는다. 이는 빛의 창조라는 성경 말씀에 대한 근본 오해이며, 자연과학적 '사실'과는 무관하다. 그러나 확실히 빅뱅과 연관된 인식에 대해서는 믿는 이든 믿지 않는 이든 철저히 숙고해 봐야 한다.

**3.1. 시간과 공간 안에 유한한 우주**

이 우주가 어느 한 시점에서 기인했다면 우주는 **시간 안에서 유한하다**. 오늘날 많은 과학자가 그리 여기고 있다. 우리 우주는 늘 있어 오지 않았고, 언젠가 더는 존재하지도 않을 것이다. 우주의 나이는 추측건대 137억 살이다. 2001년 케이프 커내버럴의 케네디 우주 센터에서 쏘아

올린 관측 위성 WMAP는 그렇게 측정했다. 우주의 미래가 정해져 있는지에 대해서는 천체물리학자들의 의견이 분분하다. 그들은 수십억 광년 떨어진 별과 은하들이 보낸 신호를 해독해 냈다.

우주는 열려 있는가 닫혀 있는가, 무한한가 유한한가? 우주는 **공간 안에 유한한가**? 애리조나에 있는 세계 최대의 신형 망원경(LBT)은 직경 8.4m짜리 거울 두 개를 장착하고 250만 km 떨어진 초의 불빛을 탐지해 냈지만, 우주의 경계를 밝히지는 못했다. 올바른 세계 모형에 대한 질문은 궁극적 해답을 얻지 못할 것 같다. 우주의 팽창이 항구히 지속될지 아니면 언젠가 멈추고 다시 수축으로 전환될지도 아직 석연히 해명되지 않았다.

일찍이 변증법적 유물론의 옹호자들은 신념 때문에 아인슈타인의 세계 모형을 '관념론적'이라고 강력히 비난했다. 그것은 물질의 무한성과 영원성에 대한 그들의 도그마를 확증할 수 없을 것 같았다. 유사하게, 그러나 영성적 방법으로 조르다노 브루노는 우주의 무한성을 주장했다. 범신론적으로 우주를 신과 동일시했기 때문이다. 1600년 검사성성은 그를 로마의 캄포 데 피오리에서 화형에 처했다. 이에 앞서 엄격한 프로테스탄트 노선의 튀빙겐 대학 평의회는 그의 '교수 자격'을 박탈하고 이단자로 몰아 대학에서 추방했다.[11] 이 또한 침묵할 수 없는 일이다.

다시 현대로 돌아오자. 20세기 중엽에 그리스도교 호교 문헌들이 빅뱅의 시점을 신의 천지창조와 실제로 동일시하려고 시도했을 때, 비마

---

[11] 참조: W. JENS - I. JENS, *Eine deutsche Universität: 500 Jahre Tübinger Gelehrtenrepublik*, München ⁶1993.

르크스주의 자연과학자들마저 "그들의 우주론적 원천을 간단히 막아 버리기로 결정한 이 신학적 경향들 때문에 불안해했다. 그들은 '정상우주론', 즉 우주는 팽창하지만 불변한다는 이론을 창출했다."[12]

이 이론의 주창자는 1950년 한 라디오 강연에서 비꼬는 뜻으로 '빅뱅'이라는 말을 쓴 프레드 호일(케임브리지 1948/49)이다. 이 이론은 평형 상태의 영원한 우주가 존재한다고 주장한다. 이 우주는 시간적 시작과 끝이 없이 확장되고, 지속적으로 물질이 생산되면서 물질의 밀도를 일정하게 유지한다. 지속적 팽창의 결과로 인한 물질의 희박화는 물질의 자연 발생적 생산으로 상쇄된다. 이것은 물론 열역학 제2법칙, 물리적 과정의 비가역성에 관한 엔트로피 법칙에 모순된다. 구조를 유지할 에너지가 공급되지 않으면 시스템의 무질서 상태는 더 심해진다(예: 밀폐된 상자 속의 꽃다발).

이 이론을 보면 수백 년 동안 '페르페투움 모빌레'Perpetuum mobile를 제작하려고 애썼던 과학자들의 헛된 노력이 떠오른다. '페르페투움 모빌레'는 에너지를 지속적으로 공급하지 않아도 계속 작동되는 일종의 '영구 기관'이다. 이런 기계는 열역학의 주요 법칙인 에너지 법칙이나 엔트로피 법칙을 거스른다. 에너지는 무無에서 생산될 수 없다. 당연히 특허청 관리들은 정교하게 설계된 기계조차 거부했다. 음악가들에게 '페르페투움 모빌레'는 좀 더 접근하기 쉽다. 파가니니, 요한 슈트라우스, 베버 등의 재미있는 작품들에 '페르페투움 모빌레'('상동곡'常動曲 혹은 '무궁동'無窮動)이라는 제목이 붙어 있다. 배경복사가 발견되고 표준모형

---

[12] O. Heckmann, *Sterne, Kosmos, Weltmodelle. Erlebte Astronomie*, München 1976, 37.

이 거듭 확증[13]되고 나서야 정상우주론은 비로소 반박될 수 있었다. 오늘날에는 기껏해야 아웃사이더들이나 지지하는 추세다.

그러나 빅뱅 이론도 근본 문제를 제기한다. 지금까지는 그리 만족할 만한 답이 나오지 않았다. 자연과학자들도 어깨 한번 움찔하고 모른 체 넘어가서는 안 될 일이다. 세상의 시작과 종말(에필로그에서 재론)에 관계되는 문제이기 때문이다.

## 3.2. 기원 문제 앞에서 지성은 속수무책이다

우주의 궁극적 기원 문제에 관한 한, 이 말은 거물급 물리학자들에게도 해당된다. 1995년까지 뮌헨 대학 교수를 역임한, 1986년도 노벨 물리학상 수상자 게르트 빈니히는 이렇게 말한다. "우주는 이렇게 생성되었을 것이다: (그게 뭔지는 모르지만) 뭔가가 재생되면서 진공 혹은 공간이 생성되었다. 이 공간과 함께, 대칭성 같은 공간의 속성도 생겨났다. 또 이런 속성들이 재생됨으로써 모종의 에너지 형태가 생성되었다. 어떻게? 그건 나도 모르겠다. …"[14]

1979년, 미국의 소립자물리학자 스티븐 와인버그(1933년생, 오스틴 소재 텍사스 대학)는 다른 두 물리학자와 함께 전자기 상호작용과 약한 상호작용을 통일적으로 기술한 이론(전자기 약이론電磁氣弱理論)으로 노벨상을 수상했다. 그는 『최초의 3분』[15]에서 이렇게 말한다.

---

[13] 최근, 표준모형은 2005년 1월 샌디에이고에서 열린 미국 천문학회에서 확증되었다. 독자적으로 활동한 두 연구팀의 보고에 따르면, 빅뱅 이후 우주 공간에 명동(鳴動)한 음파의 흔적이 뉴멕시코와 오스트레일리아에서 망원경을 통해 확인되었다고 한다(*International Herald Tribune*, 13. Januar 2005).

[14] G. BINNIG, *Aus dem Nichts. Über die Kreativität von Natur und Mensch*, München 1989, 75-7.

지금의 우주가 말할 수 없이 낯선 초기 상태에서 진화하여, 끝없는 추위와 못 견딜 열기로 소멸해 간다는 것을 실감하기란 참 어렵다. 우주를 더 많이 이해할수록, 더 무의미해질 뿐이다. 그러나 연구의 결실이 우리를 위로하지는 못한다 해도, 연구 그 자체를 통해 어느 정도의 격려는 받을 것이다. 사람들은 신화와 영웅 설화[가령 에다(Edda) 전설] 속에서 안식할 준비도 되어 있지 않고 자신의 생각을 일상의 사건들에만 국한할 준비도 되어 있지 않다. 그것으로 만족하지 못하니까 망원경과 인공위성과 가속기를 만들고, 그들이 획득한 자료의 의미를 풀기 위해 책상 앞에서 끝없이 시간을 보내는 것이다. 우주를 이해하려는 노력은 인간의 삶을 조금은 희극 이상으로 고양시켜 거기에 한 조각 비극적 품위를 부여하고 있다.[16]

그렇다면 연구와 테크놀로지는 우주의 무의미와 인생의 비극을 면하도록 도와주는 것인가? 저 물리학자들에게 천재 물리학자·수학자·철학자 파스칼처럼 '내기'를 해 보라고 일러 주고 싶다. 블랙홀과 백색왜성, 잡신과 영웅들에 대해서가 아니라, "신이 존재하는가 존재하지 않

---

[15] 참조: S. WEINBERG, *The First Three Minutes. A Modern View of the Origin of the Universe*, New York 1977; dt.: *Die ersten drei Minuten. Der Ursprung des Universums*, München 1977. 스티븐 와인버그가 역사적 회고(VI장)와 자서전에서 조지 가모(1948)는 언급하면서도 '빅뱅 우주론의 아버지'인 조르주 르메트르(1927)를 언급하지 않은 것은 이상한 일이다. 물론 르메트르는 가모처럼 우주 생성 단계를 원소의 생성과 연관 짓지는 않았다. 참조: S. WEINBERG, *Gravitation and Cosmology. Principles and Applications of the General Theory of Relativity*, New York 1962. 우주의 기원 문제에 관한 비교적 평이한 저작들: H. v. DITFURTH, *Im Anfang war der Wasserstoff*, Hamburg 1972; O. HECKMANN, *Sterne, Kosmos, Weltmodelle. Erlebte Astronomie*, München 1976; H.W. WOLTERSDORF, *Die Schöpfung war ganz anders. Irrtum und Wende*, Olten 1976.

[16] S. WEINBERG, *Die ersten drei Minuten*, 207-13.

는가"(Dieu est, ou il n'est pas)라는 본질적 양자택일을 요구하는 내기다. 물론 확실한 것은 없다. "여기서 이성이 결정할 수 있는 것은 아무것도 없다. … 당신은 어느 편에 걸겠는가? 이성에 따르면 이도저도 못할 것이다. 그러므로 선택한 자의 오류를 나무라지 마라. 그것에 대해 당신은 아무것도 모르기 때문이다."[17] 여기서 결정적인 것은 바로, 선택을 해야 한다는 것이다! 선택하지 않는 것도 하나의 선택이다. "내기를 해야 한다. 선택의 여지가 없다. 당신은 이미 배에 탔다!"[18] 그렇다면 배당률은 어떤가? 사람들은 내기[행복한 영생이냐 아니면 무(無)냐]의 속성과 판돈의 규모(유한한 판돈을 무한한 것에 올인)를 놓고 정확하게 셈한다. 불신과 믿음의 배당률은 '영秦 대 무한'이다. 어느 경우든, 신을 믿으면 아무것도 잃지 않고 전부를 딸 수 있다.

이 '내기' 논증이 신의 존재를 수학적 방향으로 새롭게 증명하는 것이라 여긴다면 오해다. 파스칼은 자기가 즐겼던 주사위 놀이에 힘입어 확률론을 정초했지만, 신의 존재 또는 부재만큼은 순수 이성의 판단에 맡길 것이 아니라, 이성적으로는 증명할 수 없어도 이성 앞에서 책임질 수 있는 **전인숲人적 결정**이 필요하다는 것을 자신의 '내기' 논증으로써 분명히 하고자 했다. 이것은 계산 가능한 위험이자 진지한 사안이다. 내기판의 결정적 순간이나 삶 전반에서 그러하듯이, 인간이라면 적어도 이 근본 결정 앞에서 극도로 신중해질 것이라고 파스칼은 믿었다.

'반反그리스도인' 니체는 무신론 때문에 남들보다 더 많이 시달린 사람이다. 그는 만년에 "우리의 주군인 자연과학자와 생리학자들"의 자

---

[17] B. PASCAL, *Pensées* 451: J. CHEVALIER (ed.), Bibliothèque de la Pléiade 34.
[18] 같은 곳.

신만만하고 낙관적인 무신론에서 명백히 등을 돌렸다. 그는 이 무신론을 나쁜 "농담"으로만 여겼을 뿐이었다. "그들은 무신론에 대한 열정도 없고 무신론 때문에 **고통**받지도 않았다. ··· 사람들은 ··· 이 불운을 직접 겪어 봐야 하며, 이를 가벼이 여기지 않으면 거의 몰락의 경지에 이르러야 한다."[19]

### 3.3. 우주 질서 원리는 어디서 왔는가?

천체물리학은 현재 두 주제에 몰두하고 있다. 우주 내 최초 구조들의 기원과 외계 생명 탐색이 그것이다. 이 장은 전자에 집중한다.

태초에 최소 용적과 최대 밀도와 최고 온도를 지닌 원시태양만 존재했다면, 이렇게 묻지 않을 수 없다: 그것은 어디서 왔는가? 가공할 대폭발은 왜 일어났는가? 측정조차 불가능한 우주 팽창의 에너지는 어디서 생겼는가? 무엇이 우주의 엄청난 초기 동요를 야기했는가?

이것이 실재의 근본 난제다. 우선, 우주의 **초기 조건**들에 대한 **개괄적 문제**를 정확히 규정하려 한다(1부 1장). 무엇이 초기 단계에서 137억 년 뒤의 우주가 현재의 속성들을 지니도록 보장하는 조건들을 확정했는가? **근본적·보편적 자연상수**는 어디서 왔는가?

- 기본 전하 e, 전자의 정지질량, 양성자와 중성자의 구성 단위(쿼크) 같은 원자 기본상수,
- 플랑크 상수 h,

---

[19] F. NIETZSCHE, *Antichrist. Fluch auf das Christentum* (1888), in: Werke II, hrsg. v. K. SCHLECHTA, 1169.

- 볼츠만 상수 k,
- 광속 c처럼 파생된 원자상수와 단위체?

언젠가는 우주 기본상수의 정밀 조정이 설명될 수 있을 것이다. 그것은 정교한 균형과 대략적 대칭을 이루는 힘과 에너지의 상호 관계다. **빅뱅 순간 극소 구조**의 유래는 여전히 미제로 남아 있다. 우주 급팽창 표준모형은 (물리학자들이 범위·동질성·표면·암흑물질 문제라 부르는) 기본 난점들을 해결한다. 그러나 이 급팽창 모형은 기본 자연법칙, 우주 질서 원리의 타당성과 정당성을 전제해야 하지 않겠는가?

1994년 튀빙겐에서 열린 신학자·물리학자 합동 콜로퀴움에서 나의 동료이자 물리학자인 아만트 패슬러는 이 문제를 수학적으로 정식화했다. 하지만 반물질에 대한 물질의 소량 잉여는 얼마나 정확하게 '계산' 되었으며, **반양성자에 대한 양성자의 극소량 잉여**($1+10^{-9} = 1.000.000.001$)는 얼마나 정밀하게 '산출'되었는가! 그것 없이는 복사와 물질로 구성된 우주가 결코 생성되지 못했을 것이고, 원시헬륨 25%와 수소 75%의 예기치 않은 관계가 형성되지도 못했을 것 아닌가! 그 결과 이 우주에서 생존하기에 충분히 안정적인 은하계와 항성과 행성도 형성되지 못했을 것이 아닌가!

천체물리학 교과서는 우주 질서 원리의 기원에 대한 물음에 묵묵부답이다. 그건 이해할 만하다. 하지만 그런 근본 문제들이 언급조차 되지 않는다는 것은 납득하기 어렵다. 교과서는 창조의 둘째 날, 혹은 빅뱅 100분의 1초 뒤부터 시작한다. 몇 해 전 미국의 저명 천문학자들을 대상으로 실시한 『타임』지의 여론조사 결과는 아직도 유효할까? "빅뱅

'이전에' 무엇이 존재했는가라는 궁극적 질문에 대부분의 현대 과학자들은 침묵했다."[20]

그러나 주의하라. 인식에 공백이 있다는 이유만으로, 태초에 '신'이 존재했음을 옹호해야 하는가? 아니다. 인식의 공백은 '신'을 위한 변론이 아니다. 물론 그중에는 아직 많은 것이 닫혀 있지만, 세계 모형 전반의 기본 전제를 숙고해 보도록 초대할 것이다. 그것은 특별히 물리학자들의 소관이다. 여기서 주목해야 할 현상이 나타난다.

### 3.4. 본능적 반대

첫 100분의 1초(첫 10억분의 1초라고 말하는 이도 있다)에 어떤 특징들이 있었는지에 대한 물음은 지난 20년 동안 더욱 절박해졌고, 양자택일의 부담은 더욱 두드러졌다. **우주의 정밀 조정**이 다각도로 필요했다.

- **에너지와 질량**의 정밀 조정: 질량이 조금만 더 작았어도 우주는 너무 빨리 팽창하여 물질의 응집도 별과 생명의 탄생도 일어나지 않았을 것이다. 반대로, 질량이 조금만 더 컸어도 우주는 즉시 수축되고 말았을 것이다.
- **핵력**의 정밀 조정: 핵력이 더 약했다면 생명에 필요한 무거운 원소들(탄소·산소·질소)은 형성되지 못했을 것이고, 우주는 수소로만 이루어졌을 것이다. 반대로, 핵력이 조금 더 강했다면 무거운 핵만 있고 수소는 없었을 것이다.

---

[20] *Time*, 27. Dez. 1976.

- 태양 **핵반응에 의한 중력과 에너지**의 정밀 조정: 중력이 더 컸다면 별들은 핵연료를 훨씬 더 빨리 방출했을 것이고, 생존 기간이 너무 짧아 생명이 탄생할 수 없었을 것이다. 반대로, 중력이 더 작았다면 물질이 응집되기 어려웠을 것이다.

우주의 특성(과 기타 수많은 물리 법칙의 세부 사항)들은 매우 정확히 조정되어, 결국 지구 상에 생명이, 인간이 존재할 수 있게 되었다. 처음부터 주어진 이 모든 관계·상수·법칙들을 고려하여 물리학자들은 우주의 기원에 관한 명백한 결론을 도출해야 할 터이다. 레이저의 발견으로 두 동료와 함께 1964년 노벨상을 수상한 미국 물리학계의 원로 찰스 타운스는 앞서 설명한 정밀 조정을 새삼 정확하게 기술한 후, (이례적으로 솔직하게) 물리학자들의 **'본능적 반대'**가 있음을 확인했다. "…과학계는 통상 언젠가 우주에 그러한 유일한 시기나 상태가 존재했으리라는 가정에 본능적으로 반대한다('instinctively opposed'). 그것은 너무 자의적이고 개연성이 없어 보인다."[21]

놀랍게도, 명백히 여기서는 흔히 자연과학자들에게서 기대할 수 있는 합리적·과학적 논증이 문제가 아니라, (주로 종교적 영역에서나 짐작될 뿐인) 모종의 "느낌"(feeling)이 문제다.

빅뱅의 특성과 초기 단계를 피해 보려고 각고의 노력을 기울인 것은 바로 이 느낌 때문이었다. 실제로 폭발이 일어났다는 결론을 내릴 수밖에

---

[21] C. TOWNES, Warum sind wir hier? – Wohin gehen wir?, in: T.D. Wabbel (Hrsg.), *Im Anfang*, 29-44, 인용: 29-30.

없는 증거가 있기 때문에, 이 유일한 시기를 다룰 수 있는 방법은 우주가 결국 중력의 인력에 의해 정지되고 수축되다가 다시 스스로 붕괴될 것이라고 주장하는 것이다. 이 폭발 때문에 우주가 팽창하더라도 (언젠가는) 다시 작아질 것이고, 또 한 번의 새로운 폭발이 일어나면 우주는 다시 팽창기에 돌입할 것이다. 따라서 우리의 시기는 유일한 것이 아니라 사실 우주의 많은 순환 가운데 하나에 지나지 않는다.[22]

이것은 앞서 말한 '페르페투움 모빌레'처럼 재미있는 아이디어이기는 하나 유감스럽게도 똑같이 비현실적이다. 타운스는 바로 이렇게 덧붙인다. "현재 우리는 새로운 폭발을 일으킬 어떤 메커니즘도 알지 못한다. 팽창을 적당하게 늦추고 그 뒤에 일어나는 수축을 야기할 만한 충분한 질량이 우주에는 존재하지 않는다."[23]

## 4. 우주의 정밀 조정에 대한 반응

타운스가 감정적이고 '비합리적'이며 '종교적인' 요소를 공공연히 거론했다는 건 고마운 일이다. 물리학 담론에서 이런 요소는 대개 금기시된다. 내 나름의 답변을 개진하기 전에, 우주의 정밀 조정에 대한 상반된 두 반응을 명확히 기술함으로써 이 요소를 좀 더 면밀히 분석하고자 한다. 두 반응이란 우주론적 사변과 우주론적 실증이다.

---

[22] 같은 책 30.   [23] 같은 곳.

### 4.1. 우주론적 사변: 대안우주들

**사변**思辨이란 무엇인가? 라틴어 'speculatio'는 '정탐', '관찰'이라는 뜻을 지닌다. 철학에서는 오랫동안 좋은 뜻으로 쓰였다. '사변'은 직접적 경험계를 초월하여 모든 실재의 궁극적 근저와 원리를 탐구하려는 사고방식을 의미했다. 독일 관념론의 영향 때문에 경험적 근거의 초월이 과장과 자의恣意로 변질되자 '사변'은 좋은 반향을 잃었다. 그 후로는 경험 가능한 현실을 넘어서는 억측이나 단순 가능성에 근거한 가설적 생각을 경멸적으로 표현하는 데 사용되었다. [증시에서 미래의 불확실한 주가 상승을 내다보고 '투기하는'(spekulieren: '투기하다'라는 뜻도 있음) 경우는 차치하고라도.]

특정 우주론적 가설도 순수 사변, 즉 **경험적으로는 입증되지 않고 단순히 가능성에만 근거한 생각**이 아닌지 따져 봐야 할 것 아닌가? 가령 20세기 물리학이 확증한 태초의 빅뱅 대신, **제각기 다양한 '빅뱅들'**을 받아들인다면? 우리 경험의 피안에 완전히 독립적인 시·공간 구조, 전혀 다른 법칙들을 따르는 **대안우주들**의 실재를 주장한다면?[24]

나도 우리의 실제적 시·공간 구조가 인간적 지평을 초월하여 확장될 수 있다고 생각한다. '허블' 천체 망원경은 대기권의 영향을 받지 않고 더 멀고 흐릿한 은하계의 모습을 극도로 선명하게 보여 준 최초의 광학 기계였다. 덕분에 천체물리학이 광년 수준으로 진일보했지만, 유감스럽게도 이 망원경은 조만간 퇴역할 것이다. 차세대 '허블'은 우리에게 모든 것을 보여 줄 수 있을까? 우주가 우리 눈으로 볼 수 있는 것

---

[24] 지금까지는 우주를 단수형 'Universum'으로만 썼다. 라틴어의 정확한 복수형은 'Universa'지만, 지금은 대개 영어의 'universes'처럼 독일어도 'Universen'으로 쓴다.

보다 적어도 1,000배는 더 크다는 주장이 있다! 그러나 나는 이 모든 것을 '사변'이라 부르지 않는다. 광범위한 경험적 근거를 확보한 '**우주 내적**' **계산이며 숙고**라 부른다.

'**우주 외적**' **사변**은 다른 사안이다. 그것은 우리 우주에 관한 어떤 경험적 데이터도 없이 완전 별개의 시·공간 구조를 요청한다. 전혀 다른 '우주들'이며 **다중우주**다. 다세계 이론은 사변적 환상을 제한하지 않는다. 그래서 선택하는 고통과 고통스런 선택이 따르기 마련이다.

- 안드레이 린데와 알렉산더 빌렌킨을 좇아, 별개의 빅뱅들에서 생겨난 많은 우주가 별개의 우주, 또는 별개의 시·공간 구조로 확대되는 무한 팽창기를 수용해야 하는가?
- 앨런 구스, 에드워드 해리슨 그리고 리 스몰린을 좇아, 블랙홀에서 생성된 새로운 우주가 우리가 접근할 수 없는 시간과 공간의 새로운 영역으로 확장될 수 있다고 추정해야 하는가?
- 리사 랜들과 라만 선드럼을 좇아, 다른 우주들이 우리와 별도로 외부 공간의 차원에 존재할 수 있고, 중력에 의해 서로 영향을 주거나 주지 않거나 할 거라고 가정해야 하는가?

프레드 호일(케임브리지)의 제자이자 사상적 동지인 마틴 리스 경은 이 주제를 집중적으로 다루었다. 그는 앞서 언급된 우주론적 시도들을 소개하고 검증함으로써 그것에 "과학적 시야"를 밝혀 주려 했다.[25] 다른 우

---

[25] 참조: M. REES, *Andere Universen – Eine wissenschaftliche Perspektive*, 45-58.

주에 대한 저 상상들이 "사변적이고 이론적인 배경"을 가진 데다, "관찰 가능한 현상에 적용될 수 없는 한" "한낱 수학적 가설"로만 머물 것임을 알았기 때문이다.[26] 그런 사변적 이론들이 "결코 근거 없는 것이 아니라는 점"에서 그는 옳았다. 염동念動이나 텔레파시 같은 황당한 사변들조차 실팍한 근거가 있어야 믿을 수 있다. 하물며 거대한 '다중우주' 한가운데의 작지만 비옥한 오아시스, 우리 우주에 대해서랴!

그렇다면 리스 경이 다양한 우주의 실재를 추론하고자 했던 '관찰 가능한 현상들'의 사정은 어떠한가?

### 4.2. 우리 우주는 많은 우주 가운데 하나인가?

저 영국 천문학자(리스)는, 우리가 태양 내부를 들여다보지는 못해도 태양 내부의 존재를 수긍한다는 천체물리학자들의 진술에 비유한다. 별로 쓸 만한 비유는 아니다. 태양의 존재와 영향은 극히 사실적이므로, 저 결론들은 경험적 근거가 있고 정당하다. 우리 우주와 분리된 우주의 존재는 확인할 수 있거나 증명된 실재가 아니라 추호도 증명할 길이 없는 단순 추측일 뿐이다. 수학적 미학이 물리학적 실재성을 대체할 수는 없는 법이다. 나사NASA가 2014년 완성을 목표로 계획한 지구형 행성 탐사선이 지구와 유사한 '세계들'로 이끌 수 있을지는 몰라도, 우리 우주의 광대한 경계를 절대로 넘어서지는 못할 것이다. 실재하는 원자와 비교하거나, 쿼크가 '원자의 구성 요소'라는 경험적 근거가 충분한 결론과 비교하는 것도 그릇되기는 매한가지다. 우리 우주에서 다른

---
[26] 같은 책 49.

'우주들'을 추론해 내는 일이 정당성을 확보하려면 역시 그런 경험적 근거가 전제되어야 한다.

별 쓰임새 없는 이 비유들을 보면, '우주 밖에는 무엇이 있는가?'라는 물음 자체를 무의미하다고 내치는 물리학자들을 이해할 만하다. 이 물음은 '우주 외부'의 존재를 전제하고 있다. 우주 바깥에서 거대한 닭 한 마리가 '다른 우주'라는 알을 품고 있다는 주장만큼이나 증명할 수 없고 무의미한 주장이라고 그들은 조롱한다. 검증도 반증도 되지 않는 자의적 가설이며, 그래서 과학적으로 무가치하다는 것이다. 물론 다세계 이론을 지지하는 물리학자들은 10% 남짓하다고 한다. 그런데 와인버그 같은 저명한 물리학자는 자신이 "다세계 해석 같은 허드렛일에 몰두하느라 너무 바쁘다"[27]고 털어놓았다. 괴팅겐의 물리학자 후베르트 괸너는 "인식론적으로 의심스런 개념인 다중우주"에 대해 친절하지만 분명한 어조로 말한다. "이론적으로 생각하면, 새 부분'우주들'의 핵 생성 과정은 꾸준히 지속되어야 한다. '부모 우주들'이 '아기 우주들'을 만드는 것이다. 그러나 '부모들'은 '아기들'이 탄생하는 것을 보지 못한다. '아기 우주들'이 어떤 시그널도 보낼 수 없기 때문이다. 이런 상상력 풍부한 시나리오를 얼마든지 생각해 낼 수는 있지만, 원칙적으로 측정을 통해 검증할 수 없다면 과학적 우주론이라 할 수 없다."[28]

솔직히 나는 **다른 우주들의 존재 가능성에 원칙적으로 반대하지 않**

---

[27] 영국 물리학자 도이치(D. Deutsch)가 인용한 말. 평행 우주의 존재에 대한 도이치의 논증은 도리어 그 반론의 설득력을 강화하는 데 기여했다: *SPIEGEL-Gespräch*, Nr. 11/2005: "Die Welt ist bizarr" 참조.

[28] H. GOENNER, Das Urknallbild des Kosmos: Beginnt die Zeit?, in: H.A. MÜLLER (Hrsg.), *Kosmologie. Fragen nach Evolution und Eschatologie der Welt*, Göttingen 2004, 24-38, 인용: 34.

**는다.** '다중우주'에 대한 신학적 반론도 도무지 알지 못한다. 신이 무한하다면 무한한 우주가 하나든 여럿이든 자신의 무한성을 결코 제한받지 않을 것이다. 나는 다만 수학적 계산으로 과학처럼 치장한 물리학의 순수 사변적 가설들에 대해서만 반대한다. 이는 각고의 이론적·수학적 노력으로 '신경제학'을 발전시킨 미국 경제학자들에 비유할 만하다. 그들은 강력한 미디어의 지원을 받아, 전통 경제학의 법칙들이 더는 통용되지 않을 것처럼 선전했다. 그 바람에 얼마나 많은 주식 투자자·은행·증시 분석가들이 귀얇은 대중들에게 '허황한 대박의 꿈'을 약속했던가! 결국 그것은 투기성 거품경제의 실속 없는 산물임이 드러났고 수십억의 투자 손실을 초래했다. 그렇다면 **거품물리학은 형이상학에 대한 공포에서 나온 것인가?** 스탠퍼드 대학의 안드레이 린데는 끊임없이 생겼다가 꺼지곤 하는 우주의 '거품'에 대해 억측하고 있는 것이다!

물론 한두 개, 열두 개, 천 개나 십억 개의 다른 '우주'·'순환'·'영역'·'양자 세계'·'양자 파동'들을 계산할 수 있다. 확실히 매혹적인 수학적 구조다. 그러나 마틴 리스는 다른 우주들에 대한 "논리적 기술"만으로는 충분하지 않으며 "관찰 가능한 현상에 적용될 수 있어야"[29] 할 것이라고 말한다. 우주상수나 블랙홀 같은 사례가 다세계 가설의 검증에 적합한지는 전문가들에게 맡겨야겠다. 리스에 따르면, 그들은 물론 다른 우주들에 대한 고도로 사변적인 몇몇 주장이 '검증될 수 있음'(!)을 보여 주기만 하면 된다. "그 주장들에 확고한 근거를 제공하려면, 한 번이 아니라 여러 번의 빅뱅이 존재할 수 있었는지(!), 그랬다면(!)

---

[29] M. Rees, *Andere Universen – Eine wissenschaftliche Perspektive*, 49.

어떤 다양성을 그것이 야기할 수 있었을(!) 것인지 설명해 줄 근본 이론을 기다려야 한다(!)."[30]

내가 찍은 느낌표는 이 인용문이 접속법(가정법), 즉 배후에 의심스럽고 비현실적이기까지 한 뭔가가 도사리고 있는 가능성의 형태로 서술되었음을 암시한다. 하나의 가설을 더 많은 가설로 보강한다고 해서 그 가설이 더 확실해지지는 않는다. 애당초 경험적 검증이 불가능할 때도 모형은 임의로 확장될 수 있다. 그러나 카드로 쌓은 탑 위에 더 많은 카드를 쌓는다고 탑이 더 높아지는 것은 아니다. 결국은 무너진다. 그렇다면 "존재 가능성에서 존재를 추론하는 것은 타당하지 않다"("A posse ad esse non valet illatio!")는 논리학의 옛 명제는 여전히 유효하다. 철학사에 정통한 사람이라면 '완전한' 존재 또는 '절대 필연적' 존재에 대한 저 유명한 관념(캔터베리의 안셀무스와 데카르트의 '존재론적' 신 존재 증명)에서도 결코 신의 존재가 추론될 수 없었다는 것을 안다. 하물며 불완전한 우주의 관념에서 전혀 다른 우주의 존재가 어떻게 추론될 수 있겠는가 …. [31]

그렇다면, '자기 증식 우주'라는 호일의 유토피아에 집착하느니, '**우주는 저절로 생기지 않았다**'는 옛 견해에 승복하는 편이 차라리 더 단순명료하지 않을까?[32] 나는 물리학자들이 편견과 '본능적 반대'와 사변적 '에두름' 없이 빅뱅이라는 일회적 사건과 정면 대결 하기 바란다.

---

[30] 같은 책 57.

[31] 스콜라 철학자들은 허황한 사변에 맞서기 위해 다음과 같은 방법론적 원칙을 세웠다: "존재를 불필요하게 증가시키지 마라"(entia non sunt multiplicanda sine necessitate). 양자론이나 상대성이론 같은 현대 물리학도 세계 에테르, 절대 동시성 또는 전자의 정확한 위치 등, 확인할 수 없는 현상이나 속성들을 이론 형성 과정에서 철저히 배제시켰기 때문에 성공할 수 있었다. 근거가 확실한 자연과학 이론을 특징짓는 것은 (합리성·단순성·설명력과 더불어) 경험적으로 검증된 사실 부합성과 실험의 내용이다.

다행히 리스는 근본 문제를 파고들었고, '우연'을 "은하계·항성·행성 그리고 원소주기율표의 92개 원소로 인도한 유사예언적 물리학"의 설명이라고 거부했다. "우리의 우주는 **단 한 번의** 빅뱅이라는 단순한 시초에서 발전했다. 여기서는 꽤 간단한 방법 하나가 결정적이었지만, 그것은 매우 특별했다."[33] 이 몇 마디 말로 리스는 **'창조'**를 설명의 방편으로 삼았다. 그러나 창조의 현대적 이해와 과학적으로 대결하지 않고, "복수우주 혹은 다중우주에 속하는 특별한 우주"[34] 가설에만 주의를 집중하기 위해, 어떤 논의도 하지 않은 채 창조 사상을 건너뛴 것은 유감스럽다. 이 또한 하나의 '본능적 반대'일까? (케임브리지 대학 명예박사로서, 내 소견을 밝혀도 된다면) '정치적 합당성'이 있는 것처럼, 사안이 아무리 명백해도 '과학계'로 하여금 특정 문제들을 진지하게 논의할 수 없게 만드는 '과학적 합당성'도 있다. 물리학적으로 증명하면 그만이라지만, 그리될지도 의문이다. 우주 정밀 조정에 반대하는 주장들을 음미해 보자. 사변과 공상이 아니라, 엄격한 검증과 논증이 요구된다.

### 4.3. 우주론적 논증: 디자이너 우주

프랭크 티플러[35]는 뉴올리언스의 수리물리학 교수이자 베스트셀러 『불멸성의 물리학』*A Physics of Immortality*의 저자다. 1960년대 후반 그는

---

[32] 중세 후기의 사변적 스콜라 신학자들은 한 개의 바늘 끝에 얼마나 많은 천사가 올라설 수 있는지 토론하곤 했다. 이제는 신학자가 사변적 물리학자들에게 그와 유사한 우주론적 가설들에 함몰되지 말라고 경고해야 할지도 모르겠다.

[33] M. REES, *Andere Universen – Eine wissenschaftliche Perspektive*, 51.

[34] 같은 책 52.

[35] 참조: F.J. TIPLER, Ein Designer-Universum, in: T.D. WABBEL (Hrsg.), *Im Anfang*, 72-87.

MIT에서 와인버그의 세미나 두 강좌를 수강했다. 전자파 배경복사가 발견된 이래, 논의의 중심은 우주론 모형이었다. 티플러는 와인버그가 학생들에게 이렇게 말했다고 한다. "우주론의 두 모형, 빅뱅 이론과 정상우주론 중에서 나는 후자를 선호합니다. 창세기 기사와 제일 안 닮았기 때문이지요. 우주배경복사의 발견으로 이 이론이 반박되었다니 유감이네요."[36] 명백한 '본능적 반대'의 일례다. …

훗날 노벨상을 수상한 와인버그 같은 물리학자가 당시 표준 핵물리학, 일반상대성이론과 양자역학의 타당성에 의문을 제기한 것이, 오직 자칭 무신론자로서 '하늘과 땅'의 '한처음'에 대한 창세기 기사를 받아들이지 않기 위해서였다니, 30년이 지난 뒤에도 티플러는 놀라울 뿐이었다. 물론 창세기 기사에 대한 와인버그의 본능적 반대는 몽매한 종교 비판이나 개인적 체험 또는 그의 유대인 가정 환경과는 무관하다. 오히려 '성경이 그래도 옳다'는 것을 증명하려고 미국 근본주의 그리스도인들이 성급하게 써먹은 빅뱅 이론과 더 많은 관련이 있을 것이다.

티플러는 결코 성경을 맹신하는 근본주의자가 아니다. 오히려 이런 견해를 피력한다. "창세기 혹은 다른 어떤 성경 기사에 구애받지 않고 물리 법칙과 그 결과들을 받아들이는 것만이 유일하게 합리적인 행동양식이다. 확정된 물리 법칙은, 이 법칙의 적용에 한계가 있다는 것이 실험적으로 입증될 경우에만 무시될 수 있다. 물리 법칙은 종교가 그 법칙이 야기하는 결과들을 반대한다는 이유만으로 배척되어서는 결코 안 된다."[37] 그가 옳지 않은가?

---

[36] 같은 책 72.   [37] 같은 곳.

영원히 급팽창하는 혼돈의 우주나 대안우주를 주장하는 물리학자들의 우주론적 사변에 대해 티플러는 단호히 **우주론적 논증**을 내세운다. 이것은 지적으로 동의할 수밖에 없는 수학적·자연과학적 의미에서의 엄격한 합리적 증명이다. 이성적 인간이라면 피타고라스의 정리나 뉴턴의 중력 법칙을 부정할 수 없을 것이다. 그렇다면 신에 대해서는?

알려진 물리 법칙의 결과를 받아들이면, '당황스러운 결론'에 도달할 것이라고 티플러는 말한다. "우주는 유한한 시간부터 존재하며, 물리학적 우주와 그 우주를 지배하는 법칙들은 이들 법칙에 지배되지 않으면서 시간과 공간 밖에 있는 조화를 통해 생겨난다. 요약하면, 우리는 신이 계획하고 창조한 우주 안에 살고 있다!"[38] 이 점에서도 티플러가 옳은가?

### 4.4. 물리학적 신 존재 증명?

다양한 우주론적 사변들처럼, 티플러의 우주론적 논증에 대한 판단도 전문가들에게 맡겨야겠다. 과연 티플러가 다음 사안들을 합리적으로 증명했는지는 그들이 결정할 것이다.

1. "알려진 물리 법칙들은 우주론적 특이점의 존재를 요구한다."
2. "이 특이점은 전통 유대교·그리스도교·이슬람교의 신에게 귀속되는 모든 속성을 실제로 드러낸다."[39]

---

[38] 같은 책 73.      [39] 같은 곳.

시초의 특이점과 '디자이너 신'에 대한 모든 증명 방법이 내게는 그리 미덥지 않다는 것을 인정한다. 블랙홀 이론가 호킹이 처음에는 특이점을 배제했다고 주장하다가 나중에 블랙홀을 건 내기에서 지긴 했지만,[40] 티플러가 (공동 연구자인) 호킹과 펜로즈의 특이점 정리를 시초의 특이점에 대한 첫 힌트로 이용했다는 것만으로도 신뢰가 가지 않는다.

내가 티플러의 논증을 낱낱이 비판할 처지는 아니나, **어떤 물리 법칙도 무한성의 실재를 함의할 수 없다는 물리학자들의 원칙적 제한 조치**에는 동의한다. 나는 티플러처럼 '종교적 반대'라는 이유로 이 논증을 내치지 않는다. 반대로, 여기서 이론 이성은 시공간적 경험을 초월할 능력이 없으므로 유한한 것에서는 무한한 것이 억지로 도출할 수 없다는 칸트의 근본 통찰이 적용되고 있음을 본다.

### 4.5. 의심스런 근본 동인

한 가지 결정적인 점에서는 티플러가 옳다는 것을 인정하자. 물리학자는 과학 이론을 자신의 무신론적 확신과 더 쉽게 합치한다는 이유만으로 선호하지 말아야 한다는 것이다. 나는 자연과학적 명제를 확립하는 데 종교적 동기를 개입시키는 것을 단호히 반대한다. 바로 그 때문에, 그리스도교 · 유대교 · 이슬람교 신앙뿐 아니라, 과학정치적으로 '옳아서' 아무 생각 없이 받아들였음 직한 **무신론적 '신앙'의 배경도 이**

---

[40] LOTHAR SCHÄFER, *Versteckte Wirklichkeit. Wie uns die Quantenphysik zur Transzendenz führt*, Stuttgart 2004를 읽으면서도 비슷한 부담을 느낀다. 이 독일 출신의 아칸소 대학 물리화학 교수는 "물리적 속성과 혼동되어서는 안 될" "의식과 유사한 속성들"이 양자 세계에 있다고 생각했다(61). 여기서 그는 태초부터 주어진 "우주 내 의식 원리"를 도출하고, "실재의 배후에 정신(영)과 유사한 속성들"이 존재한다고 보았다(119). 물론 저자는 그런 초월성이 엄격히 증명될 가정이 아니라, 신뢰와 희망에 관한 사안임을 전제한다(152-3 참조).

성적으로 캐묻기를 요구하는 바이다. 나의 균형감 있는 종교 비판이 한 일이 바로 이것이다.

정상우주론,[41] 끈이론, 초끈이론, M이론 등 많은 이론 가운데, **창세기의 도전을 피하고** 신의 문제를 도외시하기 위해 무엇보다 우주의 특이점이 중요하지 않다는 것을 입증하려는 목표하에 발전해 온 이론이 무엇인지 나는 판단할 수 없다. 현 우주에 앞선 '원原우주'와 '빅뱅 이전 시대'에 대해서조차 사변을 늘어놓지만, 증거가 없다. 어차피 그 구조들은 원시태양에 의해 파괴되었을 것이다.

완벽히 자기 폐쇄적 우주에 대한 물리학의 대이론은 스티븐 호킹도 주장했다. 주변도 경계도 없고 시작도 끝도 없는 우주다. 어떤 경험적 증거도 없다. 그는 이렇게 털어놓곤 했다. "그 우주는 단순할 것이다. 그렇다면 창조자를 위한 공간은 어디에 있는가?"[42] 미국 물리학자이자 TV 과학 프로그램 작가인 칼 세이건(1934~1996)은 자신의 책 서문에서 '신의 부재'라는 본연의 주제를 언급한다. 그러나 신을 대체하려는 노력도 고통스런 결과를 낳을 수 있다고 독일의 물리학자 에른스트 피셔는 날카롭게 지적한다. 호킹이 신경 질환 진단을 받을 무렵 사랑에 빠진 그 '매혹적인 소녀'는, 헤어지면서 그녀의 스티븐에게 '그가 신이 아니라는 사실을' 일깨워 주었어야 했다고 생각했다.[43]

---

[41] F. HOYLE, *Ten Faces of the Universe*, San Francisco 1977은 대부분의 전문가들이 정상우주론을 포기한 후에도 오랫동안 이 이론을 옹호했다. 저자의 무신론적 확신 때문이었다.

[42] S. HAWKING, *A Brief History of Time: From the Big Bang to Black Holes*, Toronto 1988; dt.: *Eine kurze Geschichte der Zeit. Die Suche nach der Urkraft des Universums*, Reinbek 1988, 179.

[43] E.P. FISCHER, *Einstein, Hawking, Singh & Co. Bücher, die man kennen muß*, München 2004, 28-35, 인용: 34.

어쨌든 우주론자들이 우주의 초기 조건 문제를 두고 복잡한 수학적 연산으로 "무無에서는 아무것도 생겨나지 않는다"(Ex nihilo nihil fit)와 같은 철학의 기본 명제들을 뒤집어엎으려고 애쓰는 모습은 놀랍다. 이때 많은 이가 진지하게 자기네 '어머니 우주'를 만들어 냄으로써 우주의 기원 문제를 회피하려고 한다! 이 "우주의 자기 증식"(It created itself)[44]에 대해 '얼마나 멋진가!'라고 외치고 싶을 것이다. 이런 이론을 내세우는 자신감을 보니 러시아의 노벨 물리학상 수상자 레프 란다우(1908~1968)의 말이 생각난다. "우주론자들은 종종 틀리면서도 절대로 의심하는 법은 없다."

1994년 내가 주관한 신학자·물리학자 합동 콜로퀴움에도 참가한 바 있는 이론물리학자 헤르베르트 피스터는, 2001년 2월 14일의 튀빙겐 대학 고별 강의를 이런 명제로 마무리했다. "현대 이론물리학은 수학적·사변적 가설의 과잉과 [아인슈타인·보어·하이젠베르크가 행한 것 같은] 혁신적 사고 실험의 결핍에 시달린다." 그의 설명은 이러하다. "오늘날 이른바 물리학자라는 집단은 10년이 넘도록 11차원 혹은 그 이상의 초끈이론, 이종異種 M이론, E8×E8 그리고 SO(32) 그룹 등에서 지나친 작위를 부리고 있다. 지금까지 그들은 검증에 성공한 데이터는 말할 것도 없고, 원칙적으로 검증 가능한 데이터도 전혀 산출해 낸 바 없다."[45]

---

[44] R. Gott - Li-Xin Li, Can the Universe create itself? in: *Phys. Rev.* D 58 (1998), 023501-2. 비판적 고찰; B. Kanitscheider, Kosmologie zwischen Mythos und Physik, in: H.A. Müller (Hrsg.), *Kosmologie. Fragen nach Evolution und Eschatologie der Welt*, Göttingen 2004, 153-68.

[45] H. Pfister, 40 Jahre Faszination Physik, in: *Abschiedsvorlesung*, Universität Tübingen, 14. Februar 2001.

'특이점'에 관한 '본능적 반대'나 의도적 '회피'에 대한 전문 과학자들의 증언은, 우주론 이론 형성의 배후 동기를 무시해도 될 만큼 허다하다. 우주의 초기 조건들에 관한 **주변 질문**에 이어, 마지막으로 시초 전반에 대한 **핵심 질문**으로 들어가야겠다.

## 5. 왜 무無는 존재하지 않는가?

유럽의 양자역학을 미국에 도입한 프린스턴의 존 휠러(나는 그의 튀빙겐 방문을 즐겨 회상한다)는 이 문제를 'It from Bit'이라는 독창적인 공식으로 요약했다. 어떻게 '정보'(bit)라는 기저에서 '세계'(it)가 존재하게 되었을까? '정보 생성 과정'(information generating process)은 아직 발견되지 않았다. 물리학이 발견할 수 있을까? 더 분명하게 말해, 관찰·실험·수학이라는 자신의 방법으로 실재에 대한 **최종 증명**을 감행하라는 것은, 물질과 에너지의 근본 구조와 변화 과정에 관한 학문인 물리학에 너무 큰 것을 요구하는 것이 아닐까? 경험을 결정적으로 초월하여 우주의 존재 방식뿐 아니라 존재 그 자체를 물어야 한다면 일종의 '형이상학'이 요구되어야 하지 않을까? 숱한 학문이 저마다 '질풍노도의 시대'를 지나오면서 풀려고 애썼던 '세계 수수께끼'에 아직도 매달리는가?

### 5.1. 세계 수수께끼 풀이?

'세계 수수께끼': 에밀 뒤 부아레몽은 동물의 근육과 신경의 전기적 현상을 연구한 19세기 베를린의 생리학자다. 그는 자연과학을 문화의 절대적 도구로 고양시켰으나, 일곱 가지 궁극 문제에 관해 언급할 때는 지적 겸허함을 잃지 않았다.⁴⁶ 그 문제는 세계의 성상性狀과 더불어 제기되지만 인간이 해결할 수는 없다. "우리는 알지도 못하고 알 수도 없을 것이다"(Ignoramus et ignorabimus). 여기서 그가 문제 삼는 것은 무엇보다 물질과 에너지의 본성과 단순한 감각지각에 대한 설명 가능성이다. 또한 운동의 근원, 생명의 기원, 자연의 합목적성, 이성적 사고와 언어의 기원, 자유의지의 실재에 대한 궁극적 설명 가능성도 의심한다(dubitemus).

'세계 수수께끼': 다음으로 예나의 동물학자이자 자연철학자인 에른스트 헤켈이 있다. 19세기 말에 출간되어 15개 국어로 번역된 베스트셀러에서,⁴⁷ 그는 (좀 덜 겸손하게도) 인간의 궁극적 근본 문제를 다윈의 진화 사상에 근거한 일원론적 세계관의 견지에서 해결할 것을 주장했다. 원시 안개로부터 영적 과정에 이르는 세계의 발전 과정을 유물론적으로 설명할 수 있다고 보고, 영적·인격적 신을 '기체 형태의 척추동물'로 평가절하한 그의 이 '무신론적 고백록'은, 오늘날 자연과학자들이 보기에도 순진하기 그지없다. 자연과학 내부의 정서도 많이 변했기 때문이다. 과거에는 진보에 열광하여 종교를 과학으로 대체할 수 있다고 생각했다면, 지금은 오히려 신도 없고 의미도 없는 세계와 인간에 대한 절망적 고백이 메아리치곤 하는 것이다.

---

⁴⁶ 참조: E. Du Bois-Reymond, *Die sieben Welträtsel*(1880년 7월 8일 학술원 라이프니츠 분과에서 행한 강연), in: *Vorträge über Philosophie und Gesellschaft*, hrsg. v. S. Wollgast, Hamburg 1974, 159-87; 같은 책에 수록된 1872년 8월 14일 자 강연 Über die Grenzen des Naturerkennens, 54-77.

⁴⁷ 참조: E. Haeckel, *Die Welträtsel. Gemeinverständliche Studien über Monistische Philosophie*, Bonn 1899.

20세기 자연과학이 화려한 성취를 구가하고, 오랫동안 풀 수 없으리라 여겨지던 세계 수수께끼들을 수없이 해결했다는 것을 부정할 사람은 없다. 그러나 인식의 놀라운 진보에도 불구하고 **세계의 불가사의**는 크든 작든 전혀 사라지지 않았다. 인간이 우주로 더 멀리 나아가고 물질 속으로 더 깊이 들어갈수록, 현실은 더 불투명하고 불가사의해졌다.

- **대우주의 불가사의**: 천체물리학자들이 거대 망원경 덕분에 3차원 실재 외에 시간의 4차원(과 또 다른 어떤 차원)을 포함하는 우주에 대해 더 많이 알수록, (아인슈타인이 말하는) 경계 없으되 유한하게 휜 이 시공간 연속체는 점점 빠르게 팽창하는 항성계와 최근에야 발견된 펄서(강한 자기장을 가지고 고속 회전을 하며, 주기적으로 전파나 엑스선을 방출하는 천체 — 역자 주)나 퀘이사(높은 광도와 강한 전파 방출이 관측되는 희귀한 천체. 준항성체 혹은 준성(準星)이라고도 함 — 역자 주) 같은 희귀 천체들로 인해 더욱 상상하기 어려워진다.
- **소우주의 불가사의**: 원자핵은 양성자와 중성자로 구성되고, 이것들은 공통 구조를 지닌 전자기력·약력·강력·중력과 더불어 소위 쿼크와 글루온('접착제'라는 뜻으로, 쿼크 사이의 상호작용을 매개하는 입자 — 역자 주)이라는 더 작은 하위 단위로 구성된다.[48] 소립자물리학자들이 거대강입자가속기(LHC) 덕분에 이런 원자핵에 대해서 더 많이

---

[48] 1968년에야 전자기력과 약력이 약한 전자기력으로 통합되어 소립자물리학의 표준모형이 되었다. 그때까지는 약한 전자기력과 강한 핵력이 한 가지 힘으로 설명되는 대통일이 입증되지 않았다. 이 통일은 에너지가 높을 때 나타나고 낮을 때 와해된다. 중력을 포함한 모든 힘의 통일에 대한 일관된 수학 공식은 아직 발견되지 않았다. 이에 대한 정보와 기타 귀중한 조언을 준 튀빙겐의 이론물리학자 아만트 패슬러 교수에게 감사드린다.

알수록, 세계의 원소元素나 원력元力이 정말 무엇인지 더욱 상상하기 어려워진다. 그래서 자연과학자들은 우주의 신비가 더 많이 밝혀질수록 모르는 것도 더 많아지는 듯한 느낌을 받는다. 적어도 현명한 사람이라면, 많이 알수록 자신이 모른다는 것도 안다.

### 5.2. 지식이 자라면 무지도 자란다

새로운 연구 결과는 새로운 의문을 낳는다. 아는 것은 많아지는데 전체에 대한 이해는 줄어든다. 통일된 우주상을 정립하기가 더 어려워지는 까닭이다. 밝혀지지 않은 것들이 무궁무진하다. **물리적 실재**는 대체로 **불가해하다**. 황홀한 물리적 대우주뿐 아니라 아원자亞原子입자들의 황홀한 소우주도 우리의 개념으로는 정확하게 묘사되지 않는다. 대우주든 소우주든 결국 **상징·암호·비유·모형·수학 공식으로만 표현될 수 있을 뿐이다.**

사실, **천체물리학**이 탐구한 이 엄청나게 큰 세계를 내가 어떻게 '상상'하겠는가? 우주 비행사들이 우리 은하의 한복판까지 갔다가 지구로 되돌아왔을 때, 그새 6만 살이나 늙어 버린 인류를 젊은 몸으로 만나게 될 그런 세계를 내가 어떻게 상상해야 좋은가? **소립자물리학**이 탐구한 믿을 수 없이 극미한 과정들을 내가 어떻게 상상하겠는가? $10^{-15}$cm = 1,000조분의 1cm(1,000조는 10억의 백만 배!)에 이르는 크기와 $10^{-22}$sec = 10억조분의 1초(10억조 = 1,000조의 백만 배!)의 속도를 포함하는 과정들을? 여기서는 '부분'이나 '공간' 같은 말조차 의미를 상실한다. 핵, 양성자, 중성자, 심지어 쿼크 같은 입자의 구성 단위와 그 변동의 실재 양식은 고스란히 미해결로 남아 있다. 그것들과 관련된 '플레이버'flavor('맛'이라는 뜻으로, 쿼크나 렙톤을 식별하는 내부 양자 수 ― 역자 주)나 '색'色도 "처음에는 재미로 붙여 본 이름"이라고 쿼크의 '발명자'이며 노벨상 수상자인 머리 겔만은 말하지만, "동시에 일종의 은유로도"⁴⁹ 쓰이고 있다.

**나노테크놀로지**⁵⁰라는 첨단 과학 기술은 상상할 수 없이 판이한 세계에 대한 경험의 한계를 돌파했다. 1나노미터(nano: 그리스어로 '난쟁이')는 10억분의 1밀리미터, 즉 $10^{-9}$미터다. 지구 직경이 1미터라면 1나노미터는 개암나무 열매의 직경쯤 된다. 나노테크놀로지가 첨단 화학 공정(가령 도료, 염료, 선크림 등에 첨가되는 자외선 차단제로 쓰임)에 사용하는 나노 입자의 크기는 대부분 5~100나노미터다. 머리카락 직경의 5,000분의 1이다. 나노의 세계는 상상을 불허하지만 실재한다.

자연과학은 **지식의 섬** 안에 있으며 그 우주상은 대단히 제한적일 수밖에 없다는 것이 과학자들의 다수 의견이다. 관측 위성 WMAP는 수개월 동안 우주를 면밀히 탐사하여 137억 년이라는 우주 나이를 계산해 냄으로써 빅뱅 모형을 완전히 확정지었다. 이 결과에 따르면 **우리가 아는 것은 우주의 4%에 불과하다.** 통상의 가시적 물질(항성, 행성, 위성)은 그 정도뿐이다! 그렇다면 우리가 모르는 '나머지' 96%는 무엇인가?

- 중력에 의해 공간적으로 고정되어 은하계가 비산飛散하는 것을 막는다는 23%의 **암흑 물질**이다. 오래 전부터 여러 연구팀이 열심히

---

⁴⁹ M. GELL-MANN, *The Quark and the Jaguar*, New York 1994; dt.: *Das Quark und der Jaguar. Vom Einfachen zum Komplexen – Die Suche nach einer neuen Erklärung der Welt*, München 1994, 13장, 인용: 263.

⁵⁰ 참조: W. FAUL, Einblicke in die Zwergenwelt – Warum die Nanotechnologie im 21. Jh. eine Schlüsselfunktion hat, 2004년 10월 24일 SWR2 라디오 강연.

찾던 이것은 볼 수 없고 들을 수 없는 엄청난 질량의 소립자일 것으로 추정된다. Weakly Interacting Massive Particles('약하게 상호작용하는 무거운 소립자들')의 머리글자를 따서 WIMP로 부르는데, 약어대로 읽으면 '겁쟁이'라는 뜻이 된다.

- 아직 오리무중이나 물리학자들이 경탄해 마지않는 73%의 **암흑 에너지**(아인슈타인의 '우주상수')다. 이것은 일종의 중력장처럼 작용하여 우주를 더 빨리 팽창할 수 있게 한다고 한다. "이 암흑 에너지의 정체가 무엇이며 어떻게 우주의 전체 구조(와 우리 물리학)에 어울리는지는 아직 이해할 길이 없다."[51]

'암흑 물질', '암흑 에너지': 온 천지와 땅속(폐광과 고속도로 터널)까지 뒤졌음에도, 물리학적으로는 우리 우주 대부분이 말 그대로 여전히 암흑 속에 있다! 그간 우주의 응달에서 아무리 찾아도 보이지 않던 '중성미자'를, 제네바의 유럽입자물리연구소(CERN)에서 2007년부터 가동되기 시작한 거대강입자가속기가 만들어낼 수 있을까?

근대 과학의 태동기에 파스칼은, 무한한 우주 공간의 영원한 침묵이 두렵다고 했다. 무한히 작은 미시계의 심연 앞에서도 그 두려움은 누군가를 덮치지 않을까? 이것이 예부터 인간이 처한 불균형이요, 파스칼이 말하는 "인간의 위대함이자 비참함이다"(la grandeur et misère de l'homme).

---

[51] S. HÜTTEMEISTER, *Der Aufbau des Kosmos: Seine Evolution und Eschatologie*, in: H.A. Müller (Hrsg.), *Kosmologie. Fragen nach Evolution und Eschatologie der Welt*, Göttingen 2004, 5-23, 인용: 22.

결국 인간의 본성이란 무엇인가? 무한에 비하면 무無, 무에 비하면 전부, 무와 전부 사이의 중간이다. 궁극을 이해하는 일이 한없이 멀어서, **만물의 근원과 목표**는 도무지 **꿰뚫을 수 없는 신비** 속에 감추어져 있다. 자신을 탄생시킨 무를 이해할 능력도 없고, 자신을 삼켜 버리는 무한을 이해할 능력도 없다. 그러니 근원도 목표도 알지 못한다는 영원한 절망 속에서, 사물의 중심에서 비치는 희미한 낌새를 감지하는 것 말고 인간이 또 무엇을 할 수 있단 말인가? 만물은 무에서 생겨났고 무한을 향해 간다. 누가 이 놀라운 행보를 따를 수 있겠는가? 이 기적의 창조자만이 그 행보를 알고 있다. 다른 누구도 그리할 수 없다.[52]

당연히 파스칼은 언젠가는 단연코 풀릴 우리 주변의 '수수께끼'에 대해서만 말하는 것이 아니라, 동시에 '꿰뚫을 수 없는 신비'(secret impénétrable)에 관해서도 말한다. 이 신비는 기껏 상징과 암호와 비유로만 표현할 수 있을 뿐이다. 기적으로 점철된 세계의 불가사의는 바로 이 신비에 뿌리내리고 있다. 인간은 다만 거기에 접근할 수 있을 뿐, "그것을 아는 이는 오직 이 기적의 창조자밖에 없다". 이 '창조자'(auteur)는 무엇을 또는 누구를 의미하는 것일까?

## 5.3. 근원적 신비에 접근하다

매시간 일어나는 일이 현기증 나는 '기적'인데 우리는 어지러운 줄도 모르고 산다. 지구는 위도에 따라 시속 1,000km 내외로 자전하며(가령

---

[52] B. PASCAL, *Pensées* 84.

북위 51도의 튀빙겐에서는 시속 1,050km), 시속 10만 km 이상으로 태양 주위를 공전한다. 그리고 우리 태양계는 시속 80만 km로 은하의 중심을 회전한다. 이 모든 것이 늘 그래 왔던 것은 아니고, 언제까지나 그러지도 않을 것이다. 이것이 인류와 지구와 팽창하는 우주의 비필연성·우연성·불안정성·상대성에 대한 웅대한 예증이다. … (우주는) **어디로** 가는가?(목표) 적어도 **어디서 왔는지**(기원)는 밝혀져야 할 것이다.

　불안정한 우주 내 정황과 극히 제한된 우리의 지식을 의식한다면, 목표와 기원이라는 궁극적 문제에 접근할 때도 인간은 결정에 앞서 (그릇된 두려움이 아닌) 약간의 지적 겸손을 지녀야 마땅하지 않겠는가? 관찰·실험·수학을 기반으로 구축된 물리학적 논증이 논리적 강제성을 지녔다면, 초경험적 실재에 대한 철학적·신학적 논증은 기껏해야 이정표와 초대의 역할만 할 수 있음을 과학철학적 논의(1부 5장)가 보여주었다. 이러한 궁극적 문제를 지배하는 것은 **지적 강요가 아니라 자유다**.

　동시에, 불가사의한 실재의 궁극적 기원에 대한 물음 앞에서 자연과학적 방법은 좌절할 수밖에 없다는 것도 명백하다. 물리학은 시점 $t = 0$의 사건에 원칙적으로 접근할 수 없다. 아무리 과학적 방법이 그 적용 범위를 꾸준히 넓혀 가고 정교함을 더해도, 이 시점 **이전에** 무엇이 있었는지는 경험할 수 없다. 대안우주에 대한 우주적 사변은 경험적 방법으로 충족되지 않는 가설임이 이미 입증되었다. 그러나 우주적 실증도 신뢰할 만한 방법이 아니기는 마찬가지였다.

　태초부터 주어진 우주의 자연상수들은 어디서 왔는가? 혹은 (힘의 통일이 이루어졌다면) 하나의 자연상수는 어디서 왔는가? 빅뱅으로 시작한 우주는 도대체 어디서 왔는가? 이것은 비단 태초의 사건에 대한 물음만이 아니라 **실재 전반에 대한 물음**이다: **대관절 왜 무언가 존재하며 무**無**는 존재하지 않는가?** 위대한 수학자이며 철학자인 라이프니츠에게 이것은 철학의 근본 문제이며 마르틴 하이데거에게는 "기적 중의 기적"이다. "왜 존재자는 있는데 무는 없는가?"[53] 그렇다. 이것은 자연과학자가 답할 수 없는 인간의 **근원적 질문**이다. 경험계의 피안에 관한 한, 자연과학자에게는 결정권이 없다. '공백을 때우는 신'을 말하는 것이 아니다. 문제는 '공백'이 아니라 절대 시초다. 여기서 인간은 실재의 **근원적 신비**에 봉착한다. 이것은 세계가 실재의 가능한 **근원**과 **근거**와 **근본 목표**에 대해서 맺는 기본적 관계에 관한 물음이다. 이 실재는 과학자뿐 아니라 보통 사람들을 위해서도 존재한다.

물론 가짜 신비가 **진짜** 신비에 이르는 길을 가릴 때도 있다. 한때 신학자들과 민중신심이 지어냈지만 과학자들은 도저히 수용 못 할 것들이다('원죄', '무염시태', 생물학적 '처녀 출산', 그리스도의 '두 본성', '파티마의 기적' 등). 내가 말하는 것은 '**엄밀한 의미에서의 신비**'(Mysterium stricte dictum)다. 그것은 우리 시공간적 경험의 극단적 지평에서, 세계와 인간의 시작이든 끝이든 한복판에서든 중요한 문제로 대두된다. 이 실재의 근원적 신비를 유대인·그리스도인·무슬림, 그리고 기타 종교인들은 '**신**'이라 불렀다. 수없이 오해되고 남용된 이름이었다.

'신'은 만물의 '창조자'인가? 자연과학자에게 '신'이라는 경건한 가설은 필요 없다고 '프랑스의 뉴턴'이라는 라플라스가 나폴레옹에게 말했

---

[53] M. HEIDEGGER, *Was ist Metaphysik?* (Antrittsvorlesung Freiburg/Br. 1929), Nachwort zur 4. Auflage 1941, Einleitung zur 5. Auflage 1949, Frankfurt/M. [11]1975, 42.47.

다지만, 혹시 '신'이 그 이상은 아닐까? 자연과학자는 자연과학자로서 실재의 '문법적' 구조를 탐구하지만, 동시에 실재의 '의미 구조', 의미와 해석에 대한 인간의 본질적 문제도 제기한다.[54] 이런 문제에 직면하여 항복하거나, 원인의 문제를 포기하거나, 아니면 신의 문제를 떠안고 가거나, 자연과학자는 어차피 선택의 기로에 선다. 나는 신을 가설로라도 염두에 두기를 자연과학자들에게 권하는 바이다.

### 5.4. 가설로서의 신

실재에 대한 근원적 질문에 답 같은 건 없다고 간단히 단언해 버리는 건, 이성의 포기에 견줄 만한 독단적 핑계다. 자연과학자는 (학자로서가 아니더라도, 이성적이고 책임 있는 인간으로서) 하이젠베르크가 심사숙고하여 대담하게 발언했듯이 더 깊고 더 섬세하게 사고해 나가야 할 것이다. "세계가 존재한다는 의심할 수 없는 사실로부터 이 존재의 원인을 추론하려는 가정은 우리의 과학적 인식에 단 한 점도 모순되지 않습니다. 어떤 과학자도 이 가정을 반박할 수 있는 유일한 논증이나 사실을 가지고 있지 않습니다. (다른 방도가 없어서) 우리의 3차원적 세계 밖에서나 찾을 수 있을 원인에 관한 것이라 할지라도 사정은 마찬가지입니다."[55]

여기서 '밖'은 좀 더 정확하게 규정되어야 한다. 오늘날 대다수의 자연과학자가 인정하듯이, **우주**가 시간과 공간 안에서 **유한**하다는 것은

---

[54] 참조: H.D. MUTSCHLER, *Physik – Religion – New Age*, Würzburg 1990, 25-6.

[55] W. HEISENBERG, Naturwissenschaftliche und religiöse Wahrheit(1973년 3월 23일 바이에른 가톨릭 학술원 과르디니 상 수상 연설), in: *Schritte über Grenzen. Gesammelte Reden und Aufsätze*, 2. erweiterte Auflage, München 1973, 335-51, 인용: 349.

(철학적·신학적 관점에서도) 우리의 세계이해와 자기이해에 가볍지 않은 의미를 지닌다. 그것은 모든 피조물과 존재자의 유한성과 무상성에 대한 오랜 종교적 확신을 증명한다.

그러나 **무한한 우주**에 대한 가정조차 무한한 신을 우주에서 자동적으로 '몰아내지는' 못하리라는 것을 즉시 덧붙여야겠다. '공백을 때우는 신'이 아닌, 모든 것을 포괄하고 관통하는 순수 영으로서의 무한한 신에게, 우주는 신의 무한성을 제한하는 것이 아니라 확증하는 것이다. 이는 **신에 대한 믿음이 다양한 세계 모형과 결합할 수 있음**을 뜻한다. 시간의 시작도 시간의 무한한 지속도 상상할 수 없다. 둘 다 우리 경험 영역 밖에 있다.

실제로 **신이 존재한다면**, 만물의 시초에 대한 핵심 질문, 왜 무언가 존재하고 무는 존재하지 않는지에 대해 답할 수 있을 것이다. 태초부터 우주의 진화를 결정한 우주 기본상수에 대한 주변 질문에도 답할 수 있을 것이다. 그런데, 신은 존재하는가, 정말 존재하는가?

## 5.5. 실재로서의 신

나는 어떻게 근원적 신비에 접근할 것인가? '신'이 하나의 가설이나 '관념'이 아니라 '실재'라는 것을 나는 어떻게 확신할 수 있는가? 실재의 근본 문제에 대한 답은 순수 이론의 토대 위에서가 아니라(원칙적으로 칸트가 옳다), 체험적·반성적 실천의 길을 통해 찾아야 한다는 것은 이미 분명해졌다. 그러니까 순수 이성의 이론적 조작을 통해서가 아니요, 비이성적 감정이나 단순한 정서만을 통해서는 더욱 아니다. 미덥고 합리적으로 책임질 수 있는 근본 결단과 근본 자세에 근거해야 한다. 나는 이 신뢰의 자세를 수영 배우는 일에 곧잘 비유한다. 물가에 서서 교본을 읽거나 수영 강좌를 듣는다고 될 일이 아니다. (누군가의 도움을 받아) 미지의 물 속으로 온몸을 던질 엄두를 내야 한다. 경직되지 않고 물에 몸을 맡긴 채 움직이는 자만을 물은 받아들인다.

온갖 의심이 일어도 그런 신뢰의 자세만 갖춘다면 나는, (처음에는 자명하게 받아들였으나 철학적으로는 가끔 의심했던) **실재가 진짜로 있음을 총체적으로** 경험할 수 있고, 존재자의 근본 정체성과 가치와 의미를 긍정할 수 있다. 나는 합리적으로 책임질 수 있는 포괄적 신뢰의 자세로 (더욱 의심스런) **신의 실존**, 모든 존재자의 근원 또한 받아들일 수 있다. 그것은 나의 총체적 체험, 태도, 행위에 영향을 미친다.

과학철학적 논의(1부 5-7장)에 관심 있는 독자들은 이제, 신의 실재를 논리적 추론으로 증명하려는 이론 이성을 통해서는 신을 **귀납적으로 증명할 수도 없고** 세계와 인간의 경험된 실재로부터 **연역적으로 추론할 수도 없다**고 분명히 말할 수 있을 것이다. 그러나 그토록 불확실한 실재를 모든 이가 체험할 수 있도록 불 밝히는 **안내자 역할은 할 수 있을 것 같다**. 사고하고 행동하는 인간이, ('실천 이성'의 노선을 따라, 혹은 '전인全人'적으로) 자유롭되 합리적으로 책임질 수 있는 결단을 내릴 수 있도록 하기 위함이다. 인간의 가장 깊은 믿음·소망·사랑이 그렇듯이, 이 또한 순수 이성을 초월하는 **전인적** 개방을 요구한다.

굳이 검증 기준을 적용하겠다면, 감각적으로 경험할 수 있는 것만 실재로 인정하는 경험론적 기준처럼 편협해서는 안 된다. 그러나 무비판적으로 모든 것을 이해하려 드는 순수 해석학적 기준처럼 광범위해서도 안 된다. 남는 건 인간과 세계의 경험적 현실을 가지고 신을 증명하려는 **간접적 검증 기준**뿐이다! 일반적으로, 인간과 세계의 구체적 현실에 대한 경험은 머리로 해독될 수도 있고 말로 표현될 수도 있다. 신에 대한 진술들은 삶의 경험적 지평에서 실존적 문제들을 통해 입증되고 검증되어야 한다. 이른바 인간의 결단이 필요 없을 만큼 명징한 경험에서 이론異論의 여지 없이 도출되는 것이 아니라, 인간의 자유로운 결단이 요구될 만큼 **늘 의심스러운 경험을 명쾌히 밝혀 줌으로써** 입증되어야 하는 것이다. 신에 관한 담론은 인간과 세계의 실재에 대한 구체적 경험으로 뒷받침되고 그 경험과 관계 맺고 소통할 때만 신빙성을 지닌다.

### 5.6. 아르키메데스의 점

실재 전반과 근원적 신비의 문제는 비단 무지렁이, 나약자, '염세적 은둔자'(니체)만의 문제가 아니라, 똑똑하고 의식 있는 사람들의 문제이기도 하다. 행위로부터 도피하는 것이 아니라 행위를 촉발하는 것이다. 이런 중요한 문제에 답할 수 없다는 사실 때문에 사람들은 무신론적 이데올로기에 불만을 표출한다. **신에 대한 긍정**이야말로 **실재에 대한 근본 신뢰의 확고부동한 근거**라고 나는 확신한다. 신을 긍정하는 사람은 실재의 근본 원인이라는 근원적 신비에 대해 알기 때문이다. 왜 그가 온갖 불확실성에도 불구하고 세계와 인간의 실재를 근본적으로 믿을 수 있는지 알기 때문이다. 신에 대한 나의 신뢰는 적법하고 철저하고 근본적이다. 이 신뢰는 내게 불확실한 실재가 존재할 수 있는 조건을 알려 줄 수 있다. 그러한 한 그것은 철저한 합리성을 나타내지만, 이성을 절대시하는 이데올로기적 합리주의와 분명히 구별된다.

"내가 서 있을 한 점을 주면 나는 지구도 움직여 보겠다." 그리스의 천재 수학자 아르키메데스(기원전 285~212)는 이 문장으로 자신이 증명한 지레의 원리를 명쾌하게 설명했다. 신을 믿는 이에게서도 인간의 삶과 인류사의 모든 본질적 문제를 '일거에 척결할' 해답이 자동적으로 튀어나오지는 않는다. 그러나 그는 크고 작은 문제들에 다가갈 수 있는 하나의 확고한 입장, '아르키메데스의 점'을 확보하고 있다.

그렇다. 신이 존재한다면 숱한 실존적 물음에 적어도 원칙적으로는 답할 수 있다. 좀 더 포괄적인 칸트의 질문과 연계하면 이렇다.[56]

**우리는 무엇을 알 수 있는가?** 왜 무는 존재하지 않는가, 우주는 어디서 무엇을 위해 왔는가? 인간은 어디서 와서 어디로 가는가? 왜 세계는 지금 이 모습으로 존재하는가? 모든 실재의 궁극 원인과 의미는 무엇인가?

**우리는 무엇을 해야 하는가?** 왜 우리는 행위하는가? 우리는 궁극적으로 누구에게, 왜 책임을 지는가? 무엇이 필연적으로 경멸을 낳고 사랑을 낳는가? 신실함과 우정의 의미는 무엇이며, 고통과 죄의 의미는 또 무엇인가? 인간을 가늠하는 결정적 척도는 무엇인가?

**무엇을 우리는 희망할 수 있는가?** 우리는 무엇을 위해 이 세상에 존재하는가? 도대체 이 모든 것이 무슨 의미인가? 이 허무 가운데서 우리를 지탱해 주고 절망에 빠뜨리지 않을 그 무엇이 있는가? 변화 속에도 불변하는 것이, 제약 속에도 무제약적인 것이 있는가? 겪는 것마다 상대적인데, 절대적인 것은 있는가? 우리에게 남는 건 무엇인가, 결국

---

[56] 참조: I. KANT, *Kritik der reinen Vernunft*, 677.

모든 것이 무의미해지는 죽음인가? 무엇이 우리에게 살고 죽을 용기를 줄 것인가?

제3부에서도 이어질 내 대답은 이렇다: 신이 **존재한다면**, 이런 물음에 대한 근본적 대답도 존재한다. 그렇다면, 우리가 비록 유한하고 결여된 존재지만, 왜 그럼에도 무한한 기대와 희망과 동경을 품을 수 있는지 내면 깊은 곳에서부터 이해할 수 있다. 우주 기본상수가 어디서 왔는지, 물질과 에너지는 어디서 왔는지, 결국 우주와 인간의 기원에 대한 궁극적 해답을 발견할 수 있을 것이다. 이제, 창조와 진화가 빚어내는 긴장의 틀 안에서 인간의 기원을 찾아보자.

제3부

# 창조냐 진화냐?

어리석게도 인류는 늘 자신을 지나치게 대단한 존재로 여겨 왔다. 우리 은하는 10억 은하 중 하나요, 지구는 우리 은하계 10억 개 별 가운데 하나다. 이 하찮은 별에 사는 우리는 우주 역사 137억 년 중 지구가 존재한 것은 고작 45억 년뿐임을 분명히 알아야 한다. 생명은 35억 년 전에 출현했다. 최초의 인류인 호모 에렉투스(직립원인)가 출현한 것이 150만 년 전이고, 현생인류 호모 사피엔스가 출현한 것은 겨우 20만 년 전이다. 우주는 대부분 인류 없이 존재했고, 인류 없이도 당연히 존속할 것이다. (짧은 역사 속에서도 인류는 자멸할 능력을 갖추었다.) 인류가 오랜 우주 진화의 산물이라는 사실을 안 것도 그리 오래된 일이 아니다.

## 1. 생성의 시초

세계와 인류의 역사 발전에 관한 생각이 19세기를 풍미하고 있었다. 독일에서는 철학자 게오르크 빌헬름 프리드리히 헤겔(1770~1831)이 엄청난 백과사전적 체계를 발전시켰다.[1] 그는 우주의 전 역사를 세계 내 신의 역사, 절대 정신의 역사로 보았다. 그러나 '위'로부터 구축된 이 정신일원론적 체계는 역사학과 자연과학의 발전에 의해 곧바로 '지양'되고 말았다. 이 두 학문은 모두 '아래'에서, 경험적 지식에서 출발하는 것이었다. (인간·동물·식물의) 생명 현상과 그 합법칙성을 다루는 생명의 학문, **근대 생물학**은 19세기 전반부터 발전하기 시작했다. 자연과 역사라는 두 개의 거대한 학문적 조류가 따로따로 흐르다가 하나로 합쳐지게 된 것은 19세기 후반에 이르러서였다. 자연과 역사는 하나의 강력한 자연사적 과정 속에서 발전해 왔다고 여겨졌다. 이 과정은 오랜 세월 속에서 아주 천천히 세상의 온갖 풍요와 다양한 생명체를 산출했다. 진화라는 설명 원리로 세계와 인간의 기원에 관한 새로운 관점을 기초 놓은 학자가 바로 찰스 다윈(1809~1882)이다.

### 1.1. 생물 종의 진화: 다윈

다윈은 의사의 아들이었다. 의학과 신학을 공부했지만 결국 자연과학으로 방향을 틀었다. 영국 해군의 측량선 비글 호에 동승하여 5년 동안(1831~1836) 세계를 항해한 것이 삶의 전환점이 되었다. 그 후 20년 동안 수없는 개별 연구를 수행하고 1859년에야 자신의 획기적 저작 『종의 기원』[2]을 출간했다. 다윈은 초기에 계몽주의 자연신학자 윌리엄 페일리(1743~1805)의 영향을 받았다. 페일리는 생물이 그때그때 환경에 적응하는 것이야말로 자연의 설계자인 신이 존재한다는 증거라고 했다.

---

[1] 참조: H. KÜNG, *Menschwerdung Gottes. Eine Einführung in Hegels theologisches Denken als Prolegomena zu einer künftigen Christologie*, Freiburg 1970, TB-Ausgabe München 1989.

[2] 참조: C. DARWIN, *On the Origin of Species by Means of Natural Selection*, London 1859; dt.: *Über die Entstehung der Arten durch natürliche Zuchtwahl*, Stuttgart 1860.

동시에 종種의 불변성을 굳게 믿었다. 고양이는 고양이만 낳고, 개는 개만 낳으니, 이는 경험이 확실히 보증하는 것이었다. 다윈의 혁명적 진화론은 바로 이 종의 불변성에 문제를 제기했다. 그것은 진화의 '사실'과 '방법'이라는 두 가지 근본 통찰에 근거하고 있다. 초기 연구에서 이미 사전 작업을 마쳤고 이제 철저히 숙고되는 이 근본 통찰은 **변이**와 **선택**으로, 외부적 창조자의 개입을 필요로 하지 않는다.

  1. 변이: **동식물의 종은 변할 수 있다**. 성경의 기록과 달리, 동식물은 독립적으로 창조되지 않았다. 불변성이론이 가정하듯 변하지 않는 것도 아니다. 유사 종과 종 내 변화가 확인된다. 사육 상태와 자연 상태에서의 연구 결과, 종들은 다른 종들에서 유래한다는 것이 밝혀졌다. 그 '다른 종'들은 대부분 멸종되었지만 일부는 화석 증거로 남아 있다.

  오스트리아 아우구스티누스 수도회 아빠스였던 그레고어 요한 멘델(1822~1884)은 어떻게 유전적 변화(돌연변이)가 일어나는지 밝혀냈다. 그는 잡종식물 13,000 샘플의 교배와 인공수정을 통해 '멘델의 법칙'을 정립할 수 있었고, 이 법칙은 그 후 계속 통용되었다. 그러나 우리가 유전형질의 구조에 대해 더 많이 알게 된 것은 현대 분자유전학을 통해서였다. 유전자 재조합과 유전자 '복제' 과정에서의 작은 실수가 생명체의 변이를 초래한다는 것을 알게 된 것이다.

  2. 선택: **생존경쟁**은 **자연선택**(자연도태)을 야기한다. 환경에 가장 잘 적응하는 종만 살아남는다(적자생존). 한 생물 종 내의 사소하고 우연한 유전적 차이 때문에 생존과 번식의 기회가 달라진다. 종의 변이는 유전법칙에 따라 증가하고 누적된다. 환경에 잘 적응하지 못하는 종은 '사멸한다'. 이것이 자연의 생존 원리다. 수백만 년에 걸친 진화의 역사에

서 자연은 오직 인과율에 따라 발전해 왔다. 애초부터 정해진 목표와 목적은 없었다. 단순한 형태에서 복잡한 형태로, 형태·크기·힘·색·생존 기술·생리·행태를 달리하며 발전해 왔을 뿐이다. 고립된 동물들이 독자적 진화 과정을 거치면서 최초 상태의 동족과 생식하지 않은 경우도 있다. 이때 혈통은 두 종으로 나뉜다.

다윈에 앞서 사전 작업을 한 사람들로는, 진화철학자 허버트 스펜서(1820~1903)[3] 외에도 영국의 목사이자 고전파 경제학자인 토머스 맬서스(1766~1834)가 있다. 그는 『인구론』[4]에서 인구 증가와 식량 공급 간의 상위相違에 관한 이론을 전개했는데, 이에 따르면 절제를 통한 산아제한이 이루어지지 않고는 인구 과잉과 대량 빈곤이 불가피하다는 이론이다. 생존경쟁의 원인은 식량 부족이다.

결국 변이와 선택이 진화의 요인이다. 다윈은 이 이론을 동·식물계 전반에 적용하고, 자연선택에 대한 자신의 생각을 발전시킨다. 그렇다면 이것은 인간에게 무엇을 의미하는가?

### 1.2. 인간은 동물계에서 유래했다

다윈은 독자적 관찰에 근거한 귀납적·경험적 방법으로, 생물지리학·고생물학·발생학·형태학적 데이터를 총망라하여 자신의 진화론을 명백하고도 보편적으로 납득할 수 있는 이론으로 정립하는 데 성공했다.

---

[3] 참조: H. SPENCER, *The Principles of Psychology*, London 1855; H. SPENCER, *First Principles*, London 1862, *A System of Synthetic Philosophy*, vol.1.

[4] 참조: T.R. MALTHUS, *An Essay on the Principles of Population*, Bd. I-II, London 1978.

- **생물지리학**: 유사 종이 인접 지역에서 빈번하게 출현한다. 같은 조상에서 유래했기 때문이다.
- **고생물학**: 유사 종의 화석이 인접 지층에서 빈번하게 발견된다. 진화 단계에서 혈연 관계를 형성했기 때문이다.
- **발생학**: 동물들의 발달 단계는 유사하다. 배아가 그들 조상의 형태를 드러내는, 동물의 미발달 단계이기 때문이다.
- **형태학**: 동물은 해부학적 구조의 유사와 상이에 따라, 종·속屬·과科·목目·계界로 분류된다. 새로운 분자생물학은 모든 유기체가 한 특수한 분자의 두 형태로 이루어지며(DNA와 RNA) 이것이 생물의 계통을 확정한다는 것을 확인했다.

식물학과 동물학을 **생물학**, 즉 생명에 관한 보편과학으로 처음 통합한 것이 바로 다윈의 진화론이다.

어떻게 **고생대**에 다세포생물에서 무척추동물과 육지식물, 어류·양서류·곤충류가 차례로 생겨났는지, 어떻게 **중생대**에 침엽수와 원시 조류와 공룡이 발달했는지, 어떻게 포유류와 종자식물이 **신생대**를 지배하기 시작했는지, 어떻게 이 시기에 호모 에렉투스가 나타났는지, 호모 사피엔스는 어떻게 호모 에렉투스에서 진화하여 아프리카에서 전 세계로 퍼지게 되었는지, 마침내 생물학은 설명할 수 있게 되었다.

다윈이 후기 저작 『인간의 유래』[5]에서 진화론을 **인간에 적용**하자 진화론은 폭발적 파급효과를 드러냈다. 인간도 신체 구조와 배아 발달에

---

[5] 참조: C. DARWIN, *The Descent of Man and Selection in Relation of Sex*, London 1871; dt.: *Die Abstammung des Menschen und die geschlechtliche Zuchtwahl*, Stuttgart 1871.

따라 변할 수 있다. 인간은 초기 하등생물의 후예로 입증되었다. 그렇다면 인간도 생물학적 진화의 자연적 산물이다. 다만 인간이 그들에 비해 생존경쟁에서 더 잘 살아남았을 뿐이다. 이러한 인식을 바탕으로, 원시세포에서 인간에 이르는 진화를 포괄적으로 설명함으로써 다윈은 '**생물학의 코페르니쿠스**'가 되었다. 사랑하는 딸의 죽음을 견딜 수 없었던 그는 만년에 종교적 불가지론자不可知論者가 되었다.[6]

신학과 교회는 어떤 반응을 보였는가? 지난 200년 동안 '갈릴레이 사건'에서 그나마 배운 바가 있었을까?

## 2. 신학의 저항

진화론은 19세기의 세계관을 들쑤셔 놓았고 누군가에게는 오늘날까지도 그러하다. 보수적 그리스도인, 신학자, 성공회와 가톨릭과 개신교 성직자들이 성경과 전통에 명백히 어긋나는 이 새로운 학설에 어떻게 저항했는지 우리는 잘 알고 있다.

### 2.1. 난감해진 성공회

17세기, 제임스 어셔 성공회 대주교는 성경의 연대를 면밀히 조사하여 기원전 4004년 10월 23일을 천지창조일로 산정했다. 또 다른 성공

---

[6] 진화론의 현대적 이해: E. MAYR, *One Long Argument*, Cambridge/Mass. 1991; dt.: … *und Darwin hat doch recht. Charles Darwin, seine Lehre und die moderne Evolutionsbiologie*, München 1994; E. MAYR, *Toward a New Philosophy of Biology*, Cambridge/Mass. 1988; dt.: *Eine neue Philosophie der Biologie*, München 1991.

회 주교 새뮤얼 윌버포스가, 1860년 영국 과학진흥협회 모임에서 생리학자며 발생학자이자 자칭 '다윈의 불독'이던 토머스 헉슬리에게 던진 질문은 유명하다. "당신 조부모 중 어느 쪽이 원숭이에게서 나왔는지요?" 더 유명한 것은 헉슬리의 대답이다. "진리를 직시하지 않는 주교보다는 차라리 원숭이가 내 조상이었으면 좋겠소."

당시나 지금이나 다윈의 진화론에 대한 주된 반론은, 이 혁명적 이론이 **신앙과 도덕, 종교 전반에 미칠 중차대한 결과**를 간과해서는 안 된다는 것이다. 창조가 탈신성화되어 목적·목표·의미를 잃은 하나의 과정으로 전락하는 것은 아닐까? 만물의 영장인 인간이 신의 모상 아닌 원숭이의 모상으로 퇴위되는 것은 아닐까? 맹목적 생존경쟁이 인간적 유대를 대체하여 인륜이 붕괴되는 것은 아닐까? 신이 쓸모없어지는 것은 아닐까? 세계의 진화 과정에서 신이 설 자리가 있을까?

물리학과 천문학의 새로운 지식에 직면했을 때처럼, 사람들은 제대로 알려고도 하지 않고 성경의 가르침과 특정한 자연과학 이론을 동일시했다. 다윈의 반대자들은 이른바 전통적 성경 신앙의 견고한 반석 위에서 유해한 '진화주의'의 격랑에 완강히 대항했고, 성경과 전통에 부합하는 '고정주의'를 옹호했다. 성공회를 비롯한 교회들이 활용한 무기는 갈릴레이에 대항하던 시절과 같은 것이었으니, 그것은 책·팸플릿·논문·풍자화 그리고 무엇보다 설교와 교리 교육이었다.

## 2.2. 제2의 갈릴레이 사건

가톨릭교회가 다윈 사건에 대처하는 방식은 갈릴레이 사건만큼이나 대증對症적이었다. 『종의 기원』 출간 이듬해이자 독역본이 출간된 해인

1860년, 독일 주교회의는 쾰른 관구 공의회에서 다음과 같은 설명으로 진화론을 공식 반대했다: 인간의 육신이 진화를 통해 고등동물 종에서 유래했다는 것은 성경에 위배되므로 가톨릭 교의와 일치할 수 없다. 따라서 거부되어야 한다.[7] 대다수 가톨릭 신학자들과 로마의 교도권이 노선을 함께했다. 이 점에서 독일의 대표적 다윈 추종자인 에른스트 헤켈이 1866년 자신의 주저 『유기체의 일반 형태론』 표지에 "그래도 지구는 돈다"(E pur si muove!)라는 갈릴레이의 저항적 독백을 모토로 실은 것도 이해가 간다.[8] 1870년 제1차 바티칸 공의회가 교황 수위권과 무류성을 공포한 이듬해인 1871년 다윈의 『인간의 유래』가 출간되었다 — 중세적·반근대적 패러다임에 고착된 로마의 낙후성이 이보다 더 선명하게 부각될 수는 없었을 것이다!

그 후 수십 년 동안 로마 가톨릭교회 조직 내에서는 새롭게 대두된 문제들과의 진지한 학술적 토론 대신 탄압과 종교재판이 빈번히 자행되었다. 교황 비오 10세(1903~1914) 치하에서 신학적 이단자들은 위협받고, '근대주의자'로 차별받고, 저서를 몰수당했으며, 심지어 파문 조치와 함구령이 내려지기까지 했다.

20세기 중엽에 이르러 로마는 과학적 성과와 설명의 점증하는 위력에 어쩔 수 없이 굴복한다. 『종의 기원』 출간 100주년을 멀찍이 바라보

---

[7] Kölner Partikularkonzil von 1860, in: *Collectio Lacensis* V, 292; 참조: 창세기의 역사적 성격에 관한 1909년 교황청 성서위원회의 답변 "peculiaris creatio hominis" (Denzinger, *Enchiridion* 2123)와 신학자 개개인의 학설에 관한 소송(바티칸에서 용의주도하게 수집한 소송 기록들은 유감스럽게도 지금까지 일체 공개되지 않고 있다).

[8] 참조: E. Haeckel, *Generelle Morphologie der Organismen. Allgemeine Grundzüge der organischen Formen-Wissenschaft, mechanisch begründet durch die von Charles Darwin reformierte Deszendenz-Theorie*, Bd. I-II, Berlin 1866.

는 1941년, 교황 비오 12세는 교황청 과학원 회원들에게 한 인사말에서, 인간 생명이 동물 선조에게서 유래했다는 것은 증명된 사실이 아니므로 후속 연구들을 기다려야 할 것이라고 주장했다.[9] [교황 바오로 6세의 인구 조절 관련 회칙 「인간 생명」Humanae vitae(1968)과 은근히 비교된다.] 1950년에야 비오 12세는 (전 노선에 걸쳐 반동적인) 경고투성이의 회칙 「인류의 기원」Humani generis에서 이 "시대의 오류"를 마지못해 인정하는 자비를 베푼다. 즉, 아직 밝혀지지 않은 인간 육신의 진화에 대한 과학적·신학적 연구를 계속해도 되지만(물론 조건부로!), 신이 손수 인간 영혼을 창조했고 모든 인종은 한 쌍의 인간에서 기원했다는 인류 일원설은 고수되어야 하고, 그 밖의 경우는 교도권의 판단에 따라야 한다는 것이었다.[10] 몇 주 후인 1950년 11월 1일, 교황은 성모 승천이라는 '무류 교의'를 장엄하게 선포한다! 이 교의는 자연과학자들에게만 불가해한 것이 아니었다. 성서적 근거도, 초세기 그리스도인들의 증언도 없다. 당시 추앙받던 교황이 동시에 신학자들을 어떤 식으로 가혹하게 숙청했는지 나는 비망록에 기록해 두었다.[11] 같은 맥락에서 테야르 드 샤르댕에 대해서도 할 말이 있다.

---

[9] Pius XII., Allocutio ineunte anno Pontificiae Academiae Scientiarum vom 30. November 1941 (Denzinger, *Enchiridion* 2285). 오늘날의 교도권에게는 불편한 이 텍스트는 (다른 텍스트들과 함께) 덴칭거 최신 판본에서는 게재가 금지되었다. 이것이 내가 (비오 12세 시절의) '고전' 판본을 인용한 이유다.

[10] Pius XII, Litterae Encyclicae *Humani generis* vom 12. August 1950 (Denzinger, *Enchiridion* 2327).

[11] 참조: H. Küng, *Erkämpfte Freiheit. Erinnerungen*, München 2002, TB-Ausgabe 2004 (Serie Piper 4135), Kap. III: Durchbruch zur Gewissensfreiheit.

### 2.3. 프로테스탄트 교회의 창조론

역사적으로 로마 교황청이 공공연히 혹은 비밀리에 종교재판을 자행해 왔듯이, 미국 남부 주에 만연한 **프로테스탄트 근본주의**가 꼭 그랬다. 신학교 교수와 교회 계통 사립학교나 주립학교 교사들이 주로 당했다. 가장 유명한 예가 1925년 테네시 주 데이턴 시에서 미국 근본주의자들이 갑자기 진화론 논쟁에 불을 붙여 벌어진 **'원숭이 재판'**이다. 이 재판에서 생물 교사 스콥스는 다윈에 따라 인간이 동물계에서 유래했다고 주장한 혐의로 유죄판결을 받았다. 그러나 1981년 미국의 아칸소 주가 법적으로 '창조론'을 제도 교육에 도입했으나, 이 법안은 제2의 '원숭이 재판'을 통해 파기되었다. 유사한 루이지애나 주 법안도 1987년 미 연방 대법원에서 패소했다.

진화론을 옹호하는 신학자가 확실히 증가하는 추세다. 그러나 20세기 초부터 반대론자들 가운데 로마 가톨릭 통합주의자들이 프로테스탄트 근본주의자들에 가세하기 시작했다. 프로테스탄트 근본주의자들은 교황의 무류성은 반대하지만, 성경의 무류성은 찬성했다. 그들도 근대 자연과학의 세계상이 중요한 부분에서 성경의 세계상에 모순되므로 거부되어 마땅하다고 여겼다. 인간은 신의 모상으로 창조되었지만 타락하여 원죄에 매여 있다는 것이 그리스도교의 전통적 인간상이다. 그러나 새 학설에 따르면 처음에 원숭이에게서 유래한 원시인만 있었고, 이 존재는 참된 신을 알지 못했기에 원죄를 범할 능력도 없었다.

이 점에서 성경의 무류성은 근대 자연과학과 철학과 역사비평적 성서 해석의 위협으로부터 (수비만 하든지 역공을 취하든지) 어떻게든 지켜져야 했다.

프로테스탄트, 로마 가톨릭, 유대교를 막론하고, 오늘날까지도 **근본주의자들**은 과학적 기원과 진화 사상을 거부한다. 진화 사슬에서 연결고리가 빠져 있기 때문에 검증도 반증도 불가능하다는 이유다. 그들은 근대의 역사비평적 성서 해석도 강하게 배척한다. 소위 '모세 오경'의 저자가 모세라는 것을 의심해서도 안 되고 성경의 하느님 말씀이 다양한 출처로 흩어져서도 안 된다. 이런 근본주의자들 중에는 아직도 많은 이가 성경의 계보를 근거로 계산하여 창조 시점을 기원전 4004년으로 믿고 있다. 지구와 우주의 나이가 고작 만 년도 안 된다는 얘기다.

로마 검사성성이 갈릴레이(와 기타 인사들의) 재판 때문에 불명예를 자초했듯이, 프로테스탄트의 **'창조론자'**들도 꼭 그랬다. 다양한 종교의 근본주의자들이 함께 저항하는 것을 보면, 다윈 사건이 21세기에도 끝나지 않았다는 것은 놀랄 일도 아니다. 지금도 미국의 31개 주에서는 진화의 역사를 학교에서 어떻게 가르쳐야 할지에 대한 법적 논쟁이 벌어지고 있다. '원숭이 재판'은 아직 끝나지 않았다. 2001년 2월의 갤럽 여론조사에서 미국 성인의 약 45%가 '신이 인간을 지금 모습대로 만 년 전쯤에 창조했다'는 견해에 동의했다. 그러나 재판·규정·금지보다 더 큰 영향력을 발휘한 것은 무엇인가? "그들이 무엇을 믿든, 근본주의 학부모들의 화를 모면하려는 교사들이 이 주제를 기피하는 것이 아마 진화 반대 캠페인의 가장 교활한 결과였을 것이다. '고등학교 생물 교사들'을 대상으로 한 새로운 여론조사를 통해 이것이 전체 미국 교사들에게 보편적으로 해당된다는 사실이 확인되었다."[12]

---

[12] S. JACOBY, How U.S. Fundamentalism Survived, in: *International Herald Tribune*, 20 Jan. 2005.

그저 '미국이 단순해서' 그런가? 천만의 말씀이다! 스위스의 여론조사 기관 IHA-Gfk가 2002년 11월에 실시한 한 여론조사에 따르면, 독일어권에서도 약 2천만 명이 다윈의 진화론을 믿지 않았다. 수백만 미국인뿐 아니라 유럽인들도 생물학 수업이나 책을 통해 진화론을 제대로 진지하게 다루는 것을 보지 못한 것이 아닌가 한다.[13]

그동안 신학도 신이 온 세상을 직접 창조했다는 주장에서 한발 물러섰다. 처음에는 (동물계에서 유래한 것이 아닌) 인간 육신의 직접 창조를, 다음에는 (육신과 다른) 영혼의 창조를, 그리고 오늘날에는 결국 전 세계와 인간의 진화 전반에 대한 신의 직접적 개입을 포기한 것이다. 끊임없이 반복된 (신학의) 방어와 후퇴 전략은 가톨릭 젊은이들이 '신앙에 유해한' 생물학 공부를 못 하도록 수십 년 동안 방해해 왔다. 이로써 "수천 가지 제약이 제거됨에 따라 '신이라는 가설'도 조금씩 죽어 갈 것"[14]이라는 영국의 철학자 앤터니 플루의 확신은 유감스럽게도 정당성을 인정받았다.

이런 태도가 신에 대한 신뢰성 있는 믿음인가? 신에 대한 믿음이 점차 뿌리째 의문시되는 것도 놀랄 일이 아니다.

---

[13] 이 여론조사를 최근 연구 결과인 D. QUAMMEN, Lag Darwin falsch? Nein! Die Belege für die Evolution sind überwältigend, in: *National Geographic/Deutschland*, Nov. 2004, 86-119와 비교해 보라.

[14] A. FLEW, Theology and Falsifications (1950), in: *New Essays in Philosophical Theology*, ed. A. FLEW and A. MACINTYRE, London 1955, 96-130, 인용: 97.

## 3. 신 없이? 신과 함께?

오귀스트 콩트(1798~1857)는 19세기 프랑스 철학자이며 '실증주의'의 명명자다(1부 5장). 그는 6부작 『실증철학 강의』[15]에서 세계사를 헤겔처럼 절대 정신의 역사로 보지 않고, 그가 진보의 새로운 단계에 있다고 여긴 인류의 역사로 기술하려 했다.

### 3.1. 신 없는 진보: 콩트

콩트에 따르면, 인류는 실증성의 정도에 따라 신화·형이상학·과학에 이르기까지 세 단계로 발전한다. 첫째는 병영사회에서의 신학적·가정적 신화 형성 단계요, 둘째는 법률 지향적 사회에서의 추상적 형이상학 단계이며, 셋째는 산업사회에서의 실증적 사실과학 단계다. 이로써 콩트는 전통적 신을 대체하되, 로베스피에르가 프랑스혁명 2년 뒤 '최고 존재'(Être suprême)로 선포한 '이성'(Raison)이 아니라, '위대한 존재'(Grand Être), 즉 매우 포괄적인 의미의 **인류**로 대체한다. 신과 신의 섭리의 자리를 이제 '인간'과 인간의 '위대성'이 차지했다. 이 철두철미한 근대적 인간은 예견하기 위해 통찰하고, 계획하기 위해 예견하며, 세계를 지배하기 위해 계획한다.

오귀스트 콩트, 이 오만한 실증주의적 세계관의 선포자는 심지어 자신을 새로운 세속 교회의 대사제로 여기고 **신 없는 새 종교**를 창시하려고까지 했는데, 그 조직과 위계와 예식은 가톨릭교회를 모방한 것이었

---

[15] A. COMTE, *Cours de philosophie positive*, 6 Bde., Paris 1830~1842 참조.

다. 그는 반민주적·권위적 교황 이데올로기의 주창자 조제프 마리 드 메스트르의 영향을 처음부터 강하게 받았다. 이 사람은 1870년 제1차 바티칸 공의회에서 교황에 관한 두 교의(재치권의 수위권과 무류성)를 정의 내리는 데 정신적으로 기여한 바 있다. '극과 극은 통한다!'(Les extrêmes se touchent!). 물론 (소규모 실증주의 협회를 제외하면) 콩트의 '교회'는 세워지지 않았다. 이 그리스도 없는 가톨릭은 학파도 형성하지 못했다. 그가 죽은 후 겨우 한 줌의 지인들만 장례 행렬을 따랐을 뿐이다. 후대의 엄밀한 연구는 헤겔의 경우처럼 체계를 강요하는 콩트의 역사 구조를 인정하지 않았다.

그러나 실증주의 정신은 계속 확산되었다. 헤겔 이상으로 콩트는, 다가올 기술 만능 시대의 실증주의적 토대를 남들보다 더 분명하고 체계적으로 구축함으로써 새 시대의 예언자로 자임했다. 인류의 결정적 진보와 새롭고 더 나은 사회질서를 선도하는 역사의 필연적 동력은 과학과 기술이었다. 물론 이것은 과학적 근거가 확고한 견해라기보다는 과학·기술에 대한 맹신, **과학만능주의**에 가깝다(이 풍조가 오늘날 심하게 동요하고 있다는 것은 1부 5장에서 상론했다). 사실, 생존의 터전을 파괴한 일차적 책임이, 흔히 말하듯, "땅을 지배하여라"(창세 1,28)라는 구절에 있는 것은 아니다(이는 신법하의 지배권 위임으로, 당연히 양육의 사명을 수반한다). 근본적인 책임은 근대과학과 기술을 도구 삼아 지구를 무차별 착취한 데 있다. 어쨌든, 원유·자원·핵·환경 위기의 시대에 기술을 통한 인류의 영원한 진보를 믿는 사람은 순진하다. 이로써 세계 지배를 노리는 콩트의 사회학적 실증주의도 의문시되었다. 이 실증주의가 논리적 변형을 거치면서도 유지될 수 없었음은 빈 학단과 관련하여 살핀 바 있다.

다행히 20세기 수학과 자연과학에서 종교 없는 과학과 신 없는 진보에 대한 대안을 강구한 사상가들이 나타났다. 이들은 신을 바로 진보 속에서 찾았고, 신 자체를 발전의 과정으로 보려 했다. 콩트의 대척점에서 프랑스 예수회원 테야르 드 샤르댕과 영국 철학자 앨프리드 노스 화이트헤드는 각자의 방식으로 진보의 독창적 비전을 발전시켰다.

### 3.2. 신을 향한 진화: 테야르 드 샤르댕

탁월한 지질학자이며 고생물학자인 테야르 드 샤르댕(1881~1955) 신부의 연구 분야는 자연과 우주의 진화였다. 그는 자연과학적 인식을 신학적 사유와 조화시키는 일을 자기 필생의 과업으로 여겼고, 앙리 베르그송(1859~1941)의 영성적 생철학, 특히 '창조적 진화' 혹은 '생의 약진'에 관한 사상에서 깊은 영향을 받았다. 테야르에게 자연이란, 수십억 년 동안 한 발씩 전진하면서 점증하는 물질의 복잡성과 내면화를 통해 자기완성에 이르는 거대한 발전 과정이었다. 그에게 신은 창조의 근원이자 목표만이 아니었다. 신은 스스로 진화 속에 있으면서, 소립자와 광활한 우주 공간에서부터 식물계와 동물계의 '생명권역'을 넘어 인간의 '정신권역'에 이르는 진화에 동참한다.

테야르의 세계관에서는 인간도 아직 완전하지 않다. 인간은 생성되어 가는 존재다. 인간화, '인간 발생'은 아직 완결되지 않았다. '인간 발생'은 '그리스도 발생'을 향해 나아가며 '그리스도 발생'은 그 미래적 충만, '오메가 포인트'에서의 '플레로마'*Pleroma*(충만)를 향해 나아간다. 인간의 개인적·집단적 모험은 여기서 끝나고 세계의 완성과 신의 완성이 이곳에서 수렴한다.

이러한 '충만화', 우주와 인간의 발전은 보편적 우주 그리스도 안에서 전진하고 상승하며 정점에 이른다. 테야르에게 신의 실재와 세계의 실재는 그리스도의 인격 안에서 통합된다. 이 모든 것이 그에게는 당연히 순수 이성의 비전이 아니라 인식하는 신앙의 비전이었다. 『나는 어떻게 믿는가』에서 그는 이렇게 고백한다. "나는 우주가 하나의 진화라는 것을 믿으며, 이 진화가 영靈을 목표로 노력한다는 것을 믿으며, 이 영이 인격 안에서 완성된다는 것을 믿으며, 최고의 인격은 보편적 그리스도라는 것을 믿습니다."[16]

테야르는 그리스도 안에서의 신의 육화가 지니는 진화적·우주적 의미를 받아들이는 신비가다. 과학자들은 그의 이런 대담한 자연과학적 가설을 따르지 않을 것이고, 신학자들은 그의 일방적인 신학적 견해들이 과장되었거나 (예수의 삶과 십자가에 관해서는) 미흡하다고 생각한다. 오늘날 양측은 무엇보다 (고통과 악의 문제에 대해 깊이 고민하지 않는) 그의 낙천주의, 진보에 대한 맹신 그리고 '오메가 포인트'를 향한 방향 설정에 거부감을 가진다. 어찌되었든, 테야르 드 샤르댕은 충분하지는 않으나 기릴 만한 공적을 쌓았다. 신학과 자연과학을 독창적 사유로 아우르고, **공동의 문제에 대한 각성을 촉발시킴으로써 자연과학자와 신학자를 화해시킨** 최초의 인물이었다. 그에게는 진화의 종교적 의미와 종교의 진화적 영향력이 중요했다. 그는 성경과 자연과학 사이의 피상적 '일치주의'(과학적 개념과 구약성경의 기록이 일치하거나 병존 가능하다는 구약 해석학적 견해 — 역자 주)를 택할 만큼 단순한 사람은 아니었다. 그

---

[16] P. TEILHARD DE CHARDIN, *Comment je crois* (1934), in: Œuvres de Pierre Teilhard de Chardin, Bd. X, Paris 1969, 115-52, 인용: 117.

건 로마가 선호하는 것이다. "인식의 차원과 원천들을 마구 뒤섞어 불안정하고 **기괴한** 형태를 만드는 유치하고도 미성숙한 화해를 시도하기는"[17] 결단코 싫었다. "긍정적으로 완벽히 구성된 전체"가 가시화되고 "그 안에서 부분들이 서로를 지지하며 보완할 수 있도록",[18] 심원한 근거를 지닌 '통일성'을 원했다.

신의 창조라는 고정된 해석의 결과, 로마 당국자들은 수십 년 동안 다윈의 진화론에 반대하여 '**고정주의**'와 '**일치주의**'를 내세우는 '**창조 이데올로기**'에 고착되어 있었다. 그것은 대개 『성경 사전』*Dictionnaire de la Bible*으로 표출되었다. 따라서 1926년, 로마의 압력을 받은 예수회 장상들이, 1899년 18세의 나이로 예수회에 입회한 테야르의 파리 가톨릭 신학대학 교수직을 박탈했다는 것은 놀랄 일도 아니다. 그 후 그들은 그의 모든 철학적·자연과학적 저술을 탄압했을 뿐 아니라 1947년에는 어떤 철학적 주제도 더 다루지 못하도록 명령했다. 테야르는 완전히 고립되었다. 1948년에는 콜레주 드 프랑스의 교수직 수락을 금했고, (비오 12세 회칙 「인류의 기원」이 '발효된') 1951년에는 그를 유럽에서 뉴욕의 웨너 그렌 재단 부설 연구소로 추방했다. 그가 선종한 1955년에조차 국제 고생물학회 참석을 불허했다. 그는 부활 대축일에 선종했다. 허드슨 강변, 뉴욕에서 160km 떨어진 예수회 신학원 공동묘지에 매장될 때, 몇몇 우연한 조문객만 그의 마지막 가는 길을 동행했다. 뉴욕에서 객원 학기를 보내던 1968년, 나는 테야르의 무덤을 어렵사리 찾을 수 있었다.

---

[17] 같은 곳.
[18] P. TEILHARD DE CHARDIN, *Comment je vois* (1948), in: Œuvres, Bd. XI, 182.

퀴에노가 작성한 그의 저술 목록에는 380여 편이 수록되어 있다. 테야르는 생전에 오직 전문 과학 논문만 출판할 수 있었다. 그는 일생 동안 단 한 권의 주저도 출간되는 것을 보지 못했다. 테야르가 판권을 수도회 아닌 자기 동료에게 유증遺贈하여 명망 있는 인사들로 구성된 국제 위원회가 출간했기 때문이다.

선종 2년 후인 1957년 12월 6일에 검사성성의 교령이 선포되었다. 도서관에서 테야르의 저작 일체를 말소하고, 가톨릭 서점에서 판매하지도 말 것이며, 외국어로 번역해서도 안 된다는 내용이었다.[19] 모든 기록에서 이름을 삭제하고 기억에서 지워 버리는 이 형벌을 고대 로마인들은 '기억에 대한 단죄'(Damnatio memoriae)라 불렀다. 가톨릭교회와 신학에서 테야르의 저작이 실질적으로 인정받은 것은 제2차 바티칸 공의회 이후였다. 그래도 그의 이름을 입에 올린 교황은 아직 없다. 화해의 저작을 남긴 테야르에게 교회 당국은 오늘날까지도 고마워하지 않는다. 스트라스부르 교구 엘칭거 대주교의 용기 있는 연설에도 불구하고, 제2차 바티칸 공의회조차 테야르 사건과 갈릴레이 사건에서의 오심과 박해와 모략에 대한 명예회복을 명확히 결의하지 못했다.

**로마 체제에서 반대자 박해의 풍조**는 오늘날까지 사라지지 않았다. 이 점, 여러 면에서 옛 소련과 다르지 않다(사하로프 사건!). 저 신학 사상가 테야르가 겪은 고난의 역사도 이 부끄러운 정신의 빈곤을 증명한다. 그러나 '정치적 신학자' 존 메츠도 비판적 철학자 위르겐 하버마스도,

---

[19] 테야르 드 샤르댕(과 화이트헤드) 문제에 관해서는, 튀빙겐 대학 박사 과정 콜로퀴움에서 이 두 학자를 주제로 카를 슈미츠모어만 교수가 발표한 내용에 힘입은 바 크다. 나와 동갑인 그는 테야르 저작의 독일어 번역본 발행과 테야르 일기의 프랑스어판 발행에 지속적으로 헌신하다가 안타깝게도 일찍 세상을 떠났다.

공개 토론 석상에서 이토록 심각한 비그리스도교적 현상에 관해 신앙 교리성 장관 요제프 라칭거(현 교황 베네딕도 16세)에게 감히 지적할 엄두를 내지 못했다. (최근 가장 중요한 사건은 유력한 예수회 잡지 『아메리카』*America*의 편집장 토머스 리스의 해임이다).[20] 이제 좀 더 행복한 삶을 살았던 한 인물에게 눈을 돌려 보자.

### 3.3. 과정 중의 신: 화이트헤드

케임브리지의 위대한 수학자·논리학자·철학자 화이트헤드(1861~1947)는 제자 버트런드 러셀과 함께 기념비적 저작 『수학의 원리』*Principia mathematica*를 출간했다. 그 후 과학철학으로 선회하여 (하버드 대학 재임 시) 과정철학이라는 하나의 포괄적 형이상학 체계를 구상했다.

헤겔 철학에서 크게 영향받은 화이트헤드는, 테야르 드 샤르댕처럼 **전 자연을 하나의 거대한 과정**으로 이해했다. 그 안에는 무한히 많은 작은 단위들('실체'가 아니라 '사건'의 사슬, 훗날의 표현으로는 '실제적 사건들')이 다른 것들과 활동적 관계를 맺고 무한히 많은 작은 생성 과정 안에서 함께 성장한다. 화이트헤드 덕분에 현대인은 완전히 새로운 방법으로 자연의 역동성을 자각하게 되었다. 시간의 실재성(상대성이론)과 새로운 것의 가능성과 실재 전반의 역동적 특성을 새삼 진지하게 받아들이게 된 것이다. 테야르가 자연의 역동성을 다양한 일련의 발전 단계로, 선형으로 '상승하는' 점증적 진화로 파악했다면, 화이트헤드는 모든 가능한 형태 안에서 약동하는 생명으로 이해했다. 그것은 목표 없는 과정, 창조

---

[20] 참조: 2005년 5월 20일 자 *National Catholic Reporter*의 커버 스토리 "The Big Chill".

적 전진, 정점 없는 무한 시간이다.

화이트헤드의 주저 『과정과 실재』[21]는 복잡한 철학 체계를 담고 있다. 그는 임의로 설정한 45개 범주를 가지고 작업했다. 존재 범주 8개, 범주적 의무 9개, 설명 범주 27개, 궁극 범주 1개다. 이때 수학과 물리학, 그리스 철학과 근대철학의 풍요한 통찰들을 인상적으로 활용한다.

물론, 화이트헤드가 (유기체와 무기체, 정신과 육체 같은) 근본적으로 상이한 종류의 실체(entity, Entität)들이 아니라, 모든 존재자에 대해 동일한 보편적 특성을 상정한 것은 비판의 여지가 있다. 그는 생물학적·물리학적 과정을 설명하는 데도 ('감정' 등의) 심리적 개념을 일반화시켜 사용했다. 그렇다면 그의 체계 내에서는 돌에도 '감정'이 있다. 그가 '범심론汎心論'을 주장하거나 '만물에 영혼을 불어 넣으려' 한 것은 아니다. 그러나 (생리적·심리적·도덕적·미적·종교적 경험을 포함한) 모든 다양한 경험이 동일한 근본 원리의 발현이라는 것을 납득하겠는가? 양성자에서 인격에 이르는 과정이, 본질적 차이는 없고 기껏 정도의 차이만 있는 사건의 연속이란 말인가?

화이트헤드는 무엇보다 '형이상학적 합리화'를 통해 현대적 **신 개념**을 이해시키고 싶었다. 비인격적 질서(절대적 내재성)라는 동양적 개념도, 인격적 존재라는 셈 족의 신 개념(절대적 초월성)도, 세계를 신의 한 존재 단계로 이해하는 범신론적 개념(극단적 일원론)도 당연히 그를 만족시킬 수 없었다. 그리스도교도 이 세 가지 표상을 모두 거부한다.

---

[21] 참조: A.N. WHITEHEAD, *Process and Reality. An Essay in Cosmology* (1929), Neuausgabe New York 1960; dt.: *Prozeß und Realität. Entwurf einer Kosmologie*, Frankfurt/M. 1979.

화이트헤드는 신을 철두철미 '과정 중의 신'으로 이해하고, **신의 생성**을 단순히 주장만 한 것이 아니라 합리적으로 정당화하려고 했다. 그 때문에 신의 본성을 개념적·관념적 '근원 본성'과 물리적·실재적 '후속 본성'의 '쌍극'(dipolar)으로 보았다. "결국" 신은 "그 본성의 합일을 통한 실제 세계의 실현이다 …".²²

나도 지난 수십 년 동안 그리스·스콜라 철학적 신성神性의 자연적 불변성 대신 **역동적 신 이해**²³를 주장해 왔다. 그러나 신과 세계를 영원히 서로에게 속하고 궁극적으로 호환 가능한 존재로 봄으로써 신과 세계의 문제가 정말 해결될 수 있는지, 그리하여 "신이 세계를 창조했다는 것이 참이듯, 세계가 신을 창조했다는 것 또한 참인지" 묻지 않을 수 없다. 비판자들은 화이트헤드의 신 이해가 함축된²⁴ 이 첨예한 '안티테제'에서 강요된 체계를 보았다. 이 또한 창조주 개념에 대한 화이트헤드의 반감에 영향을 준 것 같다. 이 개념은 결코 비합리성, 우연성, 자의성恣意性을 뜻하지 않는다. 어떤 의식도 없는 신의 근원적 본성에 대한 그의 주장 역시 여기에 기초를 두고 있을 테지만, 그러나 이런 주장은 세계 내 의식의 기원을 설명할 수 없다. 결국 미래 세계의 실질적 완성을 경시하는 것도 이와 관련되어 있다. 그 자신이 (매우 선별적으로 인용한) 하느님 나라에 대한 성경 말씀이 진실로 뜻하는 바가 결국 이것이다. 그가 독재적 신 개념을 배척한 것은 옳지만, '고통을 함께하는 신'의 아름다운 모습은 아마 모든 철학적 인식보다 우월할 것이다.

---

²² 같은 책 524.
²³ 참조: H. KÜNG, *Menschwerdung Gottes*, Exkurs IV: Unveränderlichkeit Gottes?
²⁴ 참조: A.N. WHITEHEAD, *Process and Reality*, 528.

미국의 과정철학(화이트헤드의 제자 찰스 하트숀이 대표적이다)과 과정신학(존 코브와 슈베르트 오그던이 특히 탁월하다)이 화이트헤드에게 배운 것은 잘한 일이다. 그러나 그의 체계 자체를 무조건 받아들일 수는 없다. 그의 관심사는 다른 형태로 받아들여져야 한다. 그 때문에 나는 역사적 고찰에 만족하지 않고 선입견 없이 사실적 질문을 던지고 싶다. 오늘날에도 과학자들은 '신'이라는 단어를 입에 올릴 수 있는가? 21세기인은 신을 어떻게 표상하는가, 더 정확히는, (인간이 신을 '표상'할 수는 없으므로) 신을 어떻게 생각하는가?

## 4. 신을 어떻게 생각하는가?

자연과학자들의 **신앙에 관한 여론조사**들은 천편일률적이라 별 도움이 되지 않는다. 1914년과 1933년에 실시한 여론조사에서 심리학자 제임스 류바는, 기도를 통해 신과 소통할 수 있다는 것과 영혼이 불멸한다는 것을 믿는지 물었다. 이런 질문에 '예', '아니오'로 간단히 대답하기란, '프랑스를 지지하는지 반대하는지' 묻는 질문에 대답하기 만큼이나 어렵다. 대학들이, 종교적 근본 문제에 대해서 공식적 입장 표명을 유보하는 '정치적 융통성'을 은근히 권장하는 현상도 간과할 수 없다. 하버드 대학의 진화생물학자가 동료 교수들의 신앙에 관한 여론조사를 통해 그들 모두가 무신론자임을 확인했다면, 이것이 의미하는 바는 무엇일까? 이 경우, 신을 거부하든 다른 형태로라도 받아들이든, 과학자들이 신을 어떻게 생각하는지 더 정확히 되물을 수 있었을 것이다. 사람들이 사실적 신을 거부하는 것이 아니다. 신의 일그러진 이미지를 거부하는 것이다. 이 모습에서는 좀 배웠다는 신앙인이라도 그들의 신을 알아볼 수 없을 것이다.

## 4.1. '신'이라는 말에 대안은 있는가?

자연과학자들은 '신'이라는 말을 부담스러워한다. 물론 '신' 대신 '신성'이나 '신적인 것'이라는 말을 쓸 수도 있다. '신'이라는 이름은 사람의 모습으로 오해되고 정치·상업·군사·교회적 목적에 남용되곤 했다. 그러나 공식 교회 기관들의 악습과 신뢰의 결여 때문에 '신'이라는 말까지 송두리째 버려야 하는가?

가끔 이런 질문을 받는다. "당신은 어떻게 매번 '신'에 대해 말할 수 있습니까? 당신이 받아들이기를 원하는 의미대로 독자들이 그 말을 받아들일 거라고 어떻게 기대하십니까? … 인간의 말 가운데 이 말처럼 남용되고, 오염되고, 모욕받은 말이 또 있습니까?" 차라리 신에 대해서는 침묵해야 하지 않을까? 유대인 종교철학자 마르틴 부버는 이렇게 대답한다.

> 그렇다. 이것은 인간의 말 가운데 가장 부담스럽다. 어떤 말도 그토록 더럽혀지지 않았고 갈가리 찢겨 나가지 않았다. 바로 그 때문에 나는 이 말을 단념할 수 없다. 인간은 고통스런 삶의 짐을 이 말에 떠넘겨 짓눌렀다. 이 말은 속진俗塵을 뒹굴며 그들의 짐을 전부 떠안았다. 종교가 분열되면서 이 말도 갈가리 찢겨졌다. 인간은 이 말 때문에 죽고 죽였다. 이 말에는 인간의 지문과 피가 묻어 있다. 지고至高의 존재를 표현

하는 데 이 말만 한 것을 어디서 찾겠는가! 나는 철학자들 내면의 보고 寶庫에서 가장 순수하고 빛나는 개념을 꺼내겠지만, 결국 거기서는 내가 생각하는 바로 그 존재, 인간들이 삶과 죽음을 걸고 숭배하거나 경멸했던 그 존재의 현존이 아니라 구속력 없는 사유의 이미지만 포착할 수 있을 따름이다. …

부버의 결론은 이렇다.

이 말을 금기시하는 사람들을 존중해야 한다. 그들은 '신'을 끌어들여 권력을 누리려는 불의와 비리에 저항하기 때문이다. 그러나 이 말을 포기하면 안 된다. 이 말을 오용에서 구하기 위해 '궁극의 대상'에 대해서는 당분간 침묵하자는 제의는 얼마나 설득력 있는가! 그러나 **그렇게 해서는** 구원받을 수 없다. 우리는 '신'이라는 말을 깨끗이 씻을 수도 없고 완전하게 할 수도 없다. 하지만 더럽혀지고 찢긴 그대로, 그 말을 땅에서 들어 올려 깊은 근심의 시간 너머 일으켜 세울 수는 있다.[25]

나도 그리 확신한다. 침묵하거나 지금처럼 쉽게 말하는 대신, 오늘날 철학자와 신학자들은 신에 대해 새로이 조심스럽게 말하기를 배우는 것이 중요하다! 자연과학자들 스스로 하는 말을 들어 봐도 그렇다. "나는 유물론자가 아니다. 정신, 초월성, 거룩하고 신적인 것 등, 물질과

---

[25] M. BUBER, Gottesfinsternis. Betrachtungen zur Beziehung zwischen Religion und Philosophie, in: Werke Bd. I: *Schriften zur Philosophie*, München 1962, 505-603, 인용: 508-10.

다른 어떤 것이 분명히 있다. 하지만 나는 자연과학자로서 '저 위에 혹은 저 밖에' 있는 인격 신을 어찌해야 좋을지 모르겠다." 그러므로 '신의 대리자들'은 신에 관한 새로운 형태의 담론을 시도조차 못 하도록 종교재판하듯 막아서는 안 될 것이다. 그래야 유치한 신앙이 성숙할 수 있다. 그래서 묻는다.

## 4.2. 신은 초지상적 존재인가?

자연과학은 신학자에게 혹독한 사유思惟 작업을 요구한다. 신학의 중심 문제에 관한 한, 오히려 신학이 자연과학자에게 약간의 사유 작업을 요구해도 되는 것은 아닌지, 나는 자문한다.

'신'을 **세계에 대한 은유**로 사용하는 물리학자들이 있다. 미국의 천체물리학자 조지 스무트는 우주배경복사('빅뱅'의 메아리)의 동요를 예고하면서 "당신이 종교적인 사람이라면 그것은 신을 바라보는 것과 비슷하다"라고 말했다. 경건하지만 피상적이다. 여기서 신은 세계 혹은 자연에 대한 은유다. 노벨상 수상자 리언 레이더먼의 저서 『신 입자』*The God Particle*도 같은 의미다.

그러나 **신은 우주와 동일하지 않다**고 주장해야 한다! 아인슈타인도 (자신이 선망하는 철학자 스피노자처럼) 신을 자연 혹은 자연법칙과 동일시하지 않았던들, 양자론을 받아들이기가 그토록 어렵지는 않았을 것이다. 신은 **세계 내적 존재**가 아니고 이 세계의 '것'이 아니며, '실재적 사실'에 속하지도 않고 경험으로 확인할 수도 없다. 신은 '세계 존재'가 아니다. 당연히 '인간적인 너무나 인간적인' 의미의 '아버지'나 '어머니'도 아니라는 뜻이다.

그렇다면 신은 **초지상적 존재**인가? 아니다. 구름 위 물리적 하늘에 있는 초지상적 존재가 아니다. 이 단순한 의인화의 표상은 단연코 시대착오적이다. 신은 언어적·공간적 의미에서 세계 '위'에, '초월적 세계'에 거주하는 '지고의 존재'가 아니다.

그렇다면 신은 **외계 존재**인가? 그것도 아니다. 신은 별들의 피안에, 형이상학적 하늘에 있는 존재가 아니다. 이 계몽적 이신론理神論의 표상도 시대착오적이다. 신은 정신적·형이상학적 의미에서 세계 '밖'에, 세계의 피안에, '세계의 배후'에 존재하는 객관화·사물화된 대상이 아니다.

그렇다면 현재의 과학적 의식 수준에서 신에 대해 어떻게 말할 수 있을까 — 예측할 수 없이 넓고 깊어 완전히 알 수 없는 우주의 새로운 비전, 그리고 수십억 년에 걸친 세계와 인간의 진화를 눈앞에 두고?

### 4.3. 영원과 무한으로 둘러싸인 시공간

근본은 바로, **신이 우주 안에 있고 우주가 신 안에 있다**는 것이다. 동시에 신은 세계보다 더 크다. 아우구스티누스에 따라 세계를 영원하고 무한한 신성神性의 바다를 부유하는 해면海綿에 비교할 수도 있다. 세계가 다수 존재한다 해도, 그리스도교 전통에 따르면 신은 '언제나 더 크신 분'(semper maior)이다. 무슬림도 '신은 더 크신 분이다'(Allahu akbar)라는 말로 표현한다.

신은 삼라만상 안에 고립되어 있지 않다. 그분의 **무한성**은 공간을 포함하며 한 장소에 국한되지 않는다. 신은 아니 계신 곳이 없다.

- 신은 **세계에 내재한다**(weltimmanent): 신은 내부로부터 우주를 관통하여 우주에 영향력을 행사한다. 동시에 우주의 운명에 관여하며 우주의 과정과 고난에 참여한다.
- 신은 **세계를 초월한다**(welttranszendent): 신은 우주를 관통하고 넘어선다. 신은 모든 유한한 존재의 구조와 과정을 당신의 무한성 안에 포괄한다. 신은 모든 것을 포괄하는 초경험적 관계의 실재다.

괴테의 시에서 초월성이 배제될 필요는 없다.

> 어떤 신이 있어 오직 밖에서만 밀어,
> 우주를 손가락 끝에서 순환시킬 수 있을까!
> 그에게 어울리는 건, 세상을 안에서 움직이는 것,
> 자연을 자신 안에, 자신을 자연 안에 돌보는 것이니,
> 신 안에 살고 활동하고 존재하는 것이라면,
> 결코 신의 힘을, 그의 영을 아쉬워하지 않으리.[26]

이 무한한 신은 정적이지 않다. 신의 **영원성**은 시간을 포함한다. 이 영원성은 시간을 초월한 것이 아니라, 시간의 모든 부분에 존재한다. 신은 인간과 세계의 역사와 무관한 불변적 선의 이데아(플라톤)도 아니요, '부동의 원동자'(아리스토텔레스)도 아니며, 생명 없는 일자—爲(플로티노스)도 아니다. 신은 초역사적 영역에 거하면서 기적을 통해 역사에 개입하지

---

[26] J.W. von Goethe, *Gedichte*, in: Sämtliche Werke, Zürich 1950, Bd. I, 409.

않는다. 신은 눈속임하는 마술사가 아니다. 신은 역동성 자체이며, 세계를 자신 안에서 창조하고 내면에서 보이지 않게 지탱하고 움직인다.

이렇게 신은 근대의 통일적·역동적 실재 이해의 맥락에서 사유될 수 있다. 신은 실재의 일부로 유한자와 병존하는 (최고) 유한자가 아니다. 신은 만물에 내재하며 파악할 수 없는 '무한 차원'이다. 보이지 않는 수학의 차원이 아니라 **무한 실재의 차원**이다. 일상의 방정식으로는 계산될 수 없다 해도, 수학에서처럼 원칙적으로는 계산될 수 있는 유한 속의 무한이다.

신과 세계, 신과 인간의 관계는 변증법적으로만 표현될 뿐이다. 신은 초월적이지만 내재한다. 영원하지만 시간 안에 있고, 무한하지만 공간 안에 있다. 상대성 안의 절대성이고, 세계와 그 역사의 현실 안에 있는 근원적 신비. 협곡을 잇는 교량에서 모든 것을 떠받치는 건축학적 공식처럼 그리 간단히 확인할 수는 없다. 여기서 당연히 이런 의문이 고개를 든다. 이 무한한 신을 인격이라 부를 수 있을까?

### 4.4. 신은 인격인가?

한 문장으로 대답할 수 없는 물음이니, 세 단계로 나누어 대답하자.

첫째, 신은 **인격 이상이다.** 신을 인격으로 이해하는 것에 아인슈타인이 반대한 것은 진지하게 받아들일 만하다. 아인슈타인이 우주적 이성을 말할 때나, 동양의 현자들이 '하나'(*tad ekam*), '니르바나'*Nirvana*, '공空'(*shunyata*), '절대 무無', '빛나는 어둠'에 대해 말할 때, 이는 개념으로도 표상으로도 포착할 수 없는 절대자의 신비에 대한 외경심의 역설적 표현으로 이해되어 마땅하다. 이것은 신에 대한 너무나 인간적인 '유신론적' 표상에 반대되는 것이다. 불교는 '신'이라는 이름을 거부한다.

신이 인간과 같은 인격이 아니라는 것은 분명하다. 모든 것을 포함하고 모든 것을 관통하는 신은 인간이 거리를 두고 표현할 수 있는 대상이 아니다. 이것이 진실이다. 신은 모든 실재의 근원과 근간이요 믿는 이들의 개별적 실존을 결정하는 근본 목표다. 코란(Sure 50,16)이 상징적으로 말하듯 내 목줄기 동맥보다 내게 더 가까운 존재다. 여느 인격들 중의 제한된 개별 인격이 아니다. 신은 초인도, 초자아도 아니다. 인격 개념도 신의 암호에 불과하다. 신은 여느 인격들 중의 최고 인격이 아니다. 신은 인격 개념을 돌파한다. 신은 인격 이상이다!

둘째, 신은 **인격이 아닌 것도 아니다.** 이것도 진실이다. 동양의 지혜가 강조하듯이, 신은 '사물'도 아니고 이해할 수도 간파할 수도 다룰 수도 조작할 수도 없기 때문에, 비인격적이지도 몰인격적이지도 않다. 인격성의 생성을 가능하게 하는 신은 비인격의 개념도 돌파한다. 신은 인격이기도 하다!

스피노자처럼 신을 자연 혹은 자연법칙과 동일시하면 어떤 문제도 해결하지 못한다. 아인슈타인은 자연의 필연성에 대한 믿음 때문에 애당초 양자역학의 불확정성원리를 독단적으로 거부했다. 그러나 감정 없는 기하학이나, 자연법칙의 필연성을 따르는 우주의 조화는 실재 전체를 설명하지 못한다. 그런데 물리학자들은 제한된 특정 방법을 근거로 이를 가정하곤 한다. 이슬람 전통에 따르면, 신은 하나로되 '100개의 아름다운 이름'을 가졌다. 그러나 궁극의 이름은 신 자신만 안다.

이런 생각은 성경과 코란에만 있는 것이 아니다. 불교도들도 **지고한 궁극의 실재**를 받아들인다. 이것은 **우주 그 이상**이며, 보편적 이성이나 위대한 익명의 의식 이상이다. 지고의 이데아(플라톤)나 자기 관계적 사유(아리스토텔레스) 이상이다. 우주의 순수한 아름다움 이상이며 역사의 맹목적 정의 이상이다. 이 궁극의 실재는 우리에게 무관심하거나 우리를 무관심하도록 방치하는 존재가 아니라, 해방하고 요구하는 우리의 **'궁극적 관심'**(폴 틸리히)이다. 말하자면 우리에게 편재遍在해 있으면서 동시에 우리를 벗어나는 존재다. 구약성경의 신은 숨어 있지만, 백성 가까이에서 그들과 계약을 맺고 각 개인과 관계 맺는 분으로 나타난다.

그러나 인격적인 것과 비인격적인 것이 어떻게 서로 긴밀하게 결합될 수 있을까? 두 개념을 초월함으로써 가능하다. 그러나 물리학자가 도저히 알 수 없었던 '신의 마음(계획)'을 언젠가 신학자는 알 수 있을까? 신학자가 '세계 정식'은 발견하진 못했지만, 신과 세상의 신비를 밝히는 '신의 정식'은 발견하지 않을까?

여기서 주의할 것은 셋째 대답이다. 분명 신학자는 인격적·비인격적 개념을 초월하는 한 단어를 찾아 **'초인격적인 것'**을 말하게 될 거라는 사실이다. 그러나 이런 공식으로 신의 마음을 이해할 수 있을까? 이런 개념으로 신을 파악하고 정의할 수 있을까? 아니다. 신학자가 신을 파악하고 정의한다 해도, 그것은 신이 아니기 때문이다. 신은 보이지도 않고, 파악할 수도 정의할 수도 없는 존재이기 때문이다. 이를 르네상스 사상가 니콜라우스 쿠자누스(1401~1464)는 **'대립자들의 합일'**(Coincidentia oppositorum)이라고 표현했다. 최대이자 동시에 최소이므로 최소와 최대를 초월한다는 것이다.[27] 신은 '전혀 다른 존재'이지만, '내게는 나

---

[27] 참조: NICOLAUS CUSANUS, *De docta ignorantia* (1440), zweisprachige Ausgabe, hrsg. v. R. Wilpert, Hamburg 1964, I, Kap. 26, 112-3.

의 가장 깊은 내면보다 더 내면적(interior intimo meo)이다'(아우구스티누스).

개인과 공동체의 구체적 상황 속에서 인간은 다소 인격적이거나 비인격적 개념 또는 은유를 사용하는데, 이는 맥락에 따라 달라진다. 상황에 따라서는 **비인격적 상징**(바다, 수평선, 태양)도 인격적·의인적 상징(아버지, 어머니)과 마찬가지로 신에 관해 많은 것을 표현할 수 있다. 밝은 대낮에 등불을 켜고 (헛되이) 신을 찾다가 마침내 신의 죽음을 선언하고 마는, 니체의 '광인' 이야기는 유명하다. 니체는 세 가지 인상 깊고 강력한 상징을 통해 개념적으로 표현하기 어려운 것을 묘사했다. "어떻게 우리가 온 **바다**를 다 마실 수 있었는가? 누가 우리에게 온 **지평선**을 닦아 낼 스펀지를 주었는가? 지구를 **태양**의 결박에서 풀어 주었을 때 우리는 무엇을 하고 있었는가? 이제 지구는 어디로 가는가? 우리는 어디로 가는가? 멀리 태양을 떠나? 우리가 끝없이 추락하는 것은 아닌가?"[28] 성경에는 더 많은 **의인적 개념과 상징**이 등장한다. '창조주 하느님'도 그중 하나다.

## 5. 성경과 창조

성서적 협의狹義에서 '창조'란 한 분이신 하느님이 모든 존재자를 만들었다는 뜻이다. 세계 자체, 우주도 여기 포함된다. 넓은 비유적 의미로는 세계와 세계의 발전에 관한 모든 표상을 뜻한다. 종교사에서 **우주의**

---

[28] F. NIETZSCHE, *Fröhliche Wissenschaft* III,125, in: Werke II, München 1956, 127.

**기원**에 대한 표상(우주발생론)은 다 개관할 수 없을 만큼 다양하다. 그것은 신들의 탄생(신통계보학神統系譜學)에 앞선다. 세계와 인간이 비인격적 동인動因에 힘입어 현존한다는 우주발생론이 있는가 하면, 다신多神이나 유일신唯一神이 만물을 창조했다는 다른 이론도 있다. 어찌되었든, 창조사가 목적 자체는 아니다. 그것은 인간의 삶이 우주의 질서 안에 제대로 자리매김하도록 도와주어야 한다. 인간이 세상과 조화를 이루면서 진정한 삶을 영위하도록 하기 위함이다.

### 5.1. 세계 종교의 창조 신화

(다양한 분화 과정을 거치며 발전해 온) 오스트레일리아의 현존 종족 종교를 근거로 **종교 체계의 세 주류**를 확인할 수 있다('자연종교'와 '문화종교'를 대립시키는 것은 잘못이다. 종족 종교도 나름대로 풍요로운 문화를 구가했기 때문이다). 그것들은 갖은 변혁(패러다임 전환)을 겪으면서 오늘날까지 수천 년을 버텨 왔고 저마다 고유의 발생 신화를 형성했다.

- **인도**에서 발생한 힌두교 · 불교 · 자이나교 · 시크교: 신과 세계, 신과 인간의 합일을 지향하는 신비종교. 기본 유형은 신비가나 구루.
- **중국**에서 발생한 유교와 도교: 천지간의 조화에서 출발하는 지혜 종교. 기본 유형은 현자賢者.
- **근동**에서 발생한 유대교 · 그리스도교 · 이슬람교: 창조주와 피조물, 거룩한 신과 죄지은 인간이 대립하는 예언 종교. 기본 유형은 예언자. 경전은 구약성경, 신약성경 그리고 코란. 타 종교의 신화와 판이하게 이 세 경전은 유일신 창조 사상을 담고 있다.

오스트레일리아 원주민 **애보리지니**Aborigine의 신화는 위대한 옛 조상의 정령精靈들이 지구를 만들었다고 한다. 그들은 하늘에서 오지 않았다. 사람이나 짐승의 모습으로 땅에서 왔다. 그들은 넓게 옮겨 다니며 황량하고 단조로운 땅 위에 언덕과 길과 강과 바다와 산이 어우러진 풍경을 만들었다. 또 해와 달과 별을 만들고 이미 형성된 덩어리에서 인간과 씨족과 종족과 동물과 식물을 만들었다. 땅을 조상들이 만든 모습 그대로 순수하게 보존하는 것은 인간의 의무다. 말하자면 그것은 거룩한 땅이다.

예부터 **인도 전통**은 세계 생성의 잡다한 상징과 모형을 알고 있었다. 가령 인도 최고最古의 문헌인 『리그베다』*Rig-Veda*에는 우주를 측량하고 갖은 방법으로 원시물질에서 세계를 만들어 낸 장인匠人 혹은 예술가가 등장한다. 이 책에는 최초의 '세계 부모'인 하늘과 땅이 세계를 낳았다고 쓰여 있다. 태고의 물과 불이 '세계란'世界卵과 '황금 배아'를 생산했고, 그것에서 세계가 생겨났다고도 한다. 마지막으로 인간의 형상을 한 우주적 원시 존재, 푸루샤*Purusha*가 숭배된다. 하늘과 땅과 신들과 피조물들은 푸루샤의 우주적 희생을 통해 만들어졌다. 후대의 '고전' 힌두교도 이러한 옛 상상들을 재활용하여 포괄적 구상으로 통합한다. 이를테면 세계의 생멸은 무한히 순환·반복되며, 그 경과에 따라 비슈누Vishnu나 시바Shiva 같은 위대한 전통적 힌두 신들 덕분에 우주는 몇 번이고 새롭게 생성된다.

**붓다**(싯다르타 고타마)는 세계가 언제 어떻게 생겨났는지, 그 종말은 어떨지 묻는 것이 무의미하다고 늘 강조했다. 그렇다고 그의 제자들과 위대한 불교 전통이 세상의 시작과 끝, 본질과 구조에 대해 끈질기게 사색하는 것을 막지는 못했다. 근본적으로, 사람들은 인도의 전통 신화와 우주발생론과 세계상들에 새삼 의지했고, 그것들을 부분적으로 발전시켰으며, 불교적 구원과 해방의 개념에 비추어 해석했다.

**중국 문화**도 꿈, 영웅, 영웅적 행위의 신화적 단계를 두루 거쳤다. 초기 중국 사회는 종교적 성격을 띠었다. 중국의 역사 서술은 놀랍게도 3,000년 전으로 거슬러 올라가는데 중국의 신화는 단편으로만 전해진다. 하늘과 땅을 만든 세계란世界卵 신화도 그중 하나다. 예부터 중국인의 세계상은 세 차원이다. 아래로는 죽은 자의 나라인 저승, 그 위로는 산 자가 머무는 이승, 마지막으로 조상과 자연 신들이 거하는 하늘(天)이다. 그들은 '제'帝 혹은 '상제'上帝라 부르는 지고의 신을 상전으로 모시고 있다. '상제'는 인간의 모습을 했으나 멀고 초월적인 존재, 어쩌면 제물을 취하지 않는 창조 신일지도 모른다. 훗날 하늘(天)이 전면에 부각되어, 보이지 않는 우주적·도덕적 권위 혹은 이법理法으로 이해되는 경향이 강해진다.

13세기 스칼데Skalde(고대 스칸디나비아의 음유시인)의 교본인 「에다」에 수록된 **고대 게르만**의 신화와 영웅담은 아이슬란드에 보존되어 있다. 세계는 무無와 추운 북쪽 세상과 더운 남쪽 세상에서 시작되었고, 여기서 거인 이미르Ymir와 암소 아우트후믈라Audhumla가 생겨났다고 전한다.

제3천년기 초입에, 노벨 물리학상 수상자 스티븐 와인버그가 (성경이 아니라!) 「에다」에 의지하고 있다는 것이 놀랍지 않은가? 그는 어떻게든 **창세기** 창조설화의 도전을 피하고 싶었다. "일부 우주론자들은 철학적 이유에서 진동 우주 모형을 편안하고 매력적인 것으로 여긴다. 그것이 (정상우주론처럼) 창세기 문제를 교묘히 비껴 가기 때문이다."[29]

## 5.2. 정보의 결핍?

합리적 판단에 꼭 필요한 기본 정보가 물리학자들에게 부족할 뿐이라는 인상을 받는다면, 완전히 틀린 것일까? 물리학의 영역에서나 종교의 영역에서나 그런 정보는 어린 시절에 배운 것을 넘어서야 할 것이다. 미국 정치학자들은 대부분의 유권자가 '저급한 정보 합리성'을 근거로, 말하자면 본능적으로, (머리가 아니라) 배로 정치적 결정에 이른다고 주장한다. 사소한 개인사나 이해 관계가 때로는 정책적 사안보다 더 중요하다는 것이다. **과학**은 **정치**보다 사정이 나을 거라고 생각하고 싶겠지만, 단언하건대 자연과학자들은 본디 종교적 사안 자체에 관심이 덜하다(이런 경향은 유감스럽게도 미국보다 유럽에서 더 심하다). 사람들이 자기 고유의 전통(주로 유대교나 그리스도교)에 대해서 충분히 안다고 생각하지만, 이와 관련된 결정들도 때로는 '저급한 정보 합리성'에 근거해 있다.

이 점에서 탁월한 예외는 물리학자이자 철학자인 카를 프리드리히 폰 바이츠제커다. 이 하이젠베르크와 보어의 제자는 방대한 필생의 저작을 통해 물리학의 통일을 복원하는 데 노력했다.[30] 기초과학으로서의 물리학은 실재의 통일적 이해 범위 안에 있어야 한다. 그는 자연과 인간, 물리학적·자연과학적 영역과 형이상학적·종교적 영역을 결합시키려 했다. 그는 이렇게 묻는다. "감각적으로 지각할 수 있는 이 좁은 세계의 구조에 맞추어서만 상상한다면, 원자와 은하의 세계를 제대

---

[29] S. WEINBERG, *Die ersten drei Minuten. Der Ursprung des Universums*, München 1977, Einleitung: Der Riese und die Kuh.

[30] 참조: C.F. VON WEIZSÄCKER, *Zum Weltbild der Physik* (1943); um viele Aufsätze erweiterte 13. Auflage, Stuttgart 1990; C.F. VON WEIZSÄCKER, *Die Einheit der Natur*, München 1974; C.F. VON WEIZSÄCKER, *Aufbau der Physik*, München 1985; C.F. VON WEIZSÄCKER, *Zeit und Wissen*, München 1992.

로 사고할 수 있을까?" 대답은 이렇다. "우리가 감각적으로 지각할 수 있는 것을 기술할 때 활용되는 구조들은 더 심오한 실재의 표피에 불과하다. 실제적 감각계는 수학적 구조와는 또 다른 속성들을 내포한다. 그것들은 아마 일부 다른 형태들도 숨기거나 폭로할 것이다. 차안과 피안의 경계는 다시 허물어진다."[31]

1974년 12월 10일, 핵 재무장에 즈음하여 그는 그리스도인과 자연과학자의 관계에 대해 내게 편지를 썼다. "그리스도인은 자연과학자에게, 일부 연구의 범죄적 무책임성을 자각하고 있는지 물어야 합니다. 그리고 자연과학자는 그리스도인에게, 그들의 의식이 수백 년 동안 전근대적 수준에 머물러 있음을 분명히 아는지 물어야 합니다. 이 물음이 방향을 가리켜 줍니다. 나는 이 방향으로 계속 물을 것입니다."[32] 1977년 튀빙겐 대학 개교 500주년 기념 강연에서는 이렇게 말했다. "사실, 과학적 태도와 주제는 종교적 태도나 주제와 대립할 수밖에 없습니다. 종교는 과학이 지어낸 중립성의 허상을 용납하지 말아야 한다고 봅니다. 종교는 과학에게 물어야 합니다: '도대체 너는 네가 무슨 짓을 하고 있는지 알고나 있느냐?'"[33]

자연과학과 종교의 쌍방 토론은 오늘날의 지식 수준에서 진행되어야 한다. 따라서 나는 성경의 창조 이야기에 관한 몇 가지 중요한 정보를 복합적인 현대 성서학의 관점에서 간략히 제공하려 한다. 신 문제를 논할 때 이성적이고 근거 있는 판단을 쉽게 하도록 도와줄 것이다.

---

[31] C.F. VON WEIZSÄCKER, *Zeit und Wissen*, 585.

[32] C.F. VON WEIZSÄCKER, *Lieber Freund! Lieber Gegner! Briefe aus fünf Jahrzehnten*, hrsg. von E. Hora, München 2002, 103-4.

[33] C.F. VON WEIZSÄCKER, Gottesfrage und Naturwissenschaften, 1977년 튀빙겐 강연.

### 5.3. 유대 · 그리스도교적 세계관의 대헌장

(가장 넓은 의미에서) 이스라엘 민족의 역사 서술은 대략 중국과 같은 시대에 시작되었으니, 기원전 1000년경 다윗 왕 시대였다. 지난 200년 동안 그리스도교 성서 해석은 끈질긴 연구를 거쳐 모세 오경에서 다양한 원전 층들(엘로힘 전승 문헌, 야훼 전승 문헌, 사제계 문헌, 신명기 문헌)을 비평적으로 구분하고, 창조 이야기의 의미도 규명할 수 있었다. 모세 오경의 첫 책인 **창세기**[34]는 500년에 걸쳐 형성되었다. 유일신과 그의 창조 메시지를 전달하기 위해 사람들이 당시의 세계 인식 상황에 대처했는지, 이 책은 분명히 밝혀 준다. 두 가지 창조 이야기가 유대인과 그리스도인의 경건한 세계관을 독특한 방식으로 표현했다.

**첫째 창조 이야기**(창세 1,2-2,4)는 바빌론 유배 이후 기원전 500년경에 쓰였다. 이 이야기는 양식과 용어상(하느님 = '엘로힘'Elohim) '사제계 문헌' (P)이라는 원전에서 비롯되었고, 기원전 6세기 바빌론의 사제들이 세계 기원에 관해 수집한 자료를 활용하여 그것을 신적 계시의 네 시기로 구분했다: 창조 - 노아 - 아브라함 - 모세. 이 이야기가 **바빌론 신화에 대한 반**反**신화**로 등장했다는 사실이 중요하다. 세계는 신들의 투쟁에서 생성된 것이 아니라 하느님의 숭고한 창조 행위의 산물이다. 바빌론 신화들과 공유하는 내용도 많은데, 천상 대양에 관한 상상이 한 예다. 말하자면 바닷물이 대홍수가 되어 땅 위로 쏟아지는 것을 궁창이 가로막고 있다는 것이다. 그러나 우리에게 중요한 것은 첫째 창조 이야기의 특수성이다. 그것이 특별히 강조하는 바는 다음과 같다:

---

[34] 창세기 주석서와 관련 논문들은 무수히 많으나, H. Gunkel, G. v. Rad, R. de Vaux, C. Westermann, E.A. Speiser의 주석이 그중 탁월하다.

- **하느님의 초월성**: 하느님은 세계를 말씀만으로 창조했고, 세계를 초월해 있다. 별은 신성의 현현顯現이 아니라 창조된 하늘의 등불이다.
- **인간의 존엄성**: 인간은 신들의 종으로 창조되지 않았고, 하느님의 모상으로 창조되었다. 인간은 폭군이나 착취자로서가 아니라 하느님의 수탁자受託者로서 나머지 피조물보다 우위에 있다.
- **창조의 질서와 통일성**: 이로써 우주 질서가 혼돈과 구별된다. 우주는 상호 의존적으로 잘 정돈되고 조직되고 조화로운 전체다. 한 분이신 하느님이 '하늘과 땅', 하나의 우주를 창조했다.

사제계 문헌은 '무에서의 창조'(creatio ex nihilo)가 아니라, **혼돈에서 창조된 질서**에 관해 전한다. 모든 생성과 근원적 혼돈의 한처음에 하느님이 있었다. 그다음 하느님은 혼돈을 정리했다. 이 보편주의는, 초월적 하느님이 우주와 자연과 인류를 창조했고 그것들을 살게 했다는 것을 분명하게 보여 준다. 동시에 하늘과 땅이 어떻게 생겨났는지 이야기한다. 이때 연대기적 순서보다는 시적으로 형상화된 **'엿새' 동안의 창조 구조**가 더 중요하다. 세계 시기를 규정하는 것은 단순한 두 번의 '사흘'이 아니다. 첫 '사흘' 동안 삶의 공간이 창조되고, 다음 '사흘' 동안에는 이 삶의 공간이 채워지고 장식된다. 가령 첫날에는 빛이 생기고, 나흗날에는 궁창이 해와 달과 별로 장식된다. 이렇게 세 공간을 채우는 피조물의 유類와 종種과 속屬이 크기와 형태와 성별에 따라 구체적으로 묘사된다. 그렇다면 이는 우주발생론이라기보다 오히려 우주현상학(Phänomenologie des Kosmos)에 더 가깝다.

하느님의 말씀은 매일의 실행 문구와 결합되어 전달된다: "~ 하시자, 그대로 되었다." 그리고 이것은 승인 문구와 결합된다: "하느님께서 보시니, 좋았다." 삼라만상은 하느님이 선하게 창조하신 온 우주의 위대하고 포괄적인 광경이지, 흉악한 적수에게서 쟁취한 것이 아니다.

**둘째 창조 이야기**(창세 2,4-25)는 엘로힘 전승 문헌에 앞선 익명의 저자가 기원전 900년경에 썼거나 편집했다. 학자들은 이를 '야훼 전승 문헌'(J)이라 부른다. 탈출기 3장 15절에서 '야훼'라는 이름이 계시되기 훨씬 전부터 이 문헌이 하느님의 이름을 꾸준히 '야훼'로 써 왔기 때문이다. 여기서도 창조는 형태 없이 현존하는 것들에 질서를 부여하는 작업이었다. 인상적인 이야기는 첫 남녀의 창조에 집중된다. 하느님이 남자와 여자를 **어떻게** 창조했느냐가 아니라, 남자와 여자가 **무엇**인지가 상징적으로 표현되었다. 그들은 영혼과 육신을 지닌 하느님의 모상이었고 남자에서 나온 여자는 남자의 협력자였다. 여기서 '땅을 지배하라'는 말은 착취하라는 뜻이 아니라(이것도 근대 이후에야 가능했다), 경작하고 돌보라는 뜻이다. 짐승들을 '다스리라'는 것은 '하느님의 모상'으로서 그들을 책임지라는 뜻이다. 그들에게 '이름을 붙여 주는 것'은 그들의 본성과 친숙해진다는 뜻이다.

**'무에서의 창조'**는 두 창조 이야기 어디에도 언급되지 않는다. 이 견해는 어떤 자료도 차용하지 않았고, 먼 훗날 그리스 사상의 영향을 받은 유대 공동체에서 발전되었으며, 기원전 175~135년의 사건들을 그리스어로 기록한 마카베오기 하권에 처음 등장한다. '구약성경'의 언어는 본디 히브리어다. 성경이 아무리 은유적이라도 중요한 것은 밝혀져야 한다.

### 5.4. 은유적 상징어

하느님 이해의 지속적 발전에도 불구하고 성경의 핵심에는 변하지 않는 것이 있다. **하느님은 말을 걸 수 있는 분**이라는 것, 이것이 **성경의 불변 요소**다! 여기서 '영화'靈化는 사라질 것이다. 진정한 기도와 예배의 기반을 제거할 것이기 때문이다. 신화적이든 비신화적이든, 상징적이든 개념적이든, 산문적이든 시적이든, 성경은 늘 하느님을 이야기한다. (인격이라 부르든 초인격이라 부르든) 말을 걸 수 있는 상대, '당신'이신 하느님과의 관계는 늘 새롭게 해석할 수는 있을지언정 결코 포기할 수는 없는 성서적 하느님 신앙의 불변 요소다.

물론, 그리스도인이든 유대인이든 성경이 '하늘'에서 바로 내려온 하느님의 말씀이라고 믿을 필요는 없다. 무슬림은 코란에 대하여 그리 기대한다. 이슬람의 전통적 이해에 따르면, 코란은 한 글자 한 글자 인간을 위해 받아 적게 한 것이라 한 문장 한 문장이 무류無謬의 진리다. 그러나 성경은 **인간의 말로 기록된 하느님 말씀**으로 이해해야 마땅하다. 성경 어디를 보나, 인간이 한 문장 한 문장 모아 기록하고 편집하고 여러 노선으로 발전시켰음을 알 수 있기 때문이다. 성경은 인간의 작품이다. 그래서 결점과 모순, 은폐와 혼란, 한계와 오류가 없을 수 없다. 어쨌든 성경은 분명하거나 덜 분명한, 더 강하거나 더 약한, 원천적이거나 파생된 신앙의 증언들을 다채롭게 모은 책이다. 이러한 성경의 역사적 성격은 **성경 비평**을 가능하게 할 뿐 아니라 요구하기까지 한다. 하느님의 메시지가 옛사람의 책 속에 봉인되어 있지 않고 모든 시대에 새로운 생명력으로 선포되기 위해서는 진지한 성경 비평이 반드시 필요하다.

그러므로 성경은 **단순히 하느님의 계시가 아니라, 그 계시에 대한 인간의 증언이다.** 그것은 고유한 '삶의 자리'(예배, 공동체 질서 등)를 가진 상징과 비유의 언어로 표현된다. 성경은 **상징과 비유를 통해** 옛사람들의 관심사였을뿐더러 현대인에게도 중요한 물음에 답하거니와, 그 첫 장이 세계와 인간의 시초와 본질에 대한 물음으로 채워졌다. 은유와 유비를 통하지 않고서야 과학 이전 단계의 인간이 **하느님의 창조 행위를** 어떻게 묘사할 수 있었겠는가! 은유와 유비는 인간의 활동 영역에서 비롯되었고, 그리스인과 그 후예의 철학도 필요하면 활용했다.[35]

시편도 은유와 유비를 구사했다. 도시나 궁전을 짓는 이처럼 하느님은 '땅의 기초를 놓으시고' 천막장이가 '천막을 펼치듯 하늘을 펼치셨다'. 대목수처럼 지붕을 '견고히 하시고', '큰 물'을 삶의 영역에서 몰아내어 '창공과 커다란 두 빛을 만드셨다'. 인상적인 상징과 생생한 은유도 '우주 디자이너 혹은 건축가'를 증명할 수는 없다. 그것들은 직접 확인할 수도 표현할 수도 없고 보이지도 않는 하느님에 대한 경건한 믿음으로 초대한다. 그분은 우주를 창조하고 유지하는 분이다. 그분의 초상을 사람이 그리거나 지어서는 안 된다.

### 5.5. 과학 언어와 종교 언어

성경은 과학적 사실을 기술하지 않고 그 뜻을 해석한다. 현대인의 삶과 행위에 대해서도 마찬가지다. 과학과 신학이 범한 과거의 숙명적 오해들을 피하고 싶다면, 양측의 언어와 사고 영역들이 확연히 분리되

---

[35] 참조: B.H.F. TAURECK, *Metaphern und Gleichnisse in der Philosophie. Versuch einer kritischen Ikonologie der Philosophie*, Frankfurt/M. 2004.

어야 한다. 과학 언어와 시어詩語가 같을 수 없듯이 과학 언어와 종교 언어 또한 그러하다. **대폭발 이론과 창조 신앙**, 진화론과 인간 창조론은 모순되지도 않지만, 그렇다고 **조화될 수도 없다**. '600만 날의 창조'나, 모리스와 휘트콤의 『창세기 홍수』*The Genesis Flood*(1961)에 나오는 홍수지질학이 창세기의 '자연과학적' 해석이라고 여기는 건 잘못이다.

성서 해석은 과학적으로 증명될 수 있는 것이 무엇인지가 아니라, **신앙과 삶에 필수 불가결한 것**이 무엇인지를 부각시키는 것이다. 자연과학은 신의 존재나 불필요성을 '증명하는' 것이 아니다. 우주를 물리적으로 설명할 수 있는 데까지는 최대한 설명하고, 원칙적으로 설명할 수 없는 것에는 여지를 남겨 둔다. 그것에 대해서는 성경이 말한다.

그런즉, **두 언어가 뒤섞여서도 안 된다**. 하이젠베르크가 말했듯이, 성경의 언어는 "현상 배후에서 감지되는 세계의 맥락을 이해할 수 있게 한다. 이 맥락을 모르고는 어떤 윤리와 가치 질서도 얻지 못할 것이다. … 성경의 언어는 정밀성을 추구하는 과학 언어보다 오히려 시어에 가깝다". 그런 까닭에 두 언어의 어휘들은 제각기 다른 뜻을 가질 때가 더러 있다.

> 성경에서 '하늘'이라고 말하는 것은 비행기나 로켓이 날아다니는 하늘과 상관이 없습니다. 천문학적 우주에서 지구는 수없이 많은 은하계 중 한 은하계의 작은 티끌에 불과하지만, 우리에게는 이것이 세상의 중심입니다. 정말 세상의 중심입니다. 자연과학은 개념에 객관적 의미를 부여하려 합니다. 하지만, 종교적 언어는 세계가 객관적 측면과 주관적 측면으로 분열되는 것을 피해야 합니다. 객관적 측면이 주관적 측면보

다 더 실재적이라고 누가 주장할 수 있겠습니까? 우리는 이 두 언어를 뒤죽박죽 섞어서는 안 됩니다. 지금까지보다 훨씬 더 섬세하게 생각해야 합니다.[36]

인간의 근본 문제에 대한 해답은 **개인의 근본 태도**에 달려 있다.

- 1961년 4월 12일 인류 최초로 지구를 선회한 소련의 우주 비행사 유리 가가린은, 마르크스주의와 유물론적 도그마에 입각하여 '여기도 신은 보이지 않는다'라고 선언했다. 그도 훗날에는 종교에 귀의했다.
- 1968년 성탄 전야에 최초로 달을 선회한 미국의 '아폴로' 우주선 선장 프랭크 보먼은 우리 지구의 푸른 아름다움에 매료되어, 칠흑 같은 우주에 빛과 생명이 선물로 주어졌음을 고마워하면서 창세기 첫 구절을 낭독했다. "한처음에 하느님께서 하늘과 땅을 창조하셨다. 땅은 아직 꼴을 갖추지 못하고 비어 있었는데, 어둠이 심연을 덮고 하느님의 영이 그 물 위를 감돌고 있었다. 하느님께서 말씀하시기를 '빛이 생겨라.' 하시자 빛이 생겼다."
- 1993년 독일 우주 왕복선 D-2 계획에 참가한 물리학자이자 우주 비행사인 울리히 발터는 눈부시게 빛나는 태양 아래서 우리의 희고 푸른 행성을 보았다. 그것 말고는 온통 죽음의 기운이 드리운

---

[36] W. HEISENBERG, Naturwissenschaftliche und religiöse Wahrheit(1973년 3월 23일 바이에른 가톨릭 학술원 과르디니 상 수상 연설), in: *Schritte über Grenzen. Gesammelte Reden und Aufsätze*, 2. erweiterte Auflage, München 1973, 335-51, 인용: 348.

암흑천지였다. 이 우주의 심연 앞에서 그는 파스칼이 느낀 것 같은 고독을 체험하고, 이를 "나의 전 인격으로 체험한 코페르니쿠스적 혁명"[37]이라 표현했다. 교회의 생각과 교의에 항상 부합되지는 않는다 하더라도, 그 자신은 창조주를 믿고 있었다. "우주 비행이 한 인간을 신에게 더 가까이 인도할 수 있는가?"라는 질문에 그는 이렇게 대답한다. "그것은 각자에게 달렸다."[38]

사실, 성경을 증거하는 일에는 결단이 요구된다.

### 6. 궁극적 기원에 대한 신앙적 증거

자연과학은 창세기 두 창조 이야기의 명백한 메시지를 검증도 반증도 할 수 없다. 말인즉, **세계의 시초에 하느님이 존재했다**. 한처음에 있었던 것은 대폭발이 아니라 (하느님의) 말씀과 뜻이었다. 그리고 **빛이 생겼다**. 즉, 에너지와 물질과 공간과 시간이 생겼다.

#### 6.1. 시간과 공간은 무에서 창조되었다

**천지창조 '이전'**에 관해서는 전의轉義적 의미에서만 이야기하자. 하늘과 땅을 창조하기 전에 하느님은 뭘 하고 있었는가? 이 오만불손한

---

[37] U. WALTER, "… weil euer Gott im Himmel ist!", in: T.D. WABBEL, *Im Anfang war (k)ein Gott*, Düsseldorf 2004, 246.

[38] 같은 책 247.

질문에 아우구스티누스는 『고백록』 11장에서 간결하고 정확한 답을 내렸다. 그건 쓸데없는 질문이다. '이전'에 대해서는 물을 필요가 없다. 왜? 세상은 **시간 안에**(in tempore) 창조된 것이 아니라 **시간과 함께**(cum tempore) 창조되었기 때문이다. 아인슈타인도 여기까지는 동의했을 것이다. 우주 '이전'에는 창조자만 있었고 시간 '이전'에는 영원만 있었다. 아우구스티누스는 아인슈타인보다 더 나아가 하느님께 말을 건넨다. "아닙니다. 당신은 **시간 안에서 시간에 앞서 계시는 것이 아닙니다.** 그렇지 않으면 당신은 모든 시간에 앞서 계시지 않았을 것입니다. 오히려 당신은 언제나 현재인 무시간적 **영원성**의 초월을 통해 **모든 시간에 앞서 계시고,** 미래의 모든 시간도 초월해 계십니다."[39] 신학적으로 보면 **창조 행위는 시간을 초월한 행위**다. 시간도 창조 행위를 통해서 생겨났다. 시간은 창조되었다. 창조된 시간공간(Zeit-Raum)이요 창조된 공간시간(Raum-Zeit)이다.[40]

세계가 '**무에서**' 창조되었다는 것은 무슨 뜻인가? 이미 언급했듯이, 성경에는 이런 생각이 헬레니즘 사상의 영향으로 나중에야 등장한다. 이는 무의 독립을 뜻하는 것이 아니다. 말하자면 하느님 앞이나 옆에 검고 빈 공간이 있다는 뜻이 아니다. 또 현대 입자물리학의 '진공'과 혼동되어서도 안 된다. (아마 우주의 시초에 진공의 '요동'이 있었을 것인데, 그것은 무가 아니라 어떤 '무엇'이었다고 입자물리학은 말한다.) 그것은 오히려 창조 행위에서 모든 물질적 원인이 배제된 **절대 무**를 의미

---

[39] AUGUSTINUS, *Confessiones* XI, 13.
[40] 시간 개념의 역사: K. MAINZER, *Zeit. Von der Urzeit zur Computerzeit*, München ³1999 참조.

한다. '무에서의 창조'란 세계와 인간, 시간과 공간이 다른 어떤 원인이 아닌 오직 하느님에만 근거한 것이라는 철학적·신학적 표현이다.

신 자체는 어떤 원인에도 근거하지 않는다. 신을 '자기 원인'(causa sui: 데카르트, 스피노자)이라고도 부르지 말아야 한다. 신의 원인이 되는 것은 없다. 신은 (정의定義상) 원인 없는 실재다. 영원하고 완전하기 때문이다. "신보다 더 위대하게 여겨질 만한 것은 없다"(Id quo maius cogitari nequit: 캔터베리의 안셀무스, 데카르트). 성경은 신에 대해 철학하지 않는다. 그러나 성경은 세계가 모든 존재의 창조자요 보존자인 하느님께 철저히 종속되어 있고 앞으로도 그럴 것임을 확신시켜 줄 것이다. 그리스도교 신학은 '**지속적 창조**'(creatio continua)를 주장해 왔다. 오늘날 우리는 세상의 생성을 시간 속에서 지속되는 과정으로만 이해할 수 있다. 새로운 구조의 생성이 배제되지 않고 포함되는 것은 이런 과정 속에서다.

따라서 '무에서의 창조'와 '지속적 창조'는 하나로 봐야 한다. 둘 다 물리적 과정을 가능하게 하는 조건들이다. "'지속적 창조'와 '무에서의 창조'는 동일한 것의 두 이름이다. 시간을 초월한 것이나 시간에 제약된 것이나 다 같이 영원한 하느님의 창조 행위 자체다. 신의 이 동일한 창조 행위는 수십억 년 전 특이점 너머가 아니라, 우리가 어쩌지는 못할지언정 우리 자신이 우리와 가까운 것보다 더 가까이서 엄연히 현존하고 있다."[41]

---

[41] U. LÜKE, Schöpfung aus dem Nichts oder fortlaufende Schöpfung? Zum Verhältnis von creatio ex nihilo und creatio continua, in: H.A. MÜLLER (Hrsg.), *Kosmologie. Fragen nach Evolution und Eschatologie der Welt*, Göttingen 2004, 39-52, 인용: 50.

## 6.2. 창조 신앙의 현대적 의미

성경의 창조 이야기는, (현대인에게도 해당되지만) 과학적 방법과 언어로는 답할 수 없는 단순한 질문에 그 시대의 상징과 비유로써 답한다. 그것은 순수이론적 질문이 아니라 근본적이고 **실존적인 질문**이다.

- 한처음에 무엇이 있었나? 만유의 근원이신 선한 하느님이 계셨다.
- 하느님 외에 다른 신(별, 동물 또는 인간)이 존재하는가? 아니다, 하느님 외에 다른 신은 없다.
- 그러나 세계사 안에는 분명 선과 악이 투쟁하지 않는가? 아니다, 선한 하느님은 악이나 악마적 적대 세력과 경쟁하지 않으신다.
- 실재의 일부는 열등한 속성을 가지지 않는가: 정신에 비하여 물질이, 영성에 비하여 성(性)이? 아니다, 선한 창조주 하느님의 세계는, 물질과 육신과 성까지 포함하여, 모두 근본적으로 좋은 것이다. "하느님께서 보시니 손수 만드신 모든 것이 참 좋았다"(창세 1,31).
- 창조 과정의 목표는 무엇인가? 창조 과정의 위대한 목표는 (고립되지 않고 우주 한복판에 있는) 인간이다. 성경은 구원이 아니라 창조가 이미 세계와 인간에 대한 하느님의 자비하신 사랑이라고 가르친다. 지속적 창조(creatio)와 진화(evolutio)가 세계를 유지한다고 이해하면 된다.

근대 자연과학이 특히 유대·그리스도교적 창조론을 배경으로 발전했다는 것이 그저 순수한 우연일까? 코란도 강조하는 두 가지 근본 통찰이 이 점에 유용한 전제임은 의문의 여지가 없다.

- 세계는 하느님이 아니다. 그것은 창조되었으며 그 자체로는 거룩하지 않다. 세계는 인간의 재량에 맡겨져 있다.
- 세계는 혼돈(Chaos)이 아니라 질서(Kosmos)다. 인간은 세계를 활용하고 경작하고 연구할 수 있다.

세계의 시초와 관련하여, 빅뱅과 세계 모형과 우주론에 대해 (자연과학적으로) 탐구하는 데 그치지 않고, 유대인·그리스도인·무슬림과 기타 수많은 사람이 구약성경에 따라 거듭 고백하는 **우주의 창조자 하느님**에 대해 (신학적으로) 공공연히 논의하는 것이 오늘날 어떤 의미가 있을까?

창조 신앙은 자연과학을 무한히 살찌운 **도구적 지식**에 아무것도 보태지 않으며 어떤 자연과학적 정보도 제공하지 않는다. 그러나 (급격한 학문적·경제적·문화적·정치적 혁명의 시대에, 그리하여 근원 상실과 방향 상실의 시대에) 창조 신앙은 인간에게 **방향 설정의 지식**을 제공한다. 인간에게 삶과 진화 과정의 의미를 발견하게 하고, 행위의 척도를 제공하며 광대무변한 우주에서의 궁극적 안전을 담보한다. 우주여행의 시대에도, 천체물리학의 놀라운 성과에 대해 숙고하거나 별이 빛나는 밤하늘을 바라보면서, 인간은 이렇게 물을 것이다: 이 모든 것이 대관절 무엇일까? 이 모든 것은 어디서 왔을까? 무無에서? 무는 뭔가를 설명할 수 있을까? 이로써 이성을 만족시킬 수 있을까?

(다른 것들도 그렇듯이) 자기의 경험 영역을 넘어서기 때문에 순수 이성이 증명할 수 없는 유일하게 진지한 대안은 이러하다: 이 모든 것은 **빅뱅에서만 나온 것이 아니다. 최초의 창조적 원인 중의 원인, 근원**

**에서 나왔다**. 우리는 이를 하느님이라고, 바로 창조주 하느님이라고 부른다. 이 대답이야말로 철두철미 이성적인 대답이고, 이렇게 대답할 합당한 이유가 있다.

증명할 수 없어도, 내가 이것을 긍정할 수 있는 정당한 이유가 있다. **확연한 신뢰** 속에서 나는 이미 하느님의 존재를 확인했다. 이것이야말로 내게 참으로 이성적이고 검증된 것이다. 존재하는 하느님이 참하느님이라면, 그분은 지금 여기 나만의 하느님으로 존재하는 것이 아니라, 태초에도 이미 모든 영원성의 하느님으로 존재했을 것이기 때문이다. 내 생각에, 우주(Universum)는 하느님의 존재를 통해서만 질서(Kosmos)로 명쾌히 납득될 수 있다. 그 질서는 본성상 수학적으로 정돈되어 있고 매우 복잡하며 역동적이다. 우리 우주의 광대함과 자연과학의 복잡성에 직면하여 다수의 자연과학자가 경탄과 경외, 기쁨과 두려움의 감정을 표출했고, 더불어 이 우주가 겉으로 보이는 것보다 더 많은 것을 포함하고 있는 건 아닌지 물었다. 아마 이런 질문에는 자연과학이 아니라, 우리가 **신앙**이라 부르는 이성적 신뢰가 나름의 근거를 지니고 대답할 수 있을 것이다.

따라서 오늘날 세계의 창조주를 믿는다는 것은 신화를 믿는다는 뜻이 아니다. 창조주 하느님을, 불세출의 예술가 미켈란젤로가 시스티나 경당 천장에 인간의 모습으로 그린 것처럼, 그렇게 상상한다는 의미도 아니다. 여기서 모든 상상은 끝난다. 세계의 창조주 하느님을 믿는다는 것은 위대한 학자들이 만들어 낸 이런저런 세계 모형을 받아들인다는 뜻도 아니다. 여기서는 **모든 세계 모형과 세계 전반을 전제하는 것**이 문제가 아니기 때문이다. 토마스 아퀴나스조차 아리스토텔레스의 '영원한 세계'가 하느님에 대한 신앙과 조화될 수 없을 것이라고 생각했다. 물론 그는 성경을 근거로 세계의 시간적 시초를 확신했다. 영원한 하느님은 모든 시간에 앞서 존재하되, 이는 시간적 선재성先在性이 아니라 존재론적 선재성을 의미한다.

오늘날 과학적 우주론의 지평에서 세계의 창조자를 믿는다는 것은, 세계와 인간의 궁극적 기원이 설명되지 않은 채 있는 것도 아니고, 세계와 인간이 무의미하게 무에서 무로 내던져져 있는 것도 아니며, 그들이 전체로서 의미와 가치가 있는 것임을, 혼돈이 아니라 질서임을, 확연한 신뢰 속에서 긍정하는 것을 의미한다. 그들의 근본 원인이자 창시자이며 창조자인 하느님 안에서 시종일관 보호받고 있기 때문이다.

새삼 강조하거니와, 그 무엇도 인간에게 이런 신앙을 강요하지 않는다. 인간 스스로 **자유롭게 결단할 수 있다!** 결단하면, 신앙은 세계 안에서의 인간의 지위와 세계에 대한 인간의 태도를 변화시킨다. 창조주 하느님을 믿는 이는 세계와 인간이 하느님의 피조물임을 완전히 긍정할 수 있는 정당한 이유를 획득한 셈이다. 믿는 이는,

- **인간**을 (열등한 존재가 아니라) 우리와 동등한 이웃(Mit-Mensch)으로 존중한다.
- 인간 외의 자연, 특히 **동물**도 (우리의 생래적 적대자나 우리가 임의로 이용할 수 있는 자원이 아니라) 우리를 둘러싼 **주변 세계**(Um-Welt)나 우리와 함께하는 **이웃 세계**(Mit-Welt)로서 존중하고 돌본다.

'내가 하느님의 피조물임에도 불구하고'가 아니라, '나와 내 이웃과 나의 주변 세계 역시 하느님의 피조물이기 때문에', 나와 내 이웃뿐 아니라 (다른 점이 한둘이 아니겠지만) 동물들도 당연히 존중받아야 할 품위를 지니고 있는 것이다. "땅을 가득 채우고 지배하여라"(창세 1,28)라는 창조 이야기가, 자연과 환경을 무분별하게 약탈하고 파괴해도 좋다는 특권으로 이해되면 안 된다. 오늘날처럼 '성장의 한계'에 직면한 각성의 시대에는 더욱 그러하다. 창조주 하느님을 믿으면 이웃과 주변 세계에 대해 책임을 지게 되고, 더 큰 현실감과 희망과 진지함으로 내게 주어진 과제들이 무엇인지 지각하게 된다.

### 6.3. 다가갈 수 없는 빛

심연의 밑바닥은 깊이를 헤아릴 수 없다. 그러나 유대·그리스도교·이슬람 전통에서 한 가지는 확실하다. 하느님은 어둠의 심연이 아니라는 것 — 암흑은 빛을 낳을 수 없다는 것이다. 오히려 그분은 **충만한 빛**이니, 홀로 우주 안에 "빛이 생겨라!"는 말씀을 실현하신다.

모든 종교에서 빛은 지고의 실재, 신에 대한 뛰어난 은유이자 오랜 상징어다. 그래서 빛에 대한 자연과학적 연구는 빛의 종교적·상징적 의미를 더 깊이 이해할 수 있게 돕는다. 빛이란 대관절 무엇인가? 초고속으로 확산되는 전자기파는 물리학자에게도 신비스런 실재다. 때로는 파동으로, 때로는 입자로 보이는 모순적 속성을 띠기 때문이다. 파동과 입자라는 상이한 두 형상이 상호 배척하면서 동시에 보완하는 '대립자들의 합일'이다. 잘 알려진 대로, 하이젠베르크의 스승이자 당대 물리학자들의 스승인 덴마크의 위대한 물리학자 닐스 보어는 **'상보성'**

개념을 도입했다(코펜하겐 해석). 빛의 신비를 기술하려면 두 대립 형상이 필요하다. 하느님의 신비를 표현하기 위해서도 이런 대립 형상과 개념의 상보성이 필요하다.

빛의 본성은 지속적으로 연구될 것이고 언젠가는 빛의 신비를 설명할 수 있을 것이다. 그러나 하느님의 신비는 그대로 있다. 그분은 언제까지나 무한하고 헤아릴 수 없고 **탐구될 수 없는 분**으로 남아 영원성과 시간성, 멀고 가까움, 정의와 자비, 분노와 은총 같은 대립자들을 당신 안에서 합일시킨다. 하느님은 내 마음과 우주에 숨어 계시고 단연코 인격을 초월하지만 언제고 말을 걸 수 있는 분이다. 인간이 태양을 뚫고 들어갈 수 없듯이 하느님의 마음도 뚫고 들어갈 수 없다. "당신께서는 지극히 위대하시고 … 빛을 겉옷처럼 두르셨습니다"(104,1-2)라고 시편은 노래한다. 어둠은 우리 안에 깃들고 우리 주위를 감싸고 있지만, 하느님은 "다가갈 수 없는 빛 속에 사시는 분"(1티모 6,16)이다. "하느님은 빛이시며 그분께는 어둠이 전혀 없다"(1요한 1,5).

따라서 빛의 원형인 하느님은 깨달음과 온기를 주며, 치유의 힘을 우주로 전파하신다. "'빛이 생겨라.' 하시자 빛이 생겼다", "하느님께서 보시니 그 빛이 좋았다"라는 창세기 구절로 나는 이 책 서문을 시작했다. 그렇다. 이 빛은 세계와 인간에게 좋았다. 이것을 노래하는 잉게보르크 바흐만의 시 「태양에게」는 자연과학자에게나 신학자에게나 호소하는 바 크다.

불타는 혜성의 등장보다 더 아름답고
다른 모든 별보다 더 아름다운,

너와 나의 삶이 매일 그에게 달려 있으니,

그것은 바로 태양이라네. (…)

우리를 따뜻이 간직하고 보호하며 놀랍도록 배려하는
아름다운 빛,

내가 다시 보다니, 내가 너를 다시 보다니!
태양 아래 존재하는 것보다 더 아름다운 것은 태양 아래 없도다 ….[42]

자연과학과 종교 간의 상호 이해를 위해 그 누구보다 많은 일을 한 존 템플턴 경卿은 이렇게 말했다. "우리가 아는 것이 정말 보잘것없음을 깨닫고 좀 더 겸손해진다면, 우리는 더 열정적으로 탐구할 수 있을 것이다."[43] 이로써 다음 부部로 건너갈 다리가 놓였다. 지금까지 준비해 온 것을 토대로 제4부에서는 또 다른 근본 문제에 대하여 다룰 것이다. 그것은 우주에서의 생명의 기원에 관해, 그리고 놀랍게도 정신과 인간에까지 도달한 진화의 우연과 필연에 관해 묻는다. 이 문제에 관한 연구 역시 획기적으로 진척되었다.

---

[42] I. BACHMANN, An die Sonne, in: *Werke*, hrsg. v. C. KOSCHEL u.a., Bd. I. München 1982, 136-7.

[43] J. TEMPLETON, *John Templeton Foundation*, Radnov/Pennsylvania 2004, 9.

제4부

# 생명의 기원

적어도 지구 역사가 시작할 때는 생명이 존재하지 않았다는 점에서, 성경과 자연과학은 일치한다. 아직 첫 생명이 생성되지 않았던 약 35억 년 전, 땅은 "꼴을 갖추지 못하고 비어"(창세 1,2) 있었는데, 그 모습이 어떠했을지 유럽 무인우주탐사선 '호이겐스'는 보여 주었다. '호이겐스'는 7년 동안 32억 km 이상을 날아, 2005년 1월 14일 한 치의 오차도 없이 토성의 위성 타이탄에 착륙했다. (타이탄은 대기가 있는 유일한 위성이다.) 이 자연과학의 쾌거는 힘주어 묻는다: 우리 지구의 역사가 진화론에 따라 처음부터 끝까지 예측 가능하고 내적으로 연관되고 일관성 있는 발전이라면, 만사가 (세계 내적!) 인과율의 지배를 받는다면, 매 단계가 선행 단계로부터 명쾌히 귀결된다면, 신이 '개입'할 여지는 어디쯤에 있는가? 이를테면, 생명이 생성될 때? 아니면 훗날 인간이 창조될 때?

생명의 기원에 대해서는 제4부에서, 인류의 기원에 대해서는 제5부에서 논의할 것이다.

## 1. 생명은 언제부터 존재했는가?

**아담과 하와**의 타락에 관한 **낙원 전승**(창세 1-3장; 로마 5,12-21)은 인간 자체[Adam은 '인간(들)'을 뜻하는 히브리어]에 대한 상징 설화로 이해되어야 한다. 역사비평적 성서 해석과 자연과학적 탐구는 이 점을 납득시켰다. 낙원 전승은 실존 남녀에 관한 역사적 보고가 아니다. 모든 인간은 아담과 하와에서 유래한다는 교황 비오 12세의 '인류 일원설'을, 지금은 가톨릭 신학자들도 고수하지 않는다. 창세기의 요체는 과학적 진술이 아니라, 태초에 주어진 인간의 근본 상황에 대한 종교적 해석이다.[1]

일찍이 신학자들은, 인류 기원사와 구약성경의 기적들에 앞서, 방해 없이 자연스럽게 흘러갈 뻔했던 역사의 과정에서 인과 과정이 멈추고 이른바 **하느님의 직접적이고 '초자연적인' 개입**이 필요했던 결정적 전환점이 무엇이었는지 찾아보려 했다. 그러나 신학의 갖은 '지연작전'이 끝난 오늘날, 우주든 인간(의 몸)이든 '자연적으로' 발전했다는 사실만큼은 신학자들도 시인해야 한다. 생명은 약 35억 년 전부터, 인간은 약 20만 년 전부터 지구 상에 존재했다. 생명, 나아가 인간 정신('영혼')이 창조자의 직접적 관여나 개입으로 생성되었다는 주장에 여전히 집착하는 것이 과연 옳으냐라는 질문은 신학자만의 몫은 아니다. 묻건대, 생명은 '정의'될 수 있는가? 무생물과 '경계' 지어질 수 있는가? 요컨대 '생명'이란 무엇인가?[2]

---

[1] 참조: H. HAAG, *Biblische Schöpfungslehre und kirchliche Erbsündenlehre*, Stuttgart ⁴1968; U. BAUMANN, *Erbsünde? Ihr traditionelles Verständnis in der Krise heutiger Theologie*, Freiburg/Br. 1970.

## 1.1. '생명'이란 무엇인가?

과학적 생물학의 창시자 아리스토텔레스는 스스로 움직이는 능력, **자가동력**을 모든 생명의 특징이라 보고, **생명의 세 형태**를 구별했다.

- 영양 섭취 · 생장 · 번식 능력을 갖춘 생장적 · 식물적 삶.
- 지각 · 운동 · 노력 능력을 갖춘 감각적 · 동물적 삶.
- 이성적 · 정신적 삶: 생명 원리인 '영혼'(anima)은 '생장적'(vegetativa) · '감각적'(sensitiva)일 뿐 아니라 '이성적'(rationalis)이다. 인식 능력과 결정의 자유, 도덕성과 미와 의미를 체험할 기반을 갖추고 있다. 훗날 아우구스티누스와 (더 결정적으로) 토마스 아퀴나스는, 개인의 영혼은 부모의 생식으로 생기는 것('영혼출생설')이 아니라, 출생할 때 하느님이 직접 무에서 창조했다는('영혼창조설') 견해를 내세웠다.

**현대 생물학자들**은 형이상학적 함의 때문에 생명의 철학적 정의를 포기하고, 무생명에서 생명으로의 무수한 이행 때문에 역시 물리적 · 화학적 정의도 삼간다. 그들은 최소한의 조건, 꼭 필요한 구조적이고 역동적인 속성들을 기술하는 데 만족한다. 오늘날, 모든 생물은 **세 가지 역동적 특징**을 지닌다는 견해가 지배적이다.

---

[2] 참조: S.E. LURIA, *Life – The Unfinished Experiment*, New York 1973; dt.: *Leben – das unvollendete Experiment*, München 1974, Kap. 11: Der Geist; H. VON DITFURTH, *Der Geist fiel nicht vom Himmel. Die Evolution unseres Bewußtseins*, Hamburg 1976; B.-O. KÜPPERS (Hrsg.), *Leben = Physik + Chemie? Das Lebendige aus der Sicht bedeutender Physiker*, München 1987.

- 종種이 같은 유기체끼리의 생식 능력: **번식**.
- 다양한 생물이 생성될 조건을 제공하는 유전적 변화: **돌연변이**.
- 환경에서 에너지와 물질을 얻고 변환시키기 위한 대사 조절: **물질대사**.

살아 있는 것은 늘 개체적이다. 생물은 환경과 구분되는 구조물이며, 그 가장 작은 단위는 세포다. 따라서 생명이 **어디에** 존재하는지 묻는 질문은 '생명'을 정의하는 것이 **무엇인지** 묻는 질문만큼이나 흥미진진하다. 자주 논의되는 문제는 이것이다: 우주에 우리뿐인가?

### 1.2. 우주에 우리뿐인가?

단도직입적으로 묻자: 우주 어딘가에, 태양계의 다른 행성이나 100억 년 된 우리 은하계의 다른 별에 생명이 존재하는가? '외계 생명'에 대한 대중적 상상을 더 많이 촉발시킨 것은 진지한 과학이 아니라 오히려 SF 영화나 문학이었다. 그런데 왜 가설과 모형을 스스로 고안해 내지 않는가? **외계 생명의 가능성**이 처음부터 **배제되지는 않았다.** 물론 태양과의 적정 거리와 적정 온도, 적정 비율의 필수 원소 등, 지구와 유사한 물리적 조건을 가진 행성이 우주 어딘가에서 실제로 발견되어야 할 것이다. 그리 어려운 작업은 아닌 듯하다. 과거 별들이 폭발할 때 생긴 구름들이 생명의 생성에 필요한 탄소, 규산염, 물과 같은 성간星間물질의 분자들을 다량 함유하고 있음을 확인했기 때문이다.

1960년대까지 UFO, 즉 미확인비행물체에 대한 상상이 횡행한 것은 뉴에이지나 일부 비교秘敎 집단에 국한된 현상이 아니었다. 원반이나 굴런 모양의 '비행접시'가 과학적으로 입증된 경우는 없고, 오히려 자연 혹은 인공 현상으로 밝혀지거나 심지어 의도적인 날조로 판명되었다. 지구에 착륙하는 모습을 노출시키지도 않고 그것들은 어떻게 수십만 광년(1광년 = 9조 km)을 비행할 수 있었을까?

물리학자 주세페 코코니와 필립 모리슨이 『네이처』지에 기고한 논문에 고무되어, 1960년 웨스트버지니아 주 그린파크에서 '외계 지성 탐사 계획'SETI에 대한 회의가 열렸다. 1962년부터는 그곳 국립천문대에서 직경 91.5m짜리 반사경이 장착된 전파망원경이 가동에 들어갔다. 그 망원경은 12년 후 붕괴되었다.

젊은 천문학자 프랭크 드레이크(1930년생)가 외계로부터의 약한 전파 신호를 추적하며 체계적 우주 탐색을 처음 시작한 곳도 바로 여기였다. 1961년 그는 별들이 생성될 확률, 행성을 가진 별의 수, 생명이 존재할 수 있는 행성의 수를, 상당한 근거를 가지고 계산하여 추정했다. 또한 고등한 기술 문명(문화)의 평균연령도 산정했다. 이런 논리로 그는 우리 은하계에만 대략 1만여 문명이 성간 통신 능력을 갖추고 있다는 결론을 내리고, 그 후 몇 년 동안 그들의 우주전파 신호를 추적했다.[3]

자신의 견해를 유포시킬 때 처음부터 드레이크는 젊은 세이건(1934~1996)의 든든한 지원을 등에 업었다. 드레이크처럼 1970년대에 코넬 대학 천문학 교수가 된 세이건은, 우주에 관한 텔레비전 시리즈 작가로서도 세계적 유명세를 탄 사람이다.[4] 세이건은 우리 은하계에 존재한다고

---

[3] 참조: F.D. DRAKE, *Intelligent Life in Space*, New York 1962. DRAKE는 1964년부터 코넬 대학 교수로 재직.

[4] 참조: C. SAGAN, *Cosmos*, New York 1980; dt.: *Unser Kosmos. Eine Reise durch das Weltall*, München 1982.

추정되는 외계 문명의 수를 백만까지 올렸다! 그는 마리너 · 바이킹 · 보이저 등, NASA의 무인우주탐사선 프로젝트에 집중적으로 참여했다. 그는 보이저에 외계 문명에 전하는 인류의 메시지를 탑재했다. 태양 안테나 크기의 도금한 알루미늄판(14×23cm)에 태양계의 상황과 남녀 두 사람을 그려 넣은 것이었다.[5]

빛나는 '항성들' 사이에 모래알처럼 산재된 행성마다 고립 문명들이 존재할 개연성이 있다는 견해에 동조하는 천문학자들이 날로 증가하는 추세다. 실제로, 외계 문명과 접촉해 보려는 욕구에 편승하여 과학과 산업이 부흥되기도 했다. 「E.T.」 같은 영화, TV 쇼, 대중 서적과 각종 과학적 기획물들이 이 가설을 근거로 쏟아져 나왔다. 다른 별에서 오는 전파 신호를 받거나 지구에서 신호를 보내려는 별별 시도에 관해서는 말할 나위도 없다. … 결과는 어땠는가?

### 1.3. 헛된 탐색

학계 · 재계 · 언론계가 우주 생명 탐사에 천문학적 비용을 쏟아 붓고 결국 해낸 것이 뭔가? 지금까지는 아무것도 없다! 모든 시도가 실패했다. 적이든 친구든 외계인이 지구를 방문했다는 건 말할 것도 없고, 먼 행성에서라도 지구인과 어떻게든 접촉했다는 과학적 증거도 없다. 반대로 최근의 우주탐사 결과를 보면, 적어도 **우리 태양계의 다른 행성과 그 위성에는 복잡한 생명체가 전혀 있을 것 같지 않다.** 그렇다, 2004년 2월 「뉴욕 타임스」에는 "아마 '저 바깥'에는 아무도 없을 것이

---

[5] C. SAGAN, *Murmurs of Earth*, New York 1978.

다"라는 제목의 기사가 실렸다. "여러 해 외계인을 찾아봤지만, 우주에는 아마 우리뿐인 것 같다."[6]

이 기사는 '기이한 지구'라는 도발적 제목의 최신 천문학 논문을 근거로 작성되었다. 이 논문의 저자는 대량 멸종(특히 공룡) 전문가이며 고생물학자인 피터 워드와, 항성간·행성간 소성단을 모으는 나사 소성단 프로젝트의 수석 과학자이며 저명 천문학자인 도널드 브라운리(워싱턴 대학/시애틀)였다. 그들은, 생명이 살기에 지구 주위의 우주 환경은 정말 끔찍하다는 결론을 내렸다. 생명은 지구 같은 '낙원'에서만 생성될 수 있고, 화성뿐 아니라 **우리 태양계 밖에서 지금까지 발견된 모든 대형 행성들도 복잡한 생명체의 진화에는 전혀 적합하지 않다는 것이다.**

2005년, 이론물리학자 하랄트 레슈(뮌헨 대학)는 이렇게 털어놓았다. "우리는 찾고 또 찾았지만 아무것도 나타나지 않았습니다! 아무것도! 언젠가 외계 문명에서 오는 신호를 하나라도 잡으려면 아마 수천 년을 우주에 귀 대고 있어야 할 것입니다. 20년을 헛고생한 뒤 몇몇 전문가들은, 다른 문명을 찾을 합리적인 기회를 얻기까지 계산상 오륙천 년은 걸릴 것이라 생각합니다. 어찌되었든, 아무것도 발견되지 않았습니다."[7] 레슈에 따르면, 이것은 전혀 놀랄 일이 아니다. 생명체가 지구에서처럼 사는 데는 사실 **엄청나게 많은 어려운 조건**이 충족되어야 하기 때문이다. 거주 가능한 행성의 평균 온도는 섭씨 약 15°다. 태양 근처를 공전하는 뜨거운 금성(표면 온도 450°C)이나, 태양에서 멀리 떨어져 물

---

[6] W.J. BROAD, Maybe There Isn't Anyone 'Out There', in: *New York Times/International Herald Tribune* 2004년 2월 9일 자.

[7] H. LESCH, Begegnung mit der dritten Art – Gibt es außerirdische Intelligenz?, 2005. 1. 16. SWR2 라디오 강연; H. LESCH. u.a., *Physik für die Westentasche*, München 2003.

이 흐를 수 없을 만큼 추운 화성(평균 온도 영하 70°C) 같은 행성은 안 된다. 또 폭풍을 면하려면 너무 빨리 자전하지도 말아야 할 것이며(지구에서는 달이 지구의 자전 속도를 제어한다), 대형 운석의 충돌로부터도 가능한 한 보호되어야 할 것이다(태양계의 다섯째 궤도를 공전하는 크고 무거운 목성은 운석 덩어리를 지구에서 멀리 이격시키는 구실을 한다). 사실, 행성에서 생명체가 살 수 있는 조건에 대해 깊이 생각할수록, 우리 주변에 외계 생명체가 존재할 가능성은 더욱 희박해진다.

고귀한 제다이 기사, 외계인 난쟁이 요다, R2D2와 C3PO 같은 로봇, 비극적이고 악마적인 인물 다스 베이더 등이 등장하는 조지 루카스의 6부작 영화 「스타워즈」Star Wars는 경험적으로 뒷받침되지 않은 신화에 불과하다(몇몇 팬은 실망스럽겠지만). 물론 어느 누구도 먼 우주 어딘가 그래도 생명이 존재할 가능성을 이론적으로 배제할 수는 없고, 신학자들도 그런 발견을 두려워하지 않는다.

우리 인간은 기본적 삶의 기반마저 위협받는 지구라는 행성에 살고 있다. 우리에게 외계 생명의 존재는 2004년 9월 언론 매체를 강타한 뉴스만큼이나 심각하다. 유럽의 한 위성이 가장 강력한 은하 충돌 중 하나를 촬영한 사건이 그것이다. 그런데 수천의 은하가 **어디서** 충돌했는가? 관측소의 발표에 따르면, 8억 광년이나 떨어진 곳이었다! 그러니 걱정할 것 없다. 원반형 우리 은하의 직경이 10만 광년에 '불과하다'는 것, 즉 빛의 신호가 한 끝에서 다른 끝까지 가는 데 10만 년이 걸린다는 것을 생각하면, 허리케인을 방불케 하는 이런 사태는 상당히 먼 우주에서 벌어진다. 가장 가까운 거대 은하, 안드로메다 성운도 220만 광년이나 떨어져 있다. 오늘 허블 망원경이 찍는 놀라운 사진은 사실

220만 년 전 안드로메다 성운에서 일어난 일이다. 따라서 2004년에 보도된, 8억 광년 거리에서의 은하 충돌이 인류에게 사소한 위험이라는 뜻은 아니나, 그렇다고 난리를 치거나 값비싼 우주 장비를 확충할 이유가 될 수는 없다!

최근 화성 탐사 결과, 대기가 희박한 이 붉은 행성에 탄소는 풍부하지만 물이 흐르지 않아 박테리아나 바이러스 이상의 복잡한 생명체가 존재하지 않는다는 결론을 내렸다. 탐사선 '호이겐스'의 정보에 따르면, 토성의 위성 타이탄에는 지구와 유사한 물리적 활동만 일어날 뿐이다. 강수·침식·유수流水 흔적은 있지만, 이 춥고 낯선 위성의 화학적 과정들은 근본적으로 다르다. 영하 170°C에서는 액체와 기체 형태의 메탄만 존재할 뿐, 물은 존재하지 않는다!

이제 질문은 더욱 다급해진다.

## 2. 생명은 어떻게 생겨났는가?

오늘날 우리에게 먼 은하계 소식보다 더 중요한 것은 **지구 상 모든 생명이 상호 유사성을 지닌다**는 명백한 통찰이다. 생명은 모두 같은 기원을 가진 것으로 추정되는 좌회전성 분자(우회전성 분자는 없다)로 이루어져 있다. 무엇보다 모든 생물은 네 가지 동일한 기본 요소를 나타내는 유전자로 구성된다. 생명을 정의하려고 애쓰는 것보다, 외계 생명체를 찾아다니는 것보다, 오늘날 우리 인간에게 더 중요한 것은 바로 생명의 생성에 관한 제3의 문제다.

### 2.1. 생명의 운반자

최근 수십 년간 생물학은 바로 이 문제에서 획기적인 성공을 거두었다. 오늘날 다윈의 진화론은 살아 있는 세포 차원에서뿐만 아니라 분자 차원에서까지 물리학적 근거가 있고 실험적으로도 검증되었다고 여겨질 정도다. 다윈은 생명 원리가 언젠가는 보편 법칙의 일부나 결과로 인식되리라는 희망을 피력한 바 있다. 몇십 년 전만 해도 꿈만 같았던 일이 이제 실현되었다. 20세기 중엽 이래 생물학의 새로운 토대를 구축했던 **분자생물학**이 이 법칙을 발견한 것이다. 1953년 제임스 왓슨과 프랜시스 크릭은 유전물질의 구조에 관한 이중나선 모형을 제시했고, 이 업적으로 1962년 노벨상을 받았다. 이로써 얼마 전 물리학이 양자역학으로 혁명을 일으켰듯이 생물학도 혁명을 일으키게 되었다.

박테리아와 바이러스에서 발견된 것은 더 고등한 유기체, 추측건대 지구 상 모든 생명체에도 적용된다: 생명과 그 근본 특징의 기초 운반자는 핵산과 단백질이라는 **두 종의 고분자**로, 나선형 사다리를 포갠 형태를 띤다. 이것이 바로 저 유명한 DNA 이중나선 구조(그리스어 *helix* = 나선)다. 이것의 기능을 간략히 묘사하면 다음과 같다:

유기체의 유전 특성의 운반자는 DNA 타입의 **핵산** 분자 사슬이다. 이것은 상이한 네 염기(아데닌, 시토신, 구아닌, 티민)를 가진 특유의 긴 서열로 이루어지고 주로 세포핵에서 일어난다. 생명체의 청사진은 염기 서열 속에 '유전자 코드'로 암호화되어 있다. 이 서열은 일종의 복제 과정을 통해 재생되며, 동종의 유전물질을 세포에서 세포로, 세대에서 세대로 전달한다. 복제 오류는 돌연변이를 일으켜 변화된 유전 특성을 지닌 유기체를 낳는다.

DNA는 세포 내 작용을 어떻게 통제하는가? 무엇보다 DNA 단면이 복제됨으로써다. **단백질**은 물질대사의 촉매 역할을 한다. 단백질은 핵산으로부터 '정보'를 획득하여, 그 구조와 기능을 지시함으로써 살아 있는 세포에 전달된 기능을 실행한다. 생명은 이렇게 작동하고 번식한다. 가장 기초적 차원에서 펼쳐지는 '마법의 세계'다. 이 극미의 공간에서 분자들은 100만분의 1초 동안 자기 변화를 수행하는 것이다.

혹자는 반사적으로 묻는다: 가령 결정結晶이 형성될 때 개별 원자들을 배열하여 생명을 생성하는 모종의 신비스런 창조 행위가 배후에 숨어 있지 않을까? 그러나 개별 원자들은 특별한 창조 행위 없이도 놀랄 만큼 빠르고 정확하게 제자리를 찾아간다. 생명이 (처음) 생성될 때라고 왜 그러지 않았겠는가? 그때는 정말 창조자, 혹은 적어도 조직자가 필요했을까?

### 2.2. 물질의 자기조직화

어떻게 생명 없는 것에서 첫 생명이 생겨났는지는 여전히 오리무중이다. 어떤 정확한 사건들이 **생물의 발생**을 유도했는지도 확실하지 않다. 물론, 생명으로 이행하는 개개의 과정을 어떻게 설명하든, 그 과정이 생화학적 합법칙성과 **물질의 자기조직화**, 즉 분자의 자기조직화에 근거한다는 것, 그리고 전하電荷를 띰으로써 원시물질에서 점점 더 복잡한 분자와 조직들이 형성되듯이, 탄소를 기저로 하는 생명도 핵산과 단백질에서 생성된다는 것 정도는 알고 있다.

진화는 어찌하여 외부 요인의 강제나 조종 없이 더 고등한 종種으로 진전되는 것일까? 다윈이 동식물계에서 확인한 '**자연선택**'과 '**적자생**

존'의 원리가 **분자 차원에도** 적용된다는 것은 아주 대단한 발견이다. '적응'하려는 이 성향은 제대로 적응하지 못하는 분자들을 도태시키며 쉼 없이 '위'를 향한 발전을 재촉한다! 이리하여 단세포생물, 다세포생물, 그리고 마침내 더 고등한 동식물로 진화하게 되는 것이다.

지구에 생명이 탄생하는 초기 단계에 대해서는 인식의 공백이 상존하지만, 그나마 몇 가지 대략적 특성이 두드러지게 나타난다. 아래에서는 튀빙겐의 막스플랑크 진화생물학 연구소를 다년간 이끌었던 알프레트 기어러의 시나리오에 따를 것이다.[8]

30억여 년 전, 지구 상에는 생명이 존재하지 않았다. 그러나 우연적 염기 서열을 지닌 RNA 타입의 핵산이 생성될 화학적 조건은 존재했을 것이다. 그때 (드물지만) 아주 우연히 RNA 분자들이 생성되었는데, 이것들이 접힌 상태에서 촉매 작용을 하여 핵산 자체의 합성을 가속화한다. 물질대사 및 돌연변이 가능성과 결합된 이 자기 증식이, 말하자면 **생명의 출발 신호**였다. 그때부터 RNA 시퀀스의 확장, 돌연변이, 선택을 통해 생화학적 기본 과정과 구조들, 무엇보다 RNA가 조정하는 **단백질 합성**의 '창조'가 이루어졌다. 유전물질의 역할은 RNA에서 DNA로 넘어갈 수 있었다. DNA는 RNA와 화학적으로는 매우 유사하지만 두 가닥으로 이루어져 있는데, 바로 이것 때문에 유전물질 복제의 정확성이 현격히 높아졌다.

나중에 세포의 **광합성** 능력이 향상되었다. 햇빛은 물질대사를 위한 직접적 에너지원으로 유용했고, 그와 더불어 애초에 없던 산소가 풍부

---

[8] 참조: A. GIERER, *Biologie, Menschenbild und die knappe Ressource Gemeinsinn*, Würzburg 2005, 15-22.

해졌다. 운동과 자극 전도 메커니즘, 이미 형성된 세포막의 이온 관<sub>管</sub> 등, 구조와 기능이 복잡해짐에 따라 **단세포생물**이 생겨났다. 이런 구조와 기능은 훗날 동물의 신경세포 발달에 결정적 역할을 한 전기 신호의 신속한 전달과 가공을 가능하게 했다. 게다가 세포의 양성兩性 증식 메커니즘 덕분에 진화의 가능성과 속도도 향상되었다.

향후 중요한 행보는 **다세포생물**의 진화와 세포 분화다. 이로써 유전자 조작의 복잡한 네트워크를 통해, (근육세포나 신경세포처럼) 동일한 유전물질에 생화학적 안정 상태를 달리하는 세포의 생성이 가능해졌다. '복구 효소' 같은 새로운 것이 꾸준히 '발견'된 덕분에 더 고등한 단계의 복잡성이 출현했고, DNA 구성 성분의 수십억 가지 배열을 정확히 복제할 수 있게 되었다. 이는 포유류와 인간의 유전물질에 반드시 필요한 것이었다.

다세포 기관의 진화로 더 고등한 동식물의 형태와 구조가 생성되었다. 이것은 세대마다 매우 감동적인 과정을 거쳐 수정된 난세포에서 발달되었다. "우리 감각이 생물학적 형태의 아름다움에 감명받듯이, 우리 이성도 동물의 교묘한 행동 방식에 매료된다. 동물 행동의 풍부한 레퍼토리는 두뇌 진화의 산물이다. 행동은 뉴런 망에서 전기화학적 신호로 이루어지는 정보 처리에 기인한다."[9]

인간의 경우, 나는 뇌와 관련된 철학적·신학적 문제들을 탐구할 것이다. 최근의 생화학적 연구 결과를 보건대, 이 복잡한 과정들에 창조주의 특별한 개입이 필요하지 않았음이 확실하다. 각종 의문들이 풀리

---

[9] 같은 책 19.

지 않았지만, 주어진 물질적 조건하에서 생명의 생성은 **물리·화학적으로 이해 가능한 사건**이다. 그러나 이 모든 것을 지배하는 것은 단순한 우연인가?

### 3. 우연인가 필연인가?

수십 년 전 **생기론**生氣論과 **유물론적 기계론** 사이에 격론이 벌어졌다. 전자는 비생물학적 요소, 창조적 생명력, 생물학적 동력을 조종하는 근원적 힘(베르그송: 생의 약진)[10]을 상정하여 생명을 설명하려 했고, 후자는 순수 역학적 법칙에 따라 생명을 설명하려 했다.[11] 어쩌면 둘 다 옳을지도 모른다. 법칙**과** 우연, 구조**와** 새로움은 병존한다. 불확정성, 불명료성, **개별적 과정에서의 우연성**이라는 양자역학적 문제가 여기서도 대두되었다! 생물학적 진화의 전 과정이 필연적이며 법칙에 지배된다는 것은 의심할 여지가 없다. 그럼에도 진화는 늘 기로에 서 있었고, 자연은 이른바 곤충류로 가는 길과 포유류로 가는 길을 동시에 걸었다. 심지어 전혀 나아가지 않은 적도 있었다. 그래도 많은 종이 생겨났는데, 이들은 훗날 퇴화되거나 멸종했다. 진화의 막다른 골목이었다.

---

[10] 참조: H. BERGSON, *L'évolution créatrice*, Paris 1907, [77]1948.

[11] 참조: L. BÜCHNER, *Kraft und Stoff*, Leipzig 1855, [21]1904; J. MOLESCHOTT, *Der Kreislauf des Lebens*, Heidelberg 1852.

**3.1. 우연의 우위?**

시간의 연속선상에서 개별적 사건들은 사실 불확정적이다. 진화의 구체적 방향이 처음부터 정해져 있지는 않았다. 돌연하고 미시적인 돌연변이는 우연이다. 여기서 걷잡을 수 없는 생장이나 심한 변동을 통해 거시적 영역에서도 갑작스럽고 뜻하지 않은 변화와 새로운 현상들이 생겨난다. 아마도 우연과 필연이 동시에 지배하고 있을 것이다! 그리스의 철학자이자 원자론자인 데모크리토스(기원전 460~371년)는, "우주에 존재하는 모든 것이 우연과 필연의 열매"라고 했다. 이런 모토 아래 프랑스의 분자생물학자 자크 모노(파리)는 명저 『우연과 필연』을 출간했다. 그는 1965년 효소와 바이러스 합성의 유전적 조절에 관한 연구로 노벨상을 받았고 1976년에 서거했다. 모노는 우연의 결정적 우위를 인정했다. "순전한 우연, 우연 그 자체, 놀라운 진화 체계의 근본인 절대적·맹목적 자유."[12] 따라서 **모든 것이 우연이다**. 그래서 이 체제의 창조자이며 보존자의 필연성은 없다는 것인가? 모노는 두 가지 관점에서 옳았다:

무신론자를 자처하는 모노가 **진화의 동력이나 에너지**가 처음부터 주어져 있었다는 가정을 **반박**하는 것은 **정당하다**. 그것은 상향 진화를 설명하고 '오메가 포인트'로 인도하며 새삼 창조주께로 되돌아가게 한

---

[12] J. MONOD, *Le hasard et la nécessité*, Paris 1970; dt.: *Zufall und Notwendigkeit. Philosophische Fragen der modernen Biologie*. Vorrede zur deutschen Ausgabe von M. EIGEN, München ⁵1973, 141. 참조: S.E. LURIA, *Leben – das unvollendete Experiment*, 162: "(아무리 특별한들) 인간은 맹목적 우연과 가혹한 필연의 산물에 불과하다." 그러나 이 미국의 암 연구가이자 노벨 생리학상 수상자의 근본 태도는 모노처럼 실존주의적 염세주의가 아니라 철저한 미국적 낙천주의다(14-5, 200-3 참조). 루리아는 과학의 진보가 '창세기 예언'['너희가 하느님처럼 되어 선과 악을 알게 될 것이다'(창세 3,5 참조)]을 실현한다고 여겼다. 그러나 그것은 **뱀**의 말이었다!

다. '생기론자들'의 '힘'이나 '에너지'는 19세기 진보 신앙에서 연원하고 테야르 드 샤르댕도 주장한 바 있는데, 모노는 이를 과학적 정당성이 없는 '물활론적 투사物活論的投射'라고 규정한다.[13]

한때 공산주의자였던 모노가 영원한 **물질**에 미지의 힘이 있다고 여기는 유물론적 생물학을 **반박**하는 것도 **정당하다**. 이 또한 '물활론적 투사'이고 '인간중심적 망상'이다. 이는 "과학과 양립할 수 없으며" 명백히 "변증법적 유물론의 인식론적 붕괴를 예시할 따름이다".[14]

그러나 문제는 모노가 창조주에 반대하는 것도 옳으냐는 것이다. (그는 자신의 이론을 통해 창조적 물질과 마찬가지로 **창조주도** 철저히 배제하려 했다.) 좀 더 면밀히 살펴보자.

### 3.2. 자연법칙은 우연을 통제한다

1967년 급속한 화학반응의 속도론에 관한 연구로 노벨 화학상을 수상한 독일의 물리화학자 만프레트 아이겐(괴팅겐 대학)은, 저서 『게임』에서 모노에 반대하는 명제를 정립했다. "자연법칙은 우연을 통제한다".[15] 저서의 부제이기도 한 이 명제는 현대 생물학자의 광범위한 공감을 얻고 있다. 모노의 『우연과 필연』 독일어판 서문에 아이겐은 이렇게 썼다. "개별적 형태의 기원이 우연에 기인한다 하더라도, 선택과 진화의 과정은 불가피한 필연일 뿐, 그 이상은 아니다! 물질에 내재하여 결국 역사의 진행까지 좌우한다는 신비스런 '생의 특성'은 없다! 우연

---

[13] 참조: J. MONOD, *Zufall und Notwendigkeit*, 46.　　[14] 참조: 같은 책 46-55.

[15] 참조: M. EIGEN - R. WINKLER, *Das Spiel. Naturgesetze steuern den Zufall*, München 1975; E. SCHOFFENIELS, *L'anti-hasard*, Paris 1973은 다소 편파적이다.

이되, **단지** 우연인 것만은 아니다!"[16] 빈의 생물학자 루페르트 리들도 "그렇다면 신이 주사위 놀이를 하는 것인가?"라고 묻는다. "분명히 한다! 다만 자신의 게임 규칙을 따를 뿐이다. 둘 사이의 긴장이야말로 우리에게 의미와 자유를 동시에 부여한다."[17]

오늘날 물리학자들이 '**카오스**'라는 극적인 (그리고 오해의 소지가 다분한) 이름으로 부르는 것에도 이것이 적용되는가? 물론이다. 카오스조차 인과율에서 온전히 벗어나지 못한다. 본디 그리스어 '*cháos*'는 텅 빈 공간, 형태 없는 덩어리를 뜻하지만, 현대 일상어에서는 완전한 혼돈을 뜻한다. 물리학에서 카오스는 날씨처럼, 미세한 원인에도 엄청난 결과를 초래하는, 극도로 민감하고 복잡한 체계를 의미한다. 카리브 해 나비의 날갯짓이 미국에 회오리바람을 일으킬 수 있다는 것이다. 사실 해석이 불규칙하고 주기가 불확실한 그런 체계에서는 기껏 단기 예측만 가능할 뿐, 장기 예측은 불가능하다. 인과적 부분 체계망은 산출되는 운동 패턴이 '우연'이랄 수밖에 없을 만큼 복잡하다. 그럼에도 카오스이론[18]은 컴퓨터의 도움으로 (가령 유체역학, 전자공학, 양자역학 분야에서) 역동적 체계의 수학적·물리학적 기술을 시도한다. 이런 역동적 체계는 결정된 우연의 행태와 카오스적 구조의 형성으로 특징지어진다. 이 모든 것이 의미하는 바는 결국, '카오스' 속에서도 인과관계는 존속하며, 무질서 속에서도 질서가 발견된다는 것이다.

---

[16] M. Eigen, Vorrede zu J. Monod, *Zufall und Notwendigkeit*, XV.

[17] R. Riedl, *Die Strategie der Genesis. Naturgeschichte der realen Welt*, München 1976, 122.

[18] 참조: A. Kunick - W.-H. Steeb, *Chaos in dynamischen Systemen*, Mannheim 1986; überarbeitet u. erweitert ²1989. ("물리학과 수학 입문 강의를 다 들은 학생들을 위해 썼다!")

따라서, 진화를 설명하는 데 있어 우연이냐 필연이냐, 불확정이냐 확정이냐, 유물론이냐 관념론이냐는 잘못된 양자택일이다. 신이 규칙 범위 내에서 주사위 놀이를 했다 쳐도 의문은 가시지 않는다. 주사위 놀이를 한 것이 과연 **신**인가? 자기를 조직하는 물질과 자기를 조절하는 진화가 신을 이미 불필요한 존재로 만들지 않았는가?

## 3.3. 신은 불필요한 존재인가?

단연코 모노가 이런 부정적 견해를 가진 유일한 생물학자는 아니었다. 어떻게 대답해야 하나? 나는 차별화하고 싶다. 무생명계에서 생명계로의 이행이나 분자의 불확정성을 근거로 **신의 존재를 요청하는 것**은 **근거 없는 가정**이다. (이 점에서 나는 모노에 동의한다.) 그렇다면 이것은 불운한 임시변통의 신에 불과할 것이다. 아이겐도 모노와 뜻을 같이한다.

> 소립자에서 원자로, 원자에서 분자로 … 단세포에서 기관으로, 그리고 마침내 인간의 중추신경계로 발전하는 단계처럼, 고분자에서 미생물로 발전하는 '생명의 생성 단계' 또한 많은 단계 중의 한 단계에 불과하다. 우리는 왜 하필 분자에서 단세포로 발전하는 단계를 다른 어떤 단계보다 더 큰 경외심으로 바라봐야 하는가? 분자생물학은 수백 년을 버텨 온 창조 신비주의에 종지부를 찍었다. 갈릴레이가 시작한 것을 완성한 것이다.[19]

---

[19] M. EIGEN, Vorrede zu J. MONOD, *Zufall und Notwendigkeit*, XV.

고분자에서 첫 세포로 이행하는 단계가 그래도 더 큰 중요성을 지니는 것이 아닌지는 생물학자들 간에도 의견이 분분하다. 우리의 핵심 질문은 이렇다: 모노가 생각하듯이, '창조 신비주의'에 대한 거부가 동시에 세상의 창조자이며 주재자인 신에 대한 거부를 불러 일으켜야 하는가?

결코 그렇지 않다. 분자생물학적 소견을 근거로 **신의 존재를 배제**할 수 있다는 **가정**도 **근거가 없기** 때문이다. 여기서 아이겐은 모노와 맞설 수밖에 없다. "'생명과 사회에 대한 실존적 태도'를 요구하면서, 모노는 '우연'의 역할을 물활론적으로 평가절상한다. 그것은 합법칙성의 상보적 관점을 포괄적으로 경시하는 처사다. '필연'의 변증법적 과대평가를 비판하는 것이 (…) 명백히 현존하는 필연의 영향력을 부인하는 것이 되어서는 안 될 것이다."[20] "윤리와 인식은 서로 무관하게 병존할 수 없다"는 결론이 여기서 도출된다. 이 점에서 아이겐은 모노에게 동의한다. 하지만 그는 이것을 "위대한 종교들의 사명으로 [이해하지] 형벌로 보지 않는다. … 자연과학은 신 존재 증명에 별 성과도 거두지 못했고, 인간에게 '신앙이 필요하지 않다'는 것을 주장하지도 못했다. 윤리는 (아무리 객관성과 인식과 조화를 이루어야 한다 해도) 물질의 행태보다는 인류의 욕구를 지향해야 할 것이다."[21] 나는 아이겐의 편에 설 수밖에 없다: 창조 신비주의의 거부는 세상의 창조자이며 주재자의 거부를 결코 함의하지 않는다!

---

[20] M. EIGEN - R. WINKLER, *Das Spiel*, 13. 197.

[21] 같은 곳.

### 3.4. 실존적 선택

신 문제에 관한 한, 생물학자들의 견해도 (여느 사람들처럼) 천차만별이라고 언젠가 아이겐이 내게 말했다. 앞서 생물학의 두 거장이 개진한 상반된 관점을 곰곰이 되새겨 보면, 생물학자뿐 아니라 누구라도, **실존적 선택**에 직면한 자신을 발견하게 될 것이다: 진화의 과정은 무의미하고 인간은 궁극적으로 고독할 수밖에 없는가? 구체적 삶의 무한한 개별적 다양성에서 무엇이 확연히 느껴지는가?

진화의 근원 · 근간 · 근본 목표를 **부정하는 사람**은 과정 전반의 **무의미성**과 인간의 총체적 고독을 감수해야 한다. 다시 모노의 말이다. "이 메시지를 심각하게 받아들이는 사람은 마침내 천 년의 꿈에서 깨어나 자신의 총체적 고독과 철저한 고립을 깨달을 것이다. 그는 이제 자신이 낯선 우주의 변방을 집시처럼 떠돌고 있음을 안다. 우주는 그의 음악에 귀먹고 그의 희망과 고뇌와 죄악에 무심하다."[22] 고백하건대, 내가 보기에 이것은 희망도 합리성도 없는 시각일 뿐이다.

진화의 근원 · 근간 · 근본 목표를 **긍정하는 사람**은 전체 과정과 자기 존재가 지니는 근본적 **유의미성**의 근거를 과정 자체에서 찾으려 하지는 말 것이나, 적어도 그것을 신뢰하며 전제할 수는 있겠다. 그렇다면 아이겐의 의문이 풀릴지도 모르겠다. "관련성들을 인지한다 해도, '왜 무언가 존재하고 무無는 존재하지 않는가?'라는 라이프니츠의 질문에는 여전히 답이 없다."[23] 내가 2부 5장에서 대답하려던 질문이다.

무신無神과 무의미를 내세우는 '포스트모더니즘' 예언자들에 대항하

---

[22] J. Monod, *Zufall und Notwendigkeit*, 211.
[23] M. Eigen - R. Winkler, *Das Spiel*, 190-1.

여, 그래도 리들처럼 과학의 혼란과 신뢰 충만한 긍정의 필요성을 담대하게 고백하는 생물학자들이 생각보다 많지 않을까 한다.

> 오늘날, 무신론자 · 기계론자 · 일원론자조차 빅뱅 이전 세계의 원인에 관한 문제를 고민해 볼 필요가 있다. 그러면 그들은 우리의 과학으로 말미암아 혼란에 빠져 있음을 인정할 수밖에 없을 것이다. [예전 같으면] 그런 혼란을 어리석게도 곰 숭배의 원인으로 비웃었으리라. 단언하건대, 형이상학적 전제 없이 사고할 수 있는 사람은 아무도 없다. 형이상학적 전제를 의식하지 못할 수도 있다. 그건 확실하다. 그러나 이미 알려진 사건들 저편에 있는 형이상학적 기대 없이는 한 발짝도 미지의 세계로 나아갈 수 없다. 신앙과 그 자녀인 종교 · 철학 · 세계관은 모든 문화에 절대적으로 필요하다. 불가해한 것들을 설명함에 있어 신앙은 대체 불능의 틀을 제공한다.[24]

그러나 우리는 더 깊이 천착해 들어가 봐야 한다.

## 4. 생명친화적 우주는 왜 하나뿐인가?

다양한 형태와 행동 양식, 마침내 정신까지 구비한 현존 생명체로 진화되기까지는 약 35억 년의 세월이 흘렀다. 실로 놀라운 발전이다.

---

[24] R. RIEDL, *Die Strategie der Genesis*, 294-5.

**4.1. 인간을 향한 진화**

137억 년 전 빅뱅 이후, 모든 것이 어쩌면 그리도 '딱 들어맞았기에' 어느 순간 그런 생명이 생겨날 수 있었단 말인가! 우리는 전하 e, 플랑크 상수 h, 볼츠만 상수 k, 광속 c 등의 우주 자연상수를 기억한다. 게다가 에너지와 물질, 핵 전자기력, 태양 핵반응에 의한 중력과 에너지의 정밀 조정에 이르기까지, 우주 만물이 어쩌면 그리도 정확하게 (그러나 늘 대칭적이지는 않게) 균형을 맞추었기에 수십억 년 후 생명이 생겨날 수 있었을까!

이 모든 것이 다만 **우연히** 생명과 인간을 향한 것인가? 무엇보다 놀라운 것은 수십억 년 뒤 지구에 **정신**을 가진 동물이 출현했다는 사실이다. 바로 인간이다. 137억 년 우주 역사를 일 년으로 압축시키면, 해초 같은 복잡한 생명체는 10개월째 생성되지만, 인간은 섣달 그믐날 마지막 시간에야 출현한다. 그렇다면 137억 년 동안 전 우주는 우리를 목표로 발전해 온 것인가? "우주는 우리가 나타나리라는 것을 알고 있었다"라고들 한다. 우주가 대관절 뭘 안다는 것인가? 자기가 무슨 짓을 했는지 빅뱅이 알았겠는가? 그저 우주적 상상일 뿐이다. 그렇다면 우리 인간이 나타나게 되리라는 것을 누가 알고 있었을까? 이 놀라운 발전 앞에서 피해 갈 수 없는 질문은 이러하다: 혹시 생명친화적·정신친화적 우주를 만들기 위해 모든 것이 '매우 특별한 처방'(마틴 리스)에 따르지 않았을까?

다세계 이론은 이런 결론을 피하기 위한 지적 해결책을 제공한다. 그러나 앞서 지적했듯이, 공상적 대안우주에 대한 사변은 경험적 근거가 희박한 순수 가설인지라, 질문은 한층 절박하게 제기된다: 모든 것이 정말 순수한 우연일까? 우연만으로 이 우주론의 핵심 문제가 해명될 수 있을까?

우연이 아니라면 대체 무엇인가? 언젠가 어느 천재가 지구에 생명을 탄생시킨 물리적 근본 법칙의 수학적 구조를 발견할 수 있을까? 왜 안 되겠는가? 그러나 지금까지 세계 정식을 발견하려는 물리학자들의 온갖 노력은, 세계 정식이 괴델의 불완전성정리 때문에 근본적으로 불가능하다는 호킹의 통찰에서 좌초해 버렸다. 생물학자들에게도 조속하고 근본적인 해결의 희망은 그리 많지 않은 것이 아닐까? 137억 년 동안 생명체, 그것도 정신을 가진 생명체가 출현하지 않을 다른 우주적 해결책은 왜 없었을까? 이런 가능성이 처음부터 원칙적으로 배제되기란 어려울 것이다. 그렇다면 우리의 생성은 무엇이 설명할 수 있는가?

### 4.2. 인본 원리?

생명, 더구나 인간 생명의 출현을 결코 시초의 물리학적 원리와 근본 법칙들로부터 추론할 수는 없다. 우연 또한 공허한 설명 원리라는 이유로 배제된다. (그 많은 '우연'이 과연 우연일 수 있을까?) 이런 딜레마에 직면하여, 물리학자들과 생물학자들은 모든 정밀 조정과 자연법칙 배후에 혹시 '**초超법칙**' 같은 것이 존재하는 것은 아닌지 묻는다. 모든 자연법칙 위에 있는 '최고 법칙', 137억 년 동안 우주의 진화를 조종하여 마침내 인간 생명이 출현하게끔 한 그런 법칙이 존재하는가? 아니다. 생기론적 힘이나 물질의 의식이 처음부터 존재했음을 증명할 수 없다. 인간의 모습을 한 주재자의 섭리가 세계를 인간중심적으로 세세히 기획했다는 것은 더욱 증명할 수 없다.

이 문제는 1970년대부터 영미권에서 구체적으로 논의되었다. 적지 않은 우주론자·물리학자·생물학자가 이른바 '**인본 원리**'[25]를 '초자연 법칙'으로 받아들인다. 이 원리는 우리 우주의 초기 조건과 자연상수들이 생명과 지능이라는 '관찰자'가 '**생성될 수 있도록**' 주어져 있었음을 보증한다. 이런 견해는 1961년 미국의 저명 물리학자 로버트 디키(프린스턴)가 '부드럽게' 표현한 바 있다. 말하자면, 1973년 영국의 물리학자 브랜던 카터(파리 뫼동 천문대)처럼, '**생성해야 한다**'고 '강하게' 주장하지는 않았다는 얘기다. 이 주장에 따르면, 우주는 언젠가 필연적으로 생명과 지능을 **생성할 수밖에 없는** 기본상수와 기본 법칙들을 처음부터 지니고 그런 방향으로 결정되어 있었다. 그 때문에 호주의 물리학자 폴 데이비스는 진화에서 '신의 계획'까지도 간파하려 했지만, 판단은 물론 '개인의 취향'에 맡겼다.[26]

나는 **강력한** 인본 원리가 창조자와 그 피조물의 관계를 지나치게 인간의 모습으로, 인간중심적으로 그리고 있다고 생각한다. 우주에서 어떻게 **실제 지금 모습대로** 생명과 정신의 출현이 가능했는지 과거를 돌아봄으로써 알 수 있다는, 다소 '**부드러운**' 의미로 이 원리를 이해하면 충분하지 않은가? 그런 원리도 분명 신이 인간(의 출현)을 원했다는 데 대한 **과학적 증명이 아닐 것이다**. 그러나 진화 과정 전체가 무의미한 사건이 아니라, 적어도 반성 능력을 지닌 최초 존재로서의 인간에게 의

---

[25] 유용한 참고문헌을 수록한 탁월한 입문서: R. BREUER, *Das anthropische Prinzip. Der Mensch im Fadenkreuz der Naturgesetze*, Wien 1981. 참조: J.D. BARROW - F.J. TIPLER, *The Anthropic Cosmological Principle*, Oxford 1986.

[26] 참조: P. DAVIES, *The Mind of God. The Scientific Basis for a Rational World*, New York 1992; dt.: *Der Plan Gottes*, Frankfurt/M. 1995, 특히 256-9.

미 있는 사건임을 **명백히 지적하는 것**일 수는 있겠다.

어쨌든, 이로써 왜 유독 인간만 이성을 사용하여 수학적 방정식을 만들어 냈고 **자연 자체**가 매우 천천히 해독되는 **수학적 언어로 씌어 있다**는 것을 확인하게 되었는지 더 잘 이해될 것이다. 사실 우주의 수치가 달라졌다면 생명, 특히 정신적 생명이 출현할 개연성이 희박하거나 전혀 불가능한 다른 우주가 탄생할 수도 있었을 뻔했다.

어떻게 자연과학이 그런 초자연법칙을 정초할 수 있는지는 또 다른 난제다. 자연과학은 그 법칙을 사실로 받아들일 수밖에 없는가? 어떤 경우든 신학적 오류는 피해야 한다.

### 4.3. 최종 증명은 없다

알프레트 기어러는 다세계 이론을 '사상적 구성물'이라고 평가했다. 그것은 "케플러의 행성 궤도 법칙과 갈릴레이의 낙하 법칙에서 출발한 근대과학의 명료함을 결여한" 것이었다. 다른 자연과학자들처럼 그도 "우주의 질서가 정신적 생명을 가능하게 했다'는 초자연법칙의 인본 원리를 더 나은 대안으로 여겼다". 그러나 기어러에 따르면, 그것이 언젠가 '수학적·논리적으로 증명될 수 있을지'는 불확실하다. 추측하건대, "알려진 물리학의 근본 법칙들이 그렇듯이, (우리가 타당하다고 가정할 경우) 인본적 초자연법칙도 오직 그 영향력을 통해서만 인지할 수 있을 뿐, 최종 증명은 아마 불가능할 것이다".[27]

나의 인식론적 논구(1부 7장)를 근거로, 나는 과학이 경험적 지식을 초

---

[27] A. GIERER, *Biologie*, 43.

월하는 이 문제에 근본적으로 어떤 '최종 증명'도 제공할 수 없다는 것을 확인하는 바이다. 이 세계의 기원에 대한 '처방'을 제시하는 것은 모든 자연법칙의 초경험 법칙인 철학과 **종교의 몫이다**. 소립자 · 원자 · 분자의 소우주로부터, 세포와 기관이라는 다양한 생명 형태를 넘어, 행성 · 항성 · 은하 · 우주 전체라는 대우주에 이르기까지, 세계 여러 차원 간의 **밀접한 연관성**을 인식하고 해석할 수 있는 것이 바로 종교다.

천체물리학자 게르하르트 뵈르너(막스플랑크 연구소 뮌헨/가르힝)가 이런 내 견해를 확증해 주었다고 생각한다. 그는 '인본 원리'에 관한 많은 논문에서, '인본 원리'로부터 "목적 지향적 창조 '원리'나, '의도된' 인간 진화를 추론해 낼 수 없다"고 주장했다. 자연과학 내부에서야 그런 결론이 도출될 수 없겠지만, '우주론적 세계상이 그 생각을 고쳐시킬 수는' 있을 법하다.

> 우리가 우주와 시간 · 공간의 생성을 신적 존재의 창조 행위로 해석하려고 할 때, 자연과학적 성과들이 장애가 되지는 않는다. 오히려 그 반대다. 아마 물리학은 바로 이것을 빅뱅의 우주론적 표준모형이라고 기술할지도 모른다. 나는 우주의 위대한 진화가 텅 빈 객석 앞의 의미 없는 연극처럼 진행되었으리라고는 믿지 않는다. 미국의 물리학자 프리먼 다이슨처럼, 나도 어떤 목적이 그 배후에 숨겨져 있다고 생각한다 — 아마 그것은 더 복잡하고 다양한 형태를 지닌 우주, 정신적 원리로 충만한 우주를 만들 계획 같은 것인지도 모른다. 이로써 우리는 우리의 무지를 겸허히 고백하지 않을 수 없는 가치와 신앙의 영역으로 들어가는 것이다.[28]

물론 오늘날의 종교적 시각은 인간을 진화의 특별한 산물로는 볼지언정, 신이 직접 창조한 '만물의 영장'으로 보지는 않는다. 인간은 의식과 언어와 자유를 기반으로 '하늘과 땅'으로 상징되는 주변 세계·지구·태양계·은하·우주와 특별한 관계를 발전시켰다. 바로 이 과정이 성경의 창조 이야기에서 시적으로 표현되었던 것이다.

자연과학과 종교는 나름의 정당성·독자성·자율성(1부 5-6장)을 지닌다는 것이 나의 결론이다. 이들은 만물의 전체론적 관점에서 보완된다.

- 종교는 **진화를 창조로 해석**할 수 있다.
- 자연과학적 인식은 **창조를 진화론적 과정으로 구체화**할 수 있다.
- 따라서 종교는 진화 전반에 **의미**를 부여할 수 있다. 자연과학은 진화에서 이 의미를 읽어 내지 못하며 기껏 추측할 따름이다.[29]

유대·그리스도교·이슬람 전통은 종교가 아니라 '**신앙**'이라고 더 정확히 말한다. 물론 이때 신앙은 전통주의적 로마 가톨릭의 공식에 따라 '교회가 신앙에 제시하는 모든 교의를 인정하는 것'이 아니다. 오히려 성경에 따라 올바르게 이해되는 **신뢰**에 가깝다. "믿음은 우리가 바라는 것들의 보증이며 보이지 않는 실체들의 확증입니다."[30] 철학적으로

---

[28] G. BÖRNER, Vom Urknall zum Weltall, in: *National Geographic*, Dezember 2003, 112-5, 인용: 115.

[29] 참조: S.M. DAECKE, Religion – Schöpfung Gottes in der Evolution. Zum Verhältnis von Evolution, Religion und Schöpfung, in: S.M. DAECKE - J. SCHNAKENBERG (Hrsg.), *Gottesglaube – ein Selektionsvorteil?*, Gütersloh 2000, 179-203.

[30] 히브리서 11,1.

는 루터의 번역이 더 정확할 것이다. "믿음은 우리가 바라는 것의 토대 (그리스어 *hypóstasis*)이며, 보이지 않는 실체들에 대한 확신이다." 여기서 **하느님의 실재**가 명백하게 묘사된다. "믿음으로써, 우리는 세상이 하느님의 말씀으로 마련되었음을, 따라서 보이는 것이 보이지 않는 것에서 나왔음을 깨닫습니다."[31]

이런 의미에서 유대인·그리스도인·무슬림이 다 함께 믿는 '하늘과 땅의 창조주' 하느님을 나도 믿는다. 그러나 내가 이런 신앙을 체득했다고 해서, 성경이 이야기하는 창조주 하느님의 **기적**까지 받아들이지 말아야 하는가? 그렇다면 인류사에 대한 하느님의 직접적 개입은 어떻게 되는가? 일부 자연과학자들은 기적이 없다고 단언할 것이다. 이런 반론은 진지하게 받아들여져야 한다.

### 5. 기적

이스라엘 백성의 이집트 탈출을 둘러싸고 벌어지는 **기적 사화**를 구약성경은 어떻게 기록하고 있는가? 이집트에 내린 열 가지 재앙, 불타는 떨기, 시나이 산의 연기와 지진과 천둥, 만나와 메추라기, 나팔 소리와 함께 무너진 예리코 성벽, 해와 달의 정지, 병자의 치유와 죽은 이의 소생 그리고 불 병거를 타고 승천한 엘리야는? 기적은 신약성경에서도 계속된다.[32] 이를 어떻게 해석할 것인가?

---

[31] 히브리서 11,3.

[32] 참조: H. KÜNG, *Christ sein*, München 1974, C II, 2: Wunder?

### 5.1. 기적은 자연법칙의 파괴인가?

진화 과정에는 아니더라도, 적어도 이스라엘 역사에는 하느님이 개입한 듯하다. 하느님의 개입으로, 여기서 기적은 막연한 의미가 아니라, **자연법칙의 파괴**라는 엄격한 현대적 의미에서 일어난다.

나는 다만 주요 성경 주석가들의 견해와 일치하는 몇몇 사안만 간략히 짚고 넘어가려 한다. 기적을 문자 그대로 받아들이는 것이 자신의 믿음에 유익하다고 여기는 이들의 종교 감정을 침해할 생각은 없다. 다만 기적을 신앙의 방해물로 여기는 현대인들에게 유용한 답을 주고 싶을 따름이다.

성경의 기적 사화를 역사적·해석학적으로 옳게 평가하려면, 무엇보다 **성서적 현실 이해와 현대적 현실 이해 사이의 근본적 차이**를 분명히 인식하는 것이 중요하다. 성경 시대 사람들은 합리적 기술 시대를 사는 현대인들이 중요시하는 자연법칙에 관심이 없었다. 과학적 사고가 결여된 시대였으므로 기적을 자연법칙의 파괴나 완벽한 인과관계의 훼손으로 이해할 이유도 없었다. 그 때문에 신·구약 성경 어디서도 자연법칙에 상응하는 기적과 자연법칙을 파괴하는 기적을 구별하지 않는다. 당시에는 하느님의 권능을 드러내는 모든 사건이 기적이자 전능하신 하느님의 '표징'이었기 때문이다.

창조주요 근원인 하느님이 도처에서 활동하고 있었다. 사람들은 어디서나 '경이'와 기적을 체험했다. 개인의 대소사든 민족의 역사든, 개인이 곤경에서 구원될 때든, 세상 창조와 보존으로부터 완성에 이르기까지 기적은 두루 일어났다.

## 5.2. 성경 비평

역사비평적 성서 해석과 문학비평적 성서 해석의 성과들을 진지하게 받아들여야 한다.

**역사비평적 성서 해석**에 따르면, 이집트 탈출 당시 벌어진 갖가지 놀라운 사건들(가령, 개구리·모기·등에 소동)[33]이 팔레스티나와 그 인접 국가에서는 통상적 **자연현상**이었으므로 그 당시 사람들의 믿음에 아무 문제도 일으키지 않았다. 그들에게 자연의 인과율은 깨지지 않았다.

그러나 **문학비평적 성서 해석**에 따르면, 기적 사화는 역사적 사건 기록과 무관하다. 같은 사건(가령, 갈대 바다를 건넘)[34]이 다양한 전승으로 전해지는데, 이때 기적적 효과는 나중 것에서 더 고조된다. 또 찬가, 민중 설화, 궁정 연대기 등 **상이한 문학 장르** 간에도 현저한 차이가 존재한다. 해와 달의 기적,[35] 예언자 엘리야와 엘리사의 음식 기적과 죽은 이를 되살린 기적,[36] 물고기 배 속의 예언자 요나의 기적[37] 같은 이야기들은 명백한 성담聖譚의 성격을 띤다.

성경의 기적이 자연법칙의 파괴라는 것은 역사적으로 증명될 수 없다. 그리될 수 있다고 여기는 사람은 증명의 부담을 지니게 될 것이다. 물론 성경의 기적 사화에서 우선적으로 중요한 것은 사건 자체의 스토리가 아니라 그것의 의미이며, 진술의 **형식**이 아니라 **내용**이다. 기적 사화의 효용은 지식 전수가 아니라 경탄을 자아내는 데 있다. 기적 사

---

[33] 참조: 탈출기 8,1-28.   [34] 참조: 탈출기 13,17-22; 14,1-31.
[35] 참조: 여호수아기 10,12-15.
[36] 참조: 열왕기 상권 17,7-16.17-24; 열왕기 하권 4,18-37.42-44.
[37] 참조: 요나서 2장.

화는 경건한 경이를 불러 일으키는 부담 없는 민담이다. 더 깊은 의미는 따로 있다.

### 5.3. 신앙을 위한 암시

기적은 **하느님 권능의 표징**이다: 주님께서 우리에게 큰일을 하셨도다! 기적 사화는 하느님의 말씀을 해석하고 믿음을 강화하며 하느님의 권능과 선하심을 선포한다. 신앙은 기적이 일어나기를 요구하지 않으며 이런저런 일들이 진짜 기적이라고 우기지도 않는다. 다만 바라는 바는, 사람 안에서 활동하시는 하느님을 믿는 것이다. 기적은 그분 활동의 '표징'이다.

중요한 것은 시나이 산의 지진이 아니라 그때 모세가 들은 하느님의 메시지다. 이집트의 재앙이 아니라, 구원 능력을 드러내시는 하느님을 증거하는 것이다. 바다를 가르고 마른 땅을 걸어 들어간 사실이 아니라 이스라엘 백성이 해방의 하느님으로 체험한 그 하느님의 메시지다. 자연법칙을 전복시키지 못하는 시적 은유처럼, 성경의 기적도 그런 은유로 존재한다.

기적 체험은 합리적·과학적·기술적 세계 이해와 경쟁하지 않는다. 기적 사화는 하느님의 존재를 증명하려 들지 않는다. 다만 **세상 안에서 그분의 행위를 암시**하고자 할 뿐이다. 기적이 암시하는 바는 (악의 원리가 아니라) 그분께 대한 믿음을 통해서만 명료해진다. 기적 사화의 메시지는 육체와 정신, 공간과 시간, 개인과 공동체를 포괄하는 모든 차원에서 인간을 향해 있다. 그 메시지는 무엇을 선포하는가? 세계와 인간을 저들 운명에 맡긴 채 세상사에 무심한 불변의 하느님이 아니라, 세상의 운명에 '개입하고' 민족과 개인에 관여하는 하느님을 선포한다. 세계와 인간을 홀로 버려두지 않는 하느님, 역사가 인간에게 어둡고 불행한 숙명이 아니라, 믿음으로 인식할 수 있는 사건들의 연관이 되게 하는 하느님을 선포한다.

진화적 세계 이해에서도 성경의 상징과 기적들은 옳게 해석될 수 있다. 그럼에도 신학적 근본 물음은 제기된다. 좀 더 자세히 들여다보자.

## 6. 신의 활동을 어떻게 볼 것인가?

신에 대한 이성적 신뢰 속에서야말로 과학적 인식과 종교적 신앙고백을 뒤섞지 말 일이다. (아무리 칭찬할 만해도) 윤리적·종교적 충동 때문에 궁극의 상태인 '오메가'로 향하는 것을 인본 원리의 도움으로 진화 과정에 귀속시키고 거기에 의미를 부여해서는 안 된다. 그 의미는 과학이 아니라 종교적 믿음만 부여할 수 있다. 나는 만물의 '근원'인 '알파'를 긍정했다. '목표'인 '오메가'도 지지할 것이다. 그러나 이 경우 '과학의 피안'[38]에 있는 이성적 신뢰의 긍정이 중요하다는 것만은 분명히 해 두어야겠다.

인본 원리를 받아들이는 사람도 신이 세상사에 '초자연적으로' 개입한다고 주장할 필요는 없다. 반대로,

---

[38] C. BRESCH, *Zwischenstufe Leben. Evolution ohne Ziel?*, München 1977, Epilog, 296-9.

- 생물학자들의 견해에 따르면, 생명의 생성과 발달에 신의 초자연적 직접 개입이 지금처럼 불필요한 때도 없었던 것 같다.
- 동시에, 자연과학적 견지에서 진화 과정 자체는 창조자(알파)와 궁극의 의미 목표(오메가)를 포함하지도 배제하지도 않는다는 것이 주도적 생물학자들의 견해이기도 하다.
- 인간인 한, 과학자에게도 전체 과정의 기원과 의미 목표에 대한 실존적 질문이 제기된다. 과학자로서는 답하기 힘든 질문이겠지만, 그렇다고 피해 갈 수도 없다. 물론 이 질문은 신에 대한 명료한 이해를 포함한다.

## 6.1. 신은 영이다

'주님이요 임금이신 하느님'이 외견상 우연한 사건과 심지어 아원자 차원의 불확정적 과정까지, 만사를 '통제'하고 '조종'할 거라는 생각은 너무 피상적이고 의인적이다. 그렇다면 진화의 낭비와 교착, 멸종한 종과 비참하게 죽은 짐승과 인간은 어떻게 설명하겠는가? 세상과 그 역사에 내재하는 끝없는 고통과 악은 또 어떻게 설명하겠는가? '주 하느님'이라는 개념은 여기에 어떤 답도 줄 수 없다.

성경이 신을 영靈으로 올바르게 이해한 것은 진화적 세계관에 특히 유익하다. 성경의 징표는 시사하는 바가 크다. 만질 수 있으면서도 만져지지 않고, 보이지 않으면서도 힘이 있으며, 생명에 긴요하기가 공기와 같고, 바람처럼 에너지 충만한 것 — 그것이 영이다. 이 말을 표현하는 단어는 모든 언어에 있으나, 언어마다 단어의 성이 다른 것만 봐도 영이 간단히 정의될 수만은 없음을 알 수 있다. 라틴어 '스피리투스'Spiritus는 남성이고(독일어 'der' Geist처럼), 히브리어 '루아'*Ruach*는 여성(die)이며, 그리스어 '프네우마'*Pneuma*는 중성(das)이다. 따라서 영은 인격과는 완전히 다른 무엇이다. 창세기 첫머리의 '루아'는 물 위를 감도는 하느님의 '산들바람'이고 '꽹꽹한 울림'이며 '폭풍'이다. 신약성경의 '프네우마'는 덧없는 피조물인 '육'과 상반되는 것으로, **하느님의 살아 있는 힘과 권능**이다.

영은 그리스 철학이 말하는 신적 이성이 아니라, 보이지 않는 하느님의 힘이자 권능이다. 하느님의 힘과 권능은 창조하거나 파괴하고, 살리거나 심판하며, 창조의 순간에나 역사 속에서나, 이스라엘에서나 후대 그리스도교 공동체에서나 똑같이 작용한다. 영은 거룩하지 않은 영과도 인간과도 세상과도 구별된다. 영은 홀로 거룩한 분이신 하느님의 영이다. 그러한 한 영은 '거룩하다'. 따라서 성령은 하느님의 영이다.

신약성경의 성령은 (종교사에서 흔히 보는) 역동하는 자연의 마술적이고 물질적이며 불가사의하고 초자연적인 기운도 아니요, (유령이나 허깨비 같은) 물활론적 주술적 존재의 일종도 아니다.

신약성경의 성령은 바로 **하느님 자체**다. 세계와 인간에 가까이 있는 한, 그분은 작용하되 잡을 수는 없는 힘으로, 생명을 주기도 심판하기도 하는 권능으로, 베풀어지되 마음대로 쓸 수는 없는 은총으로 내면화된다.

### 6.2. 무한한 존재가 유한한 존재 안에서 활동한다

하느님은 영으로서 세상 안에 있고 세상은 하느님 안에 있다. 근대적·진화적 실재 이해의 근간은 바로 이 내재성 안의 초월성이다.

하느님의 영은 세상의 합법칙적 구조 안에서 활동하지만, 그 구조와 동일하지는 않다. 순수 영인 하느님은 유한하고 상대적인 방식이 아니라, **유한자 가운데 무한자**로, 상대적 존재 가운데 절대적 존재로 세계사를 통해 쉼 없이 활동하기 때문이다. 나는 3부 4장에서 두 관점을 제시했다.

하느님의 영은 위나 밖에서 부동의 원동자로 세상에 작용하는 것이 아니다. 오히려 **안에서**, 상반된 가치가 병존하는 세계의 발전 과정 속에서 역동적이고 가장 실제적인 현실로 작용한다. 영은 세계를 가능하게 하고 지배하고 완성한다. 영은 세상사를 초월해 있지 않으며 고통으로 점철된 세상사 가운데서, 인간과 사물 **안에서**, 그들과 **함께** 활동한다. 하느님의 영 자체가 세상사의 원천이요, 중심이며, 목표다!

하느님의 영은 개별적 세상사의 특별히 중요한 시점이나 공백을 노려 활동하지 않는다. 오히려 창조하고 완성하는 근원적 지주로, 법칙과 우연의 체계 속에서 **끊임없이** 활동한다. 세계 도처에 내재하면서도 세계를 초월하는 세계의 주재자로서 스스로 만든 자연법칙을 존중한다. 또한 영은 모든 부정적인 것마저 포괄하고 모든 것을 지배하는 세상사의 **의미 근거**이기도 하다. 물론 이것은 믿음 속에서만 받아들여지고 이해될 수 있다. 좀 더 정교한 논의를 통해 부질없는 오해를 피하자.

## 6.3. 신은 세계와 경쟁하지 않는다

세계냐 신이냐는 **양자택일**의 문제가 아니라는 것이 이제 분명해졌다. 신 없는 세계(무신론)도 없고, 신과 세계가 같은 것(범신론)도 아니다! 신은 세계 **안에** 있고 세계는 신 **안에** 있다. 따라서 신과 세계, 신과 인간은 한편이 이기면 다른 편은 져야 하는 **유한한 경쟁적 인과성으로 병존하는 것이 아니라, 서로의 내면에 공존하고 있다.** 신이 정녕 무한하고 모든 것을 포괄하는, 세계와 인간의 영적 근원·근간·근본 의미라면, 유한한 인간이 이길 때 신이 전부를 잃는 것이 아니라, 신도 함께 승리할 것이 분명하다.

몇몇 영어권 '신유물론자들'과 세세한 부분까지 논쟁을 벌인 키스 워드는(2부 2장), 이성적 존재가 출현한 것이 오로지 자연선택 덕분이라는 주장을 매우 개연성 없는 것으로 여겼다. 보이지 않는 신의 영향력이 매순간 능동적 혹은 수동적으로 결정한다는 가설을 받아들이면 전체 과정을 더 쉽게 설명할 수 있다는 것이다.[39] 자연과학과 신학의 대화에 진력한 생화학자·신학자 아서 피코크는 우주에 끼친 신의 영향과 특별한 섭리를 물리학적 범주들을 가지고 이해시키려 노력했다.[40] 그 밖에도 신의 활동을 양자 세계와 연관 짓거나 카오스이론에 자리매김하려는 시도들이 있었으나, 물리학적·신학적 반대 또한 만만치 않았다. 이런 담론에 적지 않은 공헌을 한 물리학자·신학자 존 폴킹혼이 옳을 수도 있다. "인과의 그물망을 풀어서 이건 신이 했고, 저건 인간이 했으며, 또 제3의 것은 자연이 했다고 단언할 수는 없다. 여기서 신앙이 식별은 할 수 있겠지만, 아무리 연구해 봐도 신의 행위를 실증할 수는 없다."[41] 따라서 모든 것을 포괄하는 우주의 창조 계획은 올바로 이해

---

[39] 참조: K. WARD, *God, Chance & Necessity*, London 1996, 76-95.

[40] 참조: A. PEACOCKE, *A Theology for a Scientific Age*, Oxford 1990; dt.: *Gottes Wirken in der Welt*, Mainz 1998, 특히 3장과 9장.

[41] J. POLKINGHORNE, *Science & Theology*, London 1998; dt.: *Theologie und Naturwissenschaften*. Eine Einführung Gütersloh 2001, 123.

되어야 한다. 신의 상상 속에 세세한 것까지 미리 계획되어 있었다고 이해하면 안 된다. "우리가 지각하는, 우연과 필연, 우발성과 가능성 사이의 이 사실적 평형은 참을성 있고 섬세한 창조주의 의지와 일치하는 것처럼 보인다. 그는 과정에 착수하고 민감성과 불확실성의 정도를 받아들임으로써 자신의 목표들을 따르는 것에 만족한다. 그 정도는 늘 사랑에 의한 자유의 선물을 특징짓는다."[42]

따라서 신학은 자기에게 무리한 요구를 하지 말 것이며, 호기심을 너무 앞세우지 말 것이다. 나는 저 유명한 '은총 논쟁'을 기억한다. 16, 17세기, 은총과 자유에 관한 가장 중요한 논쟁이다. 당시 사람들은 신의 섭리와 전능, 그리고 인간의 자유를 어떻게 결합할 수 있는지, 그 수수께끼를 풀고자 했다. 도미니코회와 예수회의 끝없는 논쟁과 120차례가 넘는 로마 회의를 거친 후, 1611년 교황 바오로 5세는 쌍방이 서로 이단시하는 것을 금했다. '적절한'(opportune) 시기에 공포될 줄 알았던 당시 교황의 선언을 오늘날까지 기다리고 있다. 하지만 그것은 오늘날 어느 때보다 불필요해져 버렸다. 중요한 것은 수수께끼 풀이가 아니라 헤아릴 길 없는 신 자체의 활동이 간직한 신비라는 것을 대부분의 신학자가 인식한 것이다. 이것은 미리 결정되어 있는 과정들뿐 아니라, 진화가 촉진시키는 수많은 우연의 과정들까지 전지전능한 신이 어떻게 예견할 수 있는지에 관한 물음에도 적용될 수 있을 것이다.

나는 신과 우주, 신과 인간이 어떻게 협업하고 있느냐 하는 **방법**(modus quo)이 아니라, 그들이 활동하고 있다는 **사실**(id quod)이 신학적으로

---

[42] J. POLKINGHORNE, *One World: the Interaction of Science and Theology*, Princeton 1987, 69.

중요하다고 본다. 방법이야 어차피 우리에게 숨겨져 있고 우리가 해결할 필요가 없는 것이다. 내게 더 중요한 것은 성경의 메시지가 암시하는 또 다른 관점이다. 믿는 이들에게 기적이란 우주에서가 아니라 하느님의 영이 활동하는 **인간의 마음**속에서 일어난다. 바오로 사도에 따르면, 그것은 거룩하지 못한 인간의 영·시대의 영·교회의 영·직무의 영·광신의 영이 아니라, 자기가 불고 싶을 때 불고 싶은 곳으로 부는 자유와 사랑의 영, 바로 성령이다. **하느님의 선물**은 시련의 세월 속에서도 청할 수 있다. (뉘라서 그런 때가 없겠는가?) 이로써 평화·정의·기쁨·사랑·희망·감사를 늘 새롭게 맛보며 자유롭게 살고 활동하는 것이다.

나는 1200년경 캔터베리의 스티븐 랭턴 대주교가 지은 「오소서 성령이여」*Veni Sancte Spiritus*보다 더 아름다운 성령 찬가를 알지 못한다. 이 찬가는 하느님 영의 활동을 빛으로 묘사했다.

여기 몇 연聯을 뽑아 옮긴다.


찬란한 빛, 너 복된 광채여
당신의 빛으로 당신을 믿는 이들의
마음 깊은 곳을 채워 주소서.

당신 이름 없이는
사람 안에 아무것도 가치 있는 것 없고
아무것도 해롭지 않은 것 없나이다.

씻어 주소서, 우리의 죄 많은 더러움을,
적셔 주소서, 우리의 메마른 육신을,
낫게 하소서, 우리의 상처와 아픔을.

펴 주소서, 우리의 딱딱하고 뻣뻣한 목을,
감싸 주소서, 우리의 차가운 가슴을,
이끌어 주소서, 길 잃고 방황하는 우리의 발을.

여기 당신께 충실한,
오직 당신을 신뢰하는 이들에게
풍성한 은총을 베풀어 주소서.

자연과학과 종교를 다루는 이 장의 경계를 조금 넘어섰다. 내가 알기로, 생리학자들은 이런 감동을 마음이 아니라 뇌에 자리매김하고, 전부 물리·화학적 과정으로 규정한다. 이제 이 문제와 대결하자. 제5부에서는 인류의 기원, 뇌와 정신의 문제, 뇌 연구와 자유의 경험, 그리고 몇몇 다른 문제를 다룰 것이다.

제5부

# 인류의 기원

오스트레일리아와 아프리카 사이에는 약 8,000km의 바다가 있다. 20억 년 전 두 대륙은 인도, 뉴질랜드, 남아메리카, 남극지방과 더불어 하나의 거대한 남반구 대륙(곤드와나 대륙)을 형성하고 있었다. 이 거대 대륙은 후기 백악기, 즉 1억 3,000여 년 전 혹은 좀 더 뒤부터 분리를 거듭하며 표류했다. 지질학적으로 **아프리카**는 매우 오래된 대륙이다. 지구 역사를 연구하는 데 여기만 한 곳도 없다. **인류의 최초 주거지**, 아프리카는 역사적으로도 인류 문명의 시원으로서 매우 중요한 의미가 있다. '도구를 만드는 존재'가 살던 이 시대를 선사학자들은 구석기시대라 부른다.

### 1. 인간 신체의 발달

**인류 진화**는 신체적 특징의 변화만 요구하지 않았다. 우선 기술, 문화 그리고 사회생활의 전제 조건인 정신의 활동 능력이 발달되어야 했다. 전문가들은 **꾸준한 직립 보행**과 이동이 인류 진화의 근간이라는 것에 의견을 모은다. 학자들에 따르면, 이런 변화는 기후변화의 영향으로 거대한 숲이 사라지고 사바나가 확장되면서, 원시인들의 영양 섭취와 생활 방식이 바뀌었을 때 일어났다. 뇌의 확장, 특히 인간 발달에 결정적이라는 대뇌피질 연합중추의 확장은 훗날에야 이루어졌다.

### 1.1. 계통발생사

인간의 특징인 인지능력과 주변 대상에 대한 지적 관심이 언제쯤 형성되었는지에 대해서는 지금까지 견해가 다양하다. 언어의 발달이 매우 중요한 역할을 했다고 추정할 뿐이다. 오늘날 계통발생사적 연구는 두 가지 상반된 근본 인식에 대체로 동의한다.

첫째, 인간은 수백만 년에 걸쳐 **동물을 조상으로 발전해 왔다**. 염색체 수, 치아 배열, 두뇌 발달에 이르기까지, **유인원**의 태아 단계에서도 인간과 유사한 일련의 해부생리학적 특징들이 나타난다. 공포·무관심·기쁨 등도 인간의 감정과 유사하며, 사회적 행태 또한 크게 다르지 않다. 긴 유년기, 늦은 성적 발육, 복잡한 사회 구조와 행동 양식의 형성 등, 인간에게만 특유하다는 것들이 바로 유인원의 특징이기도 하다. (비언어적) 개념의 형성, 간단한 추론과 판단, 그리고 이에 근거하여 행위를 계획하려는 성향, 심지어 초기 단계의 자아 개념까지 확인된다.

둘째, 인간은 **모든 동물에 대해 특별한 지위**를 차지한다. 인간은 몸통을 곧추세워 직립 보행하는 유일한 생물일 뿐 아니라 고도로 발달된 뇌를 가진 생물이기도 하다. 무엇보다 인간은 언어의 전제 조건인 **의식**을 가지고 있다. 인간의 특징은 사안에 맞추어 생각하고 말할 수 있는 능력이다. 유독 인간만 **복잡한 통사론적 언어**를 구사한다. 이것이 침팬지와 인간의 차이이다. 침팬지도 단어와 그 의미를 배울 줄 알고 특정 과제를 숙고 끝에 풀기도 한다. 하지만 대뇌피질에 언어중추(발견자인 폴

브로카의 이름을 따서 '브로카 영역'이라 한다)가 없고 후두와 성대 구조도 말하기에 적합하지 않다. 복잡한 문장 구조의 언어를 구사함으로써 인간의 지능이 현격히 향상되었음은 반론의 여지가 없다. 심사숙고하여 행동을 선택하는 **전략적 사고** 능력과 **자기반성** 능력은 인간에게만 있다. 의식과 언어는 추상적 사고와 사랑·증오·희망·공포·확신·소망 같은 목적지향적 마음 상태의 전제 조건이다. 이 모든 것이 종교와 철학과 과학을 비롯한 지속적 문화 발전의 근본을 이룬다. 인간만큼 자기 뿌리를 집요하게 캐고 드는 존재도 없다. 종교와 철학뿐 아니라, 고생물학과 자연과학 전반이 그러하다. 지구에 결정적 영향을 끼친 모험을 인류는 어디서 시작했을까? 최근 연구는 인류의 요람을 어디서 찾을까?[1]

## 1.2. 인류의 요람, 아프리카

최신 발굴 성과에 따르면 약 600만 년 전, 현생인류로 발전한 **호미니드**[사람과(科)의 동물, 인류의 조상을 총칭 — 역자 주], 즉 **원인**原人이 자기와 가장 가까운 혈연관계인 **유인원**에서 갈라져 나왔다. 인간의 유전자는 침팬지의 유전자와 확연히 구별되지만 그 차이는 DNA 사슬의 1% 정도에 불과하다. 이는 30억 게놈 가운데 3,000만 게놈에 해당한다. 확실히 알려진 최초의 호미니드 속屬은 대략 500만 년 전에 출현한 아프리카의 오스트랄로피테쿠스다. 이들은 직립 보행을 했지만 도구 문화를 발달시키지는 못했다. **호모 하빌리스**는 250만 년 전 홍적세에 **석기**를 만

---

[1] F. SCHRENK, *Die Frühzeit des Menschen. Der Weg zum Homo sapiens*, München 1997 은 유인원과 원인(原人)의 역사를 짧고 정확하게 개관했다. 슈렝크는 연구 팀을 이끌고 아프리카에서 활동 중인 고고인류학자다.

들기 시작한 호미니드 속屬이다. 그들은 강가의 조약돌로 뾰족한 석기를 다듬었는데, 이것은 현존 유인원을 아무리 훈련시켜도 해낼 수 없는 능력이었다. 루이스 리키가 탄자니아의 올두바이 협곡에서 발굴한 응회암 석기들은 현존하는 최고最古의 도구로 알려져 있다.[2] 리키는 유물층을 근거로 그 석기들이 216~212만 년 전 것임을 알아냈다. 이후로도 수많은 발굴이 진행되었다.

**구석기와 중석기 시대**에 아프리카와 기타 대륙들은 실로 유사한 양상으로 발전했다. 도구와 무덤들이 발굴됨으로써 호모 하빌리스에서 우리 직계 조상인 호모 사피엔스까지의 발전 과정을 명확하게 추적할 수 있었다. 200~150만 년 전 현생인류와 체형이 대체로 비슷한 **호모 에렉투스**가 등장했다. 약 50만 년 전부터 인류는 무리를 지어 불을 사용했다. 20만~35,000년 전 빙하기 유럽에 **네안데르탈인**이 일정한 중간 단계를 형성했다. 땅딸막하고 튼실한 체구, 쑥 들어간 이마, 커다란 뇌 용적을 가진 그들은 (최신 DNA 분석이 확인한 대로) 일부 유전물질의 차이 때문에 호모 사피엔스의 직계 조상은 아니지만 어쨌든 친척뻘은 된다. 네안데르탈인의 심리적 · 지적 능력에 대해서는 학자마다 견해가 분분하다. 그들은 (한때 추정되었듯이) 미개한 야수도 아니었고, (훗날 과장되게 주장되었듯이) 현대인과 같지도 않았다. 그러나 고도로 발달된 도구와 사냥술, 부장품을 함께 묻는 인류 최초의 장례 풍습, 언어를 매개로 한 부모 자식 간의 의사소통과 정보 전달 등이 네안데르탈인의 유산임은 논쟁의 여지가 없다.

---

[2] 참조: L.S.B. LEAKEY u.a. (Hrsg.), *Adam or Ape. A Sourcebook of Discoveries about Early Man*, Cambridge/Mass. 1971.

해부학적 현생인류인 **호모 사피엔스**가 세계 도처에서 거의 동시 다발적으로 출현했다고 보는 학자들도 있으나, 최근의 지배적인 발굴 성과를 근거로 대다수 연구자들은 호모 사피엔스가 야수가 넘치는 **(아)열대 아프리카**의 대규모 원시인 집단에서 유래했으며, 20만 년 전쯤 아프리카-시리아 지구대 동쪽, 잠베지 강 북쪽에 살았으리라 확신한다.

신석기시대, 아마 10만 년도 더 전에, 호모 사피엔스는 작은 무리를 지어 세상을 향한 먼 여정을 내딛기 시작했을 것이다. 그들은 4만~3만 년 전까지 유럽과 기타 지역에서 네안데르탈인을 몰아냈다. 그들의 두개골이 처음 발견된 곳은 프랑스 도르도뉴 지방의 크로마뇽 동굴이다. 진화상 가장 가까운 혈연관계인 아프리카의 침팬지가 진화 과정 중에 세 가지 상이한 아종亞種으로 나뉘어진 반면, 호모 사피엔스는 상당히 통일적으로 진화했다. 그들은 유명한 동굴 벽화의 창작자이며, 피리 연주와 바느질, 토기 제작술을 창안했고 가마에서 점토 상을 구웠다. 명확한 발음으로 표현되는 언어를 가지고 있었고 상징적 개념까지 구사할 줄 알았다. 수렵·채집기의 지구 인구는 몇백만에 불과했을 것이다. 1만 년 전쯤 **농경문화**의 확산과 더불어 인구가 크게 증가했고 문화도 세분화되었다. 마침내 5,000년 전, 메소포타미아 지방에서 **문자**가 발명되면서 동시에 이집트에서는 인류 최초의 고등 문화가 싹트기 시작했다. 역사 시대가 시작된 것이다.[3]

애보리지니, '부시먼', 아시아인, 유럽인, 아메리카인, 이들 모두 제

---

[3] 참조: I.J. GELB, *A Study of Writing. The Foundation of Grammatology*, Chicago 1952; dt.: *Von der Keilschrift zum Alphabet*, Stuttgart 1958; H. HAARMANN, *Universalgeschichte der Schrift*, Frankfurt/M. 1990.

각기 다른 인종이 아니라 **유일하고 같은 인종**이라는 사실을 결코 잊지 말아야 한다. 외적 특징들은 매우 다르다 하더라도 우리 모두는 하나의 공통된 생물학적 기원을 가지고 있음을 분자유전학적 분석이 보여 준다. 피부 밑은 우리 모두 아프리카인이다. 그렇다면 인류의 계통발생사에서 **종교**는 어떻게 발전되어 왔을까?

### 1.3. 종교의 첫 발자국

'원시민족'과 '문화민족'은 대립 관계가 아니다. 아프리카나 오스트레일리아 원주민이 근대적 의미의 문자와 학문과 기술을 발전시키지는 못했다 하더라도 그들 나름의 '문화'를 향유하고 있었기 때문이다. 그들의 사고는 논리적이고 설득력 있었으며, '질서에 대한 열정'으로 사물과 그 관계들을 분류했다. 특히 오스트레일리아의 **부족사회**는 문화를 대단히 존중한다. 그럼에도 문화는 인간을 동물과 야만의 세계로부터 구분하는 핵심 척도가 된다. 종교까지 포함한 포괄적 의미에서 '문화' 혹은 '문명'이란, 기술이든 경제든 학문이든 사회든 종교든 특정한 인간 공동체를 특징짓는 인식과 행동 양식의 총체를 말한다.

오늘날 오스트레일리아를 비롯한 여러 대륙의 수렵·채집 부족들은 결코 '**석기시대**'에 머물러 있지 않다. 이들 원주민도 변했다. 수만 년에 걸친 **오랜 문화의 역사**가 그들을 구석기시대로부터 분리시켰다. 그들은 초기 문화인류학자들이 생각한 것처럼 합리성과 논리성 이전 단계에 머물러 있는 사람들이 아니었다. 서구 문화만 역사적 연관성 속에서 인식하고, 다른 문화들은 단순히 지리적 맥락에서만 보는 '서구 중심적 관점'은 부당하다. 그 원주민들이 아직 단순한 기술을 사용한다고 해서 그들의 문화가 변함없이 정체되어 있다고 생각하면 안 된다. 그들도 세월 모르고 사는 건 아니다. 현대 인류학자들이 확인한 바에 따르면, 때때로 그들은 의례와 노래, 미술 양식과 기술들을 다른 부족에게서 전수받기도 했고, 신성시할 대상을 새롭게 발견했으며, 그들의 신화를 변화된 환경에 적응시켰다.[4]

종교 발전 문제에 관한 한, 오스트레일리아 원주민 **애보리지니**는 오랫동안 종교학적 시금석이 되었다. 무엇보다 문화인류학은 일찍부터 이곳을 연구 **전초기지**로 삼고 애보리지니의 문화와 대결하는 과정에서 괄목할 만한 발전을 이룩했다.

19세기 후반, 진화와 진보의 관념이 학자들의 사고를 지배하고 있었다. 이를테면 제임스 프레이저(1854~1941)[5] 경은, 인류사의 모든 단계를 '처음에는 **주술**, 다음에는 **종교**, 오늘날은 **과학**'이라는 **편견에 가득찬 도식**으로 이해했다. 그들은 다윈에 매료된 나머지, 근거도 묻지 않고 원시인들은 모두 신(들)도 종교도 없이 살았다고 생각했다. 종교적 관습과 진리, 제의와 기도는 주술 행위에서 서서히 발전했다는 것이다.

반면 빌헬름 슈미트(1868~1954)[6]와 그의 빈 문화사 학파처럼, 다윈보

---

[4] 참조: M. CHARLESWORTH, *Philosophy of Religion: The Historic Approaches*, London 1972; M. CHARLESWORTH, *The Problem of Religious Language*, Englewood Cliffs/N.J. 1974; M. CHARLESWORTH, *Religious Inventions: Four Essays*, Cambridge 1997, 특히 Essay 2: The Invention of Australian Aboriginal religion.

[5] 참조: J.G. FRAZER, *The Golden Bough. A Study in Comparative Religion*, Bd. I-II, London 1890, Bd. I-XII ²1907~1915; dt.: *Der goldene Zweig: das Geheimnis von Glauben und Sitten der Völker*(축약본), Leipzig 1928; J.G. FRAZER, *Totemism and Exogamy. A Treatise on Certain Early Forms of Superstition and Society*, Bd. I-IV, London 1910.

[6] 참조: P. WILHELM SCHMIDT SVD, *Der Ursprung der Gottesidee*, Bd. I-XII, Münster 1926-1955.

다 성경을 더 믿는 일군의 학자들은 정반대의 발전 도식을 정립했다. 오스트레일리아 원주민은 **원시일신교**에서 출발했지만 이것이 시간이 흐르면서 다신교로 발전했고 결국 주술로 퇴화되었다는 것이다. 어찌 되었든, 오스트레일리아의 부족들은 '위대하신 아버지'를 알고 있었다.

오늘날 이 양 극단의 이론은 경험적 근거를 결여한 것으로 처리되었다. 다양한 부족 문화들이 실제로는 전혀 체계 없이 발전했기 때문이다. 그것은 일반적으로 종교가 주술에서 단계적으로 발전했다는 서구의 위계적 가치 이해와 (우연히) 맞아떨어졌다. 이를테면 영혼숭배에서 정령숭배가, 정령숭배에서 다신교가, 다신교에서 마침내 일신교가 발전해 왔다는 식이다. 오늘날 학자들은 현상과 단계가 서로 중복된다는 데 동의한다. 그 때문에 **단계와 시대**('연속')라는 개념보다 **층위와 구조**('중복')라는 개념을 더 많이 쓴다. 후자는 전혀 다른 발달단계와 시대에도 나타날 수 있다. 그렇다면 '원시종교', 특히 '원시일신교'는 어떤 모습이었을까? 경험적으로 **'원시종교'의 흔적은 어디서도 찾을 수 없다**고 오늘날 학자들은 입을 모은다.

그러나 최근 이나 분[7]이 선사 종교들에 관해 밝혔듯이, 구석기시대와 중석기시대에 이미 **종교성이 태동한 최초의 흔적**들이 발견된다. 종교적 관점에서 중석기시대는 생각만큼 그렇게 빈약하지는 않았다. "강력한 존재에 대한 표상이 널리 퍼져 있었음이 분명하다. 그게 아니라면 가면의 발견은 의미가 없다. 의례는 통상적 종교 행위였는데, 사냥이나 인생의 전환기와 관련되어 있었다. 사자死者 숭배는 대단히 중요했다.

---

[7] I. WUNN, *Die Religionen in vorgeschichtlicher Zeit* (= Die Religionen der Menschheit, Bd. 2), Stuttgart 2005, 특히 2장 참조.

일정한 규칙에 따라 치러지는 장례는 내세로 가는 길을 보증하는 것이었고, 산 자들이 죽은 자와 단절되지 않는 공동체를 꾸릴 수 있게 해 주었다."[8] 네안데르탈인들은 "죽은 자의 운명까지 챙겨 줌으로써 종교와 내세 신앙의 길로 접어들었는데, 바로 이것이 향후 수천 년 동안의 종교적 관념을 결정했다". 여기서 "다양한 선사 종교들이 발전했고, 그 토대 위에 역사 시대의 종교들이 구축되어 승승장구할 수 있었다".[9]

이제 정신의 발달, 특히 인류사에서 자유의 문제로 눈을 돌리자.

## 2. 인간 정신의 발달

그리스인들과 함께 시작된 유럽 고전철학은 **인간의 본질**을 지적 능력과 공동체 형성 능력에서 찾았다. 그리스의 천재 사상가 아리스토텔레스는 엄청난 경험적 지식 때문에 중세에 이르도록 '철학자의 전범典範'이요 자연과학의 절대 권위로 통했다. 그가 내린 인간의 정의는 지금도 지대한 영향을 미치고 있다. 아리스토텔레스는 인간과 동물의 차이를 이성 능력에 있다고 보고, 인간을 '이성적 동물'(zoon logon echon, animal rationale)이자 규제된 사회생활을 영위할 능력이 있는 '정치적 동물'(zoon politikón)로 정의했다.

스토아 철학과 그리스도교는 자유라는 요소를 특히 중요시했다. 아리스토텔레스는 영혼이 베를 짜거나 집을 짓지 않는 것과 마찬가지로,

---

[8] 같은 책 199.   [9] 같은 책 465.

영혼이 화를 내거나 슬퍼하거나 생각하는 것이 아니라, 사람이 제 영혼의 힘을 빌려 그리하는 것이라 강조했다.

### 2.1. 심신 문제

아리스토텔레스의 스승 플라톤과 그를 계승한 아우구스티누스, 그리고 특히 데카르트는 **이원론**을 첨예하게 주장했다. 인간은 정신(res cogitans)과 육체(res extensa), 자유와 법칙성이라는 대극對極의 통일체다. 이로써 심신은 결합하기 어려워진다. 한편, 스피노자의 범신론적 **일원론**은 연장延長과 사유思惟라는 두 속성을 지닌 단 하나의 신적 실체만 상정한다. 이 또한 적절한 해법이 아니다. 세상과 세상의 모든 불행은 전적으로 신성에 통합되고, 개별적 자아는 유일한 신적 실체의 변형일 뿐인가? 아인슈타인은 스피노자의 결정론을 이어받았고 바로 그 때문에 비결정론적 양자역학을 받아들일 수 없었다(1부 3장 참조). 라이프니츠는 심신병행론을 내세워 이원론과 일원론을 매개하려 했다. 그에 따르면, 창조주가 심신을 동시에 작동시키나 양자는 서로에게 영향을 주지 않는다. 그러나 이것은 경험적 근거가 없는 단순 가정으로 드러났다.

인간 발생은 상이한 두 관점에서 고찰해야 한다. **생체 진화**라는 신체 변화의 관점과 **정신 진화**라는 정신 발달의 관점이다. 생체 진화 연구의 기초는 화석이다. 그간 아미노산 연대측정법 같은 첨단 방법을 동원하여 더 정확한 결과를 얻을 수 있었다. 인간을 비롯한 모든 동물의 행동 방식을 분석함으로써, 의식·지향성·주관성의 발생까지 포함한 정신 진화를 설명하려는 시도도 있었다.

심신일원론적 전체성 모형이 점진적으로 발전되고 있었다. 비교행동학도 사실에 입각한 진화 모형들을 정립함으로써 플라톤・아우구스티누스・데카르트의 전통적 심신이원론은 효력을 상실한 듯했지만, 완전히 극복되지는 않았다. 물론 이원론은 심신 상호작용을 제대로 설명하지 못한다. 데카르트가 영혼의 자리로 뇌 깊은 곳에 설정한 송과선 松果腺은 경험적으로 증명될 수 없었다. 그런데 어떻게 순수 정신적 존재가 물리적 에너지를 생성할 수 있겠는가?

### 2.2. 영혼에서 정신으로

오늘날 유전학적・생리학적・인종학적 이론들이 통합됨으로써 정신의 발달 과정을 설명할 수 있게 되었다. 심적 작용과 현상의 담지자(기저)나 육체의 아리스토텔레스적 '형상'(Form, *Entelechie*)으로 이해되는 **'영혼'**(Seele)은, 따라서 자연과학적 개념으로는 거의 쓰임새가 없어졌다. '영혼'은 **'정신'**(*Psyche*)이라는 말로 대체되었다. '정신'은 육체와 구분되는 생명 원리가 아니라, 의식과 무의식의 정서적 작용과 지적 기능을 총칭하는 개념이다.

현대 신학조차 이원론적 세계관을 포기한 지 오래다. 육체와 정신은 두 세계가 아니며, 인간은 전혀 다른 두 '질료'(Stoff)로 만들어지지 않았다는 것이다. 그 때문에 오늘날에는 동물과 인간의 **'행동'**을 논구의 주제로 삼아, 용어 사용에서부터 육체와 정신의 구별을 의도적으로 무시한다. 어떤 행동 양식이든지, 과거라면 육체와 정신으로 구분했음 직한 특성들을 다 포함하고 있다. 일찍이 개신교 신학자 볼프하르트 판넨베르크는 행동과학의 통찰들을 차용하여, 우리에게도 잘 알려진 **영혼의 특별한 내면세계의 독특한 체험**을 이렇게 설명했다.

인류학적 행동과학은 이 체험을 우리 육체적 행위의 독특성으로 설명한다. 말하는 능력이 있는 인간을 외부 세계로부터 분리시키는 것은 고요한 사유와 상상의 내면세계다. ⋯ 언어는 특별한 정신적 내면세계의 생성 조건인바, 그것조차 인간과 주변 세계의 육체적 관계 속에서 생겨난다. 따라서 내면세계와 외부 세계의 차이는 근원적 사실이 아니라, 인간의 육체적 행동에서 생겨난 파생적 사실이다. 인간에게는, 육체와 독립적으로 존재하는 '영혼'이 실재하지 않으며, 단순히 기계적·무의식적으로 움직이는 육체 또한 존재하지 않는다는 결론이 거기서 도출된다. 둘 다 추상이다. 세상을 상대로 움직이고 행동하는 통일적 생명체, 오직 인간만 실재할 뿐이다.[10]

물론 과학교육을 받은 사람도 **은유적으로** '영혼'이라는 말을 쓴다: 부정적으로(ein 'seelenloses' Haus: '혼이 깃들지 않은' 집), 예스럽게(ein Dorf von 500 'Seelen': '주민' 500명의 마을), 시적으로(die 'Seele Europas': '유럽의 얼'), 전례에서 ('Es freut sich meine Seele im Herrn': '내 영혼이 주님 안에서 기뻐하나이다'), 영문 이니셜로('Save Our Souls': 구조 요청 신호 SOS). 객관화시키지 않고 은유적으로 이런 표현을 쓴다면 오해할 일은 없다. 지금도 정직하고 성실하고 착한 '사람'을 가리켜 정직하고 성실하고 착한 '영혼'이라는 표현을 쓰곤 한다. 현대 사목자(Seelsorger: '영혼을 돌보는 이')들에게도 불멸하는 인간의 영혼만 중요한 것이 아니라 육체를 지닌 총체적 인간이 다 중요하다. 요약하면:

---

[10] W. PANNENBERG, *Was ist der Mensch? Die Anthropologie der Gegenwart im Lichte der Theologie*, Göttingen ⁶1981, 35-6.

- '자아' 혹은 '인격'이란 정신도 뇌도 아니다. 숨 쉬고, 체험하고, 느끼고, 생각하고, 원하고, 괴로워하고, 행동하는 인간 전체를 가리킨다.
- 몸과 마음, 뇌와 정신은 늘 동시에 주어지고 심신 통일체를 형성한다. 심리학자와 의학자들은 이론과 실제에서 바로 이 점을 중요시한다.
- 따라서 육체와 정신의 분리는 꿈도 꿀 수 없다.
- 많은 신체적·정신적 특징(기질)이 부모의 염색체에 결합되어 각자 태어날 때부터 이미 주어져 있다.
- 정신신체적 과정이 모든 의식 상태의 기저가 된다. 신경세포라는 기저체基底體 없이는 정신의 활동도 없다.

여기서 또 다른 문제가 엄습한다. 그렇다면 정신은 고작 뇌 활동의 부산물에 지나지 않는가?

### 2.3. 조건부 자유

18세기 프랑스 계몽주의의 **기계론적 유물론**은 인과적·물리적 **결정성**을 전 인간에게까지 확대·적용하기 시작했다. 인간이 동물과 본질적으로 다르지 않고, 의지의 자유는 환상에 불과했다. 이른바 쥘리앵 드 라메트리의 '인간기계론'[11]이다. 프리드리히 엥겔스와 에른스트 헤켈의 영향을 받은 마르크스주의 이론가들도 이 노선을 걸었다. 일부 신

---

[11] 참조: J.O. DE LAMETTRIE, *L'homme machine*, Leyden 1748.

경과학자들이 아직도 결정론을 전제하고 있다는 것은 의심할 여지가 없다. 그들은 철학적으로 19세기에 사로잡혀 있고 전제에 대해서는 별로 숙고하지 않는다.

20세기 프랑스 **실존주의**는 유물론과 기계론적 자연과학에 의도적으로 반기를 들고 인간을 자유로운 존재로 이해했다. 인간은 자신이 무엇인지 스스로 자유롭게 결정한다. "결정론은 없다. 인간은 자유로운 존재다, 아니 인간이 바로 자유다." 철학자요 작가인 장 폴 사르트르는 급진적이고 강령적인 초기 저서 『실존주의는 휴머니즘이다』*L'existentialisme est un humanisme*에서 이렇게 썼다. 그는 개인의 위험한 자유를 기회이자 동시에 자신의 삶을 스스로 기획하라는 강요라고 여긴다. 이때 요구되는 것은 자의성과 임의성이 아니라 의무와 책임이다. 인간은 늘 온전히 자유롭든지 그렇지 않든지 둘 중 하나다. 감옥에 갇혔든 고문을 당하든, 인간은 자유로울 수 있다. 이것이 제2차 세계대전과 나치 치하의 어둠 속에서 태어난 저항의 철학이다. 그러나 알제리 전쟁과 베트남 전쟁의 영향을 받아 점차 마르크스주의로 기울면서, 이 '참여 철학자'(Philosophe engagé)는 스탈린 치하의 소련, 중국, 쿠바 그리고 적군파(RAF)를 지지했고 본디의 지향을 전면적으로 포기하기에 이르렀다.[12]

사르트르도 개인의 자유는 늘 특정 '상황' 속에서만 실현되고 **한계**에 부딪힌다는 것을 강조했다. 이 한계는 그간 행동과학의 연구 결과들을 통해 한층 분명해졌다. 인간은 유전인자와 환경의 영향이라는 **이중의 방식으로 예정**되어 있으나 한계 내에서는 **자유로운 존재**다.

---

[12] H.-M. SCHÖNHERR-MANN, *Sartre. Philosophie als Lebensform*, München 2005: 사르트르의 생애와 저작에 관한 탁월한 입문서. 사르트르 탄생 100주년을 기념하여 발간되었다.

## 2.4. 유전자냐 환경이냐?

한편으로, 인간은 **환경의 지배를 받고**, 외적 영향으로 형성되며, 다양한 방식으로 조건에 의존한다. 인간의 행동은 대체로 예측이 가능하다. 급진적 행동주의 심리학자 B.F. 스키너를 비롯한 미국의 행동과학자들은 선을 행하도록 프로그래밍된 인간을 요구하는 데 이 점을 이용했다. 당연히 '행동과학의 기술'이 인간을 통제할 터였다.[13]

그러나 스키너도 인간의 자유를 부정하지는 않았다. 인간이 환경의 지배를 받는 것**만은** 아니고, **전적으로** 조건에만 의존하지는 않으며, **완벽하게** 예측되지 않는다는 것을 그도 안다. 인간과 그의 의지를 형성하는 데 환경도 한몫을 한다는 것은 분명하다. 그러나 인간이 자율적 시스템으로 환경에 대처하는 한, 인간과 그의 의지가 환경을 만들기도 한다.

다른 한편으로, 계통발생사적 산물인 인간은 **유전적으로 미리 프로그래밍되어 있다**. 노벨상 수상자 콘라트 로렌츠를 중심으로 한 독일어권 행동과학자(비교행동학자)들은, 인간은 행동 유형, 행위 방식, 유전적 프로그램의 반응을 통해 추동되고 통제된다고 강조한다. 개인과 사회의 행태에 기본적으로 중요한 것이 유전인자다.[14]

여기서도 비교행동학자들은 스스로 **단서**를 붙인다. 타고난 것이 결정적인 요인으로 작용하지는 않는다는 것이다. 그것은 내가 그저 참고

---

[13] 참조: B.F. SKINNER, *Beyond Freedom and Dignity*, New York 1971; dt.: *Jenseits von Freiheit und Würde*, Hamburg 1973.

[14] 참조: K. LORENZ, *Das sogenannte Böse. Zur Naturgeschichte der Aggression*, Wien 1963; K. LORENZ, *Über tierisches und menschliches Verhalten. Aus dem Werdegang der Verhaltenslehre. Gesammelte Abhandlungen*, Bd. I-II, München, 1965.

감수해야 할 불가피한 운명이 아니다. 로렌츠의 제자 이레네우스 아이블아이베스펠트는 이렇게 말한다. "인간이 학습을 통해서만 결정된다는 일방적인 주장은 틀렸다. 인간이 전적으로 미리 프로그래밍되어 태어난다는 주장도 틀리기는 매한가지다."[15]

  1970년대 **교육학의 결정론 논쟁**이 극복된 듯하여 다행스럽다. 10%든 50%든 90%든, 인간은 환경이 결정하거나 유전자가 결정한다는 견해를 각자 세계관에 따라 내세우던 시절이었다. 그러는 사이, 인간은 '전체'로서 유전자와 환경에 의해 결정된다는 생각이 보편적 공감대를 형성하게 되었다. 그러나, 오늘날 '심신'의 문제를 '정신과 뇌'의 문제로 첨예화시킨 어떤 과학이 인간의 자유의지 문제를 새롭고 극단적인 방법으로 제기하고 나섰다. 신경생리학적 뇌 연구가 바로 그것이다.


## 3. 뇌와 정신

인간 정신이 하늘에서 떨어진 것이 아니라 **진화의 산물**임이 계통발생사적 연구를 통해 드러났다. 인간의 뇌도 특별하지 않다는 것이 확인되었다. 인간의 지적 능력은 유인원에게서도 그 초기 단계가 일부 나타난다. 따라서 뇌 없이는 정신도 존재할 수 없고 특정 뇌 중추의 활동 없이는 지적 성취도 불가능하다는 점을 전제하자. 그렇다면 신학적으로 은근슬쩍 넘겨 버려서는 안 될 중요한 문제가 제기된다.

---

[15] I. EIBL-EIBESFELDT, *Grundriß der vergleichenden Verhaltensforschung. Ethologie*, München ³1972.

### 3.1. 뇌의 물리 · 화학적 작용이 모든 것을 결정하는가?

　뇌 생리학자들은 그들의 연구 대상에 매료될 만도 하다. 진화가 인간의 뇌라는 **자연의 걸작품**을 만들어 냈으니 말이다. 아무리 복잡한 컴퓨터도 우주에서 가장 복잡한 이 시스템에 비하면 간단하기 이를 데 없다! 이 쭈글쭈글한 '회색 덩어리'는 유인원의 뇌보다 조금 더 클 뿐이지만, 백억 개가 넘는 뇌 세포가 활동하는 층 구조와 기능적 영역들로 이루어져 있다. 뇌 세포들은 수십억 개의 신경 절節로 결합되는데 그 길이만도 십만 킬로미터가 넘는다. 뇌의 작용은 유전적 기질의 결과도 사회적 학습의 결과도 아니다! 뇌는 사람들이 오랫동안 믿어 온 것처럼, 유년기 이래 정체된 물질이 아니다. 뇌는 놀라운 유연성과 재생력과 변화 능력뿐만 아니라, 자아와 세계를 인지함에 있어 탁월한 안정성을 보여 준다. 뇌 신경세포들은 필요에 따라 새로운 결합과 해체를 일생 동안 반복한다.

　최근 몇 년 동안 **뇌 신경생리학**은 우리에게 엄청난 지식을 제공했다. 양전자방출단층촬영술(PET), 기능성자기공명영상(fMRI) 같은 첨단 촬영 기법의 도움으로 새로운 발견들이 이루어졌다. 정신 활동이 활발할 때는 신경세포가 다량의 산소와 당糖을 요구하므로 활성화된 뇌 영역의 여러 부위에서 산소량의 증가가 측정된다. 따라서 의식 상태들도 다양한 뇌 영역의 활동성과 관련지을 수 있을 것이다. 그럼에도 대뇌피질, 그것도 극히 일부와 관련된 것만 의식될 수 있을 뿐, 그 밖의 과정들은 의식되지 않는다.

　이 모든 연구에 따르면, 정신의 총체적 과정은 뇌 신경세포들 간의 전기화학적 반응과 밀접히 관련되고, 이는 **물리학의 자연법칙**에 따라

기능한다는 것이 확실해졌다. 여기서 어떤 결론이 도출되든지, 물리학과 생물학의 전제들을 진지하게 받아들이지 않고 뇌 생리학의 인본적 잠재력을 인정하지 않으려거든, 철학자와 신학자는 신경생물학자와 토론하려 들지 말 일이다. 인간에게 자유로운 사랑으로 보답받고 싶어 하는 신, 심지어 인간을 부자유와 공포에서 구원한다는 신의 육화를 자유의지 때문에 너무 성급하고 교의적으로 토론에 끌어들이는 사람은,[16] 처음부터 자연과학자와 말이 어긋날 수밖에 없다. 그는 자연과학자의 학문적 성취를 충분히 인정하고 난 후, 그래도 행여 독단적 편견에 사로잡혀 있지나 않은지 기탄없이 물을 기회를 놓치고 만다. 뇌 과학자에게도 그리 물을 수 있다. 주장을 독점할 수 있는 과학은 없기 때문이다. 철학자와 신학자가 생물학적 뇌 연구를 염두에 두어야 하듯, 뇌 과학자도 철학과 신학의 문제 제기에 귀 기울여야 한다. 어쨌든 이쯤에서 나는 이전투구泥田鬪狗에서 벗어나 접점을 찾으려 한다. 이를 위해 질문을 좀 더 날카롭게 다듬어 보자.

### 3.2. 자유의지는 환상인가?

뇌 과학자들은 특정한 의식 작용이나 상태와 (육안으로 확인되는) 특정 뇌 영역의 활동성, 혹은 뇌 영역을 구성하는 신경세포의 (미시) 회로 간에 밀접한 상관성이 있음을 확인했다. 의심할 바 없고 환영받을 만하다. 신경생리학자들은 이런 소견을 토대로 인간의 자의식에 관한 중대한 논제를 도출하기 시작했다. 원하고 결정하고 행동할 때 우리는 자유

---

[16] *Der Spiegel* Nr. 52/2004에 실린 가톨릭 윤리신학자 E. SCHOCKENHOFF와 신경과학자 G. ROTH의 토론 내용 참조.

롭다고 느끼겠지만, 신경생리학은 우리가 속고 있음을 보여 준다는 것이다. 뇌 신경세포의 무의식적 작동은 우리의 의지를 늘 앞지른다.

브레멘의 게르하르트 로트는 '인간의 최종 결정'이 뇌 깊숙한 곳의 기저핵을 포함한 대뇌변연계, 즉 감정적 경험의 기억에 기인한다고 본다. 의식적 자아는 "우리 행위의 진짜 주인이 아니며, **심하게 말해 자유의지는 기만**이다". "인간은 사고, 느낌, 원의, 행위의 계획과 실행에서 자유를 경험하며 자아는 이런 상황과 행위들을 스스로 유발했다고 생각한다. 그러나 이것은 명백한 착각이다. 심리학적·신경과학적 관찰과 실험은 우리의 사고와 의도가 주로, 특히 전두엽에 강한 영향을 미치는 변연계에 의해 유발되고 조종된다는 것을 입증한다."[17]

따라서, 감정이 행위의 유발자라는 생각은 인간이 우주의 중심이라는 과거의 상상처럼 완고한 기만이다. 실제로 우리의 모든 의도와 결정, 생각과 원의는 생리적 과정을 통해 결정된다. 모든 것을 무의식이, 즉 **대뇌변연계가 조종한다**. 이를테면 한 인간이 성범죄자가 될지 말지 유년기에 이미 결정하는 것도 대뇌변연계라는 것이다. 물론 로트의 이런 견해는, 신경생리학적 지식을 법과 윤리에 적용할 때 어떤 결과가 초래될 것인지에 대한 문제를 제기한다.

그렇다면 **자유에 대한 일상적 경험이 전부 헛것이란 말인가**? 아니면 신경과학적 실험의 결론들이 철학적 가정에 의해 의식적·무의식적으로 채색되었는가? 프랑크푸르트 막스플랑크 연구소의 볼프 싱거도, 우

---

[17] G. ROTH, Das Ich auf dem Prüfstand – Die Hirnforschung und ihre Sicht vom Menschen, 2004년 6월 10일 SWR2 라디오 강연; G. ROTH, Aus Sicht des Gehirns, Frankfurt/M. 2003.

리의 직관은 결정의 책임이 자아에게 있다고 생각함으로써 "파란만장한"[18] 오류를 범한다고 주장했다. 싱거는 우리가 의식적으로 조종하는 뇌의 작용과, 자율적·무의식적 작용 간에 본질적 차이가 없다고 보았다. 싱거의 관점은, "불확실한 순간에는 다른 행동을 할 수 없기 때문에 자기가 했던 행동을 한다. 그렇지 않다면 달리 행동했을 것"[19]이라는 "진부한 인식을 고려"한다. 논리학에서는 증명하고자 하는 바를 전제로 삼는 이런 논법을 선결문제요구의 오류 혹은 순환논증이라 부른다. '그는 달리 행동할 수 없었기 때문에 달리 행동할 수 없었다'라는 식이다. 자신의 의식에 의해 구조화되고 그것의 도움으로 증명된 것만 경험적으로 확증할 때 뇌 과학자는 순환논증에 빠지기 쉽다. 물리학자나 화학자의 자격으로는 어떤 경우라도 인간을 유일무이한 개별적·역사적 존재로 여기지 않을 것이다.

### 3.3. 죄와 책임에 대한 신경과학의 무관심

앞의 논증들을 보면, 로트와 같은 신경생리학자가 단기적 실험들을 근거로 자유의지가 환상이라는 자신의 신경과학적 가설을 '근본적인 증명의 문제'로 얼마나 태연하게 **형법**에 적용시키는지 놀라울 따름이다. 형법이 '죄와 책임의 원칙'을 고수하는 것은 잘못이라는 것이다. 이 원칙은 '옳고 그름을 자유롭고 올바르게 결정할 수 있는 인간의 능력'을 전제로 한다.

---

[18] W. SINGER, Selbsterfahrung und neurobiologische Fremdbeschreibung. Zwei konfliktträchtige Erkenntnisquellen, in: *Deutsche Zeitschrift für Philosophie*, Nr. 2/2004.

[19] 같은 곳.

물론 책임질 수 있는 능력에 한계가 있다는 것을 형법도 인정한다. 그러나 정신은 원칙적으로 뇌 신경의 부수 현상에 지나지 않는 것일까? '죄책감 갖지 마라, 모든 것이 환상이다!'라는 신경과학적 가설이 범죄자를 어떻게 **거짓으로 위로하는지** 생각해 보자. 나치의 잔혹한 반인륜적 범죄는 입에 담기도 싫다. 로트의 연구가 발표되는 것과 때를 같이하여, 자르란트 주에서 다섯 살 난 남자아이를 수차 성폭행하고 살해한 사건이 독일 일간지에 보도되었다. 독일 전역에서 매년 (최소) 15,000명의 아동을 성폭행하는 범죄자들은 변연계의 메커니즘 때문에 자유롭지 못하고, 또 그 때문에 완벽한 과학적 알리바이를 통해 죄와 책임을 면하게 되는가? 희생자와 그 부모들은 아동 성폭행범들의 죄악에 대한 신경과학의 무관심을 이해하지 못한다. 사회규범이 전반적으로 경시되는 마당에, 로트처럼 개인의 책임과 공과功過에 대해 세밀히 따지지 않고 '사회규범의 침해'만 들먹이는 것은 공허하게 들린다. 베를린의 한스루드비히 크뢰버 같은 **법정신의학**의 권위자들은 "뇌 과학자들이 뇌 해석자 노릇까지 해 가며 놀란 시민과 기자들 앞에서 각종 영상을 보여 주며 자유의지를 반박하고 법적 책임이 허구임을 선포하는 세태"를 미심쩍어한다. "… 사실 PET 영상에서 법적 책임의 문제까지는 한없이 먼 거리다".[20] 그렇다면 우리는 언제 형법상의 책임을 지게 되는가? "이성적 사려가 우리의 결정을 지배할 수 있을 때, 말하자면 우리가 우리의 소망을 비판적으로 평가할 수 있게 될 때다."[21]

---

[20] H.-L. KRÖBER, *Die Hirnforschung bleibt hinter dem Begriff strafrechtlicher Verantwortlichkeit zurück*, in: C. GEYER (Hrsg.), *Hirnforschung und Willensfreiheit. Zur Deutung der neuesten Experimente*, Frankfurt/M. 2004, 103-10, 인용: 107-8.

2005년 1월부터 튀빙겐 대학 병원에 (340만 유로짜리) 유럽 최첨단 진단기기가 도입되어 다들 흡족해했다. 그것은 컴퓨터단층촬영기(CT)와 양전자방사단층촬영기(PET)의 조합으로, 최소 크기의 암세포 덩어리까지 조기에 발견할 수 있다. 그러나 유감스럽게도 우리를 자유로운 존재로 이해하는 것이 자기기만이라고 선언하는 신경과학의 가설은, 각종 첨단 기기 덕분에 놀라운 진보를 이룩한 뇌 연구가 오늘날 치매·파킨슨병·정신분열증·우울증 같은 중병을 퇴치하고 자율성과 결단의 자유를 회복할 수 있다는 **희망**만 선사하는 것이 아니라는 데 대해 함께 책임을 져야 한다. 그런 가설은 인간이 싸늘한 '자동 생존 기계'로 전락하고 말 것이라는 **두려움**도 촉진한다. 신경세포의 지배를 받는 우리는, 의식을 조작하는 온갖 개입에 속수무책일 것이며, 우리의 정체성과 자율성을 잃게 될 것이다.

지금은 뇌 과학자들도 인간의 뇌와 유인원의 뇌의 차이점보다는 공통점에 더 많은 관심을 쏟는 환원주의적 행태의 문제점을 점차 의식하고 있어서 다행이다. 인간은 생각하는 능력이 뛰어난 대신, 원숭이는 나무 타는 능력이 뛰어나다고 말하는 것이 바로 우스꽝스런 평준화의 일례다. 뇌 연구의 진보를 인정했으니 이제 그 한계를 명백히 밝힐 때가 되었다.

---

[421] 같은 책 109. 참조: K. LÜDERSSEN, Ändert die Hirnforschung das Strafrecht?, in: C. Geyer, *Hirnforschung*, 98-102. 프랑크푸르트의 형법학자 뤼더센은 "(죄가 없을 거라는) 자기암시적 형이상학의 위험에 빠진"(102) 뇌 연구에 경종을 울린다.

4. 뇌 연구의 한계

기능성자기공명영상(fMRI)은 뇌의 '**어디쯤에서**' 무슨 일이 벌어지고 있다는 사실은 (대강이나마) 알려 주지만, 신경세포의 메커니즘에 의한 인지 작용을 '**어떻게**' 기술해야 할지는 **알려 주지 않는다**. 단층촬영기가 뇌의 활성화 부위가 기록한 패턴만으로는 사람의 감정과 사고를 읽어 낼 수 없다. 뇌 부위를 측정하는 '간접적인' 방법은, 이를테면, "컴퓨터가 여러 과제를 수행하는 동안 소비하는 전력량을 측정하여 컴퓨터의 기능 방식을 밝혀 보려는 시도와 다를 바 없다".[22]

자의식의 생물학적 기초에 대해 수많은 논의가 오갔다. 그러나 그런 흥미 있는 사변들이 과연 **물리적 과정과 의식 사이의 설명의 공백을 극복할 수 있을까**? 아니다. 신경과학자들이 뇌의 기능 방식을 더 정확하게 기술할수록, 그들의 모든 측정법과 모형은 색이나 냄새 같은 속성의 주관적 지각과 생각이나 감정 같은 의식의 핵심 측면을 잡아내지 못한다는 것이 더 분명해진다. 데이비드 차머스(애리조나 주 턱스)는 "의식 체험을 환원할 수 없는 본질적 특징으로 인정하는 것이 필요하다"고 말한다.[23] 뇌와 의식의 관계가 프랜시스 크릭과 제임스 왓슨이 밝혀낸 유전의 비밀처럼 단숨에 해명되리라는 것은 크릭의 동료인 크리스토프 코크조차 기대하지 않았다.[24▶] 2004년, 뜻밖에도 뇌 연구는 건설적 자기반성의 기회를 맞게 되었다.

---

[22] 같은 곳.

[23] 참조: D.J. CHALMERS, Das Rätsel des bewußten Erlebens, in: *Spektrum der Wissenschaft*, Digest-ND, Heft 4/2004, 12-9. 이 주제에 관해, 같은 호에 실린 다른 논문들도 유익한 정보를 제공한다. 참조: D.J. CHALMERS, *The Conscious Mind*, Oxford 1996.

### 4.1. 뇌의 결정적 차원에 대한 무지

2004년, 로트의 획기적인 저서가 출간된 지 몇 달 후 로트와 싱거를 포함한 독일의 대표적 신경과학자 11명이 「뇌 연구의 현재와 미래에 관한 선언」[25]을 발표했다. 「선언」은 뇌 연구가 "뇌의 마지막 비밀을 캐내기 전 단계에 이른 듯하다"는 말로 시작한다. 학자들은 저돌적으로 내닫는 그들의 신학문에 냉정하고 섬세한 평가를 내림으로써 사회적 충격파를 완화시켰고, 새로운 방법의 도움으로 상당한 **진보**가 이루어졌다고 말했다.

- 가장 **높은** 차원에서의 진보: 보다 큰 뇌 영역들의 기능과 협업에 대한 연구가 이루어졌다. 대뇌피질과 기저핵의 특수 기능과 기능 복합체에 따른 뇌의 주제적 분배: 언어 이해, 그림 인식, 소리 지각, 음악 이해, 행동 계획, 기억 과정과 정서 체험.
- 가장 **낮은** 차원에서의 진보: 세포와 분자 수준의 과정들은 오늘날 대부분 밝혀졌다: 수용기를 가진 신경세포막 장치, 신경전달물질의 기능, 세포간 신호 전달 과정, 신경세포 자극의 생성과 전달.
- **중간** 차원에서의 진보는 **더디다**: 수백, 수천의 세포 집단 내에서

---

[24] 참조: C. Koch, Die Zukunft der Hirnforschung. Das Bewußtsein steht vor seiner Enthüllung, in: C. Geyer, *Hirnforschung*, 229-34.

[25] 참조: Das Manifest. Über Gegenwart und Zukunft der Hirnforschung, in: *Gehirn und Geist. Das Magazin für Psychologie und Hirnforschung*, Nr. 6/2004, 30-7. 이 선언에 서명한 학자들: Christian Elger(Bonn), Angela Friederici(Leipzig), Christof Koch(Pasadena), Heiko Luhmann(Mainz), Christoph von der Malsburg(Bochum/Los Angeles), Randolf Menzl(Berlin), Hannah Monyer(Heidelberg), Frank Rösler(Marburg), Gerhard Roth(Bremen), Henning Scheich(Magdeburg), Wolf Singer (Frankfurt/M).

일어나는 일에 대해서는 '아는 게 전혀 없다'. "수억 혹은 십억 신경 세포들이 서로 '이야기할 때', 무슨 일이 일어나는지는 아무도 모른다."[26]

이 모든 것이 **뇌 활동의 결정적 차원에 대한 무지**를 초래한다. 사고와 감정, 의도와 효과, 의식과 자의식은 이 차원에서 실현 가능하다. "뇌가 어떤 규칙에 따라 활동하는지, 어떻게 직접 지각과 이전 경험을 융합하여 세계를 모사模寫하는지, 어떻게 내면적 행위가 '뇌의' 활동으로 체험되고 어떻게 미래의 활동을 계획하는지, 이 모든 것에 대해 우리는 아직 초기 단계조차 모르고 있다. 게다가 오늘날 이것을 어떻게 연구할 수 있는지도 불분명하다. 그렇다면 우리는 아직 사냥꾼과 채집자의 단계에 머물러 있는 셈이다."[27] 학문적 겸손에 대한 칭찬!(신학자도 이따금 '사냥꾼과 채집자'일 때가 있다).

## 4.2. 신경과학의 중대한 문제들

「뇌 연구의 현재와 미래에 관한 선언」에 서명한 신경과학자들은 '중대한 문제들'에 대해서 조심스럽게 접근한다. "어떻게 의식과 자아 체험이 생성되는가, 이성적 행위와 감정적 행위는 어떻게 상호 결합되는가, '자유의지'를 상정하면 무슨 일이 일어나는가? 오늘날 신경과학의 중대한 문제들을 제기하는 것은 이미 용인된 일이나, 그 문제들이 향후 10년 내 해결될 수 있으리라는 기대는 당연히 비현실적이다. 우리가

---

[26] 같은 책 30-3.    [27] 같은 책 33.

그때까지 그 문제들에 의미 있게 접근할 수 있는지조차 의문이다. 이를 위해 우리는 뇌가 어떻게 기능하는지 근본적으로 더 많이 알아야 할 것이다."[28]

'사이버 골상학骨相學'적 기법이 아무리 정교한 영상을 제공해도, 정신을 체현體現시키는 꿈은 실현될 수 없다는 데 동의할 수밖에 없다. 양자물리학이 고전역학을 보완했던 것처럼, 먼 훗날 이론신경생물학도 고전적 뇌 연구를 보완하기를 더러는 희망한다. 그리되면 '이른바 뇌에 관한 사소한 기초 지식 정도는 이해할 수 있을 것이다'. 그러나 이는 **현재의 뇌 연구가 정신과 뇌, 의식과 신경계의 연관성에 대해 경험적으로 입증될 수 있는 어떤 이론도 제시하지 못하고 있다**는 뜻이기도 하다. 그러한 한 우리는 장차 모든 뇌 과학자가 환원주의적 진술을 자제하고, 저「선언」의 결론을 견지할 것이라 희망해도 좋겠다.

> 모든 진보가 신경환원주의의 승리로만 끝나지는 않을 것이다. 인간적 공감, 연모戀慕, 도덕적 책임감의 기초가 되는 신경세포의 전모가 언젠가 밝혀진다 해도, '내적 관점'의 독자성은 변치 않고 남아 있을 것이다. 바흐의「푸가」가 어떤 구조로 짜여 있는지 정확히 이해했다고 해서 그 매력이 사라지는 것은 아니다. 뇌 연구는 말할 수 있는 것과 제 관할 구역을 벗어나는 것을 확실히 구별해야 한다. 음악학이 바흐의「푸가」에 대해 발언할 수는 있지만 그 비범한 아름다움을 설명할 수 없는 것과 같은 이치다.[29]

---

[28] 같은 책 34.   [29] 같은 책 37.

이런 반反환원주의적 관점을 확증하는 예는 허다하다. 자기磁氣뇌파기록장치로 뇌의 전기적 반응을 측정하여 태아의 지각 능력과 학습 능력을 탐구한 튀빙겐의 행동신경생물학자 닐스 비르바우머는, '신경생물학적 데이터를 해석하고 일반화시킬 때 부디 겸손하고 신중하라'고 충고한다. 그는 의지의 자유 혹은 부자유에 대해서는 침묵했다. 측정할 수 없었기 때문이다. "의지의 자유도 의지의 부자유도 관찰될 수 없다. 어떤 신경세포가 자유와 상관하는지 모르기 때문이다. 인간의 모든 행동과 사고처럼 자유도 뇌의 산물이긴 하지만, 본질적으로 뇌의 작용으로 돌릴 수만은 없는 역사적·정치적·사회적 현상이기도 하다."[30]

이와 관련하여 미국의 뇌 생리학자 벤저민 리벗의 입장 변화는 흥미롭다. 그가 1985년 최초로 실시한 행동생리학적 실험에 따르면, 오른팔 혹은 왼팔(매우 사소한 의지 단위!)을 들어 올릴 때 뇌는 신경세포의 '준비 전위'를 구성한다. 이것은 행동 의지의 주관적 체험에 350~400밀리세컨드(1,000분의 1초) 먼저 일어난다고 한다.[31] 그러나 '준비 전위'가 의지를 구속할 수 있는가? 리벗은 1999년, 의식이 시간적으로는 뒤에 일어나지만 뇌가 암시하는 행동을 중단시킬 수 있다고 주장했다. 적어도 '자유의지'가 모든 행동 욕구에 **거부권**은 행사한다는 것이다. 리벗의 결론은, "자유의지의 존재를 인정하는 편이 결정론에 입각하여 그것을 거부하는 것보다 더 낫다고 할 수는 없지만, 적어도 똑같이 좋은 과학적 선택은 된다"[32]는 것이다.

---

[30] N. BIRBAUMER, Hirnforscher als Psychoanalytiker, in: C. GEYER, *Hirnforschung*, 28.

[31] 참조: H. LIBET, Do We Have a Free Will?, in: *Journal of Consciousness* 6, 1999, 47-57; dt.: Haben wir einen freien Willen?, in: C. GEYER, *Hirnforschung*, 268-89; H. LIBET, *Mind Time. The Temporal Factor in Consciousness*, Cambridge/Mass. 2004.

'의지의 제어'에 관한 이런 실험과 대조적으로, 튀빙겐의 철학자 오트프리트 회페는 칸트의 설득력 있는 사고 실험에 의존한다. 누군가 어느 무고한 사람에 대해 거짓 증언을 하라는 요구를 받았다. 하지 않으면 살아남지 못한다. "그는 아무리 강한 삶의 애착도 능히 이겨 낼 수 있으리라고 생각할까? 거짓 증언을 할지 말지는 차마 단안을 내리지 못하겠지만, 적어도 그리할 수 있다고 인정하는 데는 주저하지 말아야 한다."[33] 칸트는 그가 거짓 증언을 하거나 안 하거나 둘 중 하나를 택할 수 있다고 보았다. "그는 자신이 해야 할 것이 무엇인지 알기 때문에 그것을 할 수 있다고 판단한다. 또한 도덕 법칙이 없었다면 알지 못할 뻔했던 내면의 자유를 인식한다."[34] 회페는 이렇게 말한다. "도덕의 실재성을 온전히 제 것으로 만들어 어려운 상황에서조차 정직하고 이타적이며 용감할 수 있다면, 교육과 수양으로 정직한 태도를 함양하는 곳 어디서나 도덕과 자유의지의 실재성은 발현될 것이다."[35]

최근에야 이 실험의 배경을 새롭게 캐묻기 시작했다. 실험자가 약속된 대로 뇌에 자극을 전달하는 즉시, 신경세포의 무의식적 활성화가 촉진된다는 점이 지적되었다. 이것을 가능하게 하는, 손가락을 지시대로 움직이기 전의 밀리세컨드를 분석하느니 차라리 개인의 과거사를 분석하는 편이 더 유의미할 거라는 건 말할 나위도 없다. 뇌의 결단 과정이

---

[32] B. Libet, Haben wir einen freien Willen?, 287.

[33] I. Kant, *Kritik der praktischen Vernunft*, § 6, Anmerkung, in: Werke (hrsg. von W. Weischedel) Bd. IV, 140.

[34] 같은 곳.

[35] O. Höffe, Der entlarvte Ruck. Was sagt Kant den Gehirnforschern?, in: C. Geyer, *Hirnforschung*, 177-82, 인용: 182.

특정 상황에서 **변연계의 반응에 바로 굴복하지 않을 수 있는 것**은 바로 그 덕분이다. 외적·내적 타자(他者)의 결정에 기대지 않으면서 자아의 '자기 결정'과 '자율'과 '자기 입법'을 통해 가치와 목표를 설정하고, 이를 행동으로 실천할 줄 아는 인간의 능력, 바로 여기에 자유의지는 존재한다. 그렇다면, 자아는 과연 실재하는가?

### 4.3. 물리학과 화학은 자아를 설명할 수 없다

「뇌 연구의 현재와 미래에 관한 선언」에 참여한 과학자들과 달리, 볼프강 프린츠(뮌헨 막스플랑크 인지·신경과학 연구소)는 뇌 과학 때문에 "'우리의' 인간상에 심각한 동요가 일어나고 있다는 것"을 결코 확실한 것으로 여기지 않는다. 「푸가」의 아름다움이 그렇듯이, 인간상도 환원과 해체의 침해를 받지 않고 간직될 수 있다는 것이다. 그러나 그는 뇌 과학자들의 인간상을 형성한 무반성적 자연주의만큼은 확실히 수정되어야 한다고 본다. 인간을 인간답게 만드는 것은 **자연적 본성**뿐 아니라 **문화**이기도 하다 ― 또한 인지적 성취의 가장 깊은 뿌리까지, 뇌의 가장 후미진 구석과 굴곡에까지 속속들이 이르는 그 무엇이다. "그러므로 뇌 연구는 분명 많은 것을 이룰 수 있지만, 모든 것을 이룰 수는 없다. 어쨌든, 뇌 과학이 인문과학의 새로운 중심 분야가 되고 싶어 해도, 거기에는 별 쓸모가 없다."[36] 프린츠는 한 대담에서 더 명백히 강조한다. "생물학자들은 뇌의 화학과 물리학이 어떻게 기능하는지 설명할 수 있다. 그러나 그것이 어떻게 자아 체험을 형성하고 뇌가 어떻게 의미를

---

[36] W. PRINZ, Neue Ideen tun Not, in: *Gehirn und Geist*, Nr. 6/2004, 35.

창출하는지는 아직 아무도 모른다."[37]

철학자 페터 비어리(베를린)는 이른바 자유의지에 대한 경험적 반박을 '한 조각의 위험한 형이상학'이라 했다. "그림의 물질적 조합에서 표현의 아름다움을 찾는 일은 부질없다. 뇌의 신경생물학적 역학에서 자유나 부자유를 찾는 것도 마찬가지로 부질없는 일이다. 거기에는 **자유도 없고 부자유도 없다**. 이런 개념을 찾기에 뇌는 논리적으로 적합한 장소가 아니다. … 무엇을 원하는 것이 올바른지에 대한 우리의 판단에 따를 때 의지는 자유롭다. 판단과 의지가 분리·와해될 때 의지는 자유롭지 않다. …"[38]

아리스토텔레스를 계승하여,[39] 철학자 토마스 부흐하임(뮌헨)은 인간 행위의 대부분이 뇌에 의존한다고 생각했다. "내 손이 누군가의 따귀를 때리는 경우는 드물다. 내가 때린다. 마찬가지로, 나의 뇌가 결정하는 경우는 드물다. 내가 결정한다. … 내가 나의 뇌와 함께 생각한다고 해서, 뇌가 나 대신 생각하는 것은 아니다."[40] 기침하고 땀 흘리고 꿈꾸는 행위는 부자유스럽고 때로 무의식적으로 행해지지만, 수학적 증명은 (싱거가 생각하듯이) 의식적일뿐더러, "의식 상태에서, 의지와 의도에 따라 긍정과 동의를 얻는 것이다".[41] 이것을 결정하는 것은 뇌나 '신경망'이 아니라, '나'라는 인격체다. "그러므로 우리가 우리의 행위를

---

[37] W. PRINZ, *Der Mensch ist nicht frei. Ein Gespräch*, in: C. GEYER, *Hirnforschung*, 26.
[38] P. BIERI, Unser Wille ist frei, in: *Der Spiegel*, Nr. 2/2005.
[39] 참조: ARISTOTELES, *De anima* I, 4, 408b 7-15.
[40] T. BUCHHEIM, Wer kann, der kann auch anders, in: C. GEYER, *Hirnforschung*, 158-65, 인용: 161.
[41] 참조: 같은 책 162.

전인술人으로 뉘우친다면, 그 행위를 저지를 때도 전인술人으로 저질렀다고 봐야 한다."[42]

법철학자 라인하르트 브란트(마르부르크)는 물질 혹은 뇌가 더 우월하다는 생각에 반대했다. "뇌 세포 어디에도, 그리고 시냅스(신경세포 연접부) 어디에도 등가等價의 판단이나 부정否定이 존재하지 않으며 발견되지도 않을 것이다. … 판단이나 인식의 형성, 특히 부정이 발견되지 않는 한, 뇌의 활동 과정이 아무리 역동적이고 민주적인 네트워크를 형성하고 있다 해도 거기서 정신을 도출해 낼 수는 없다."[43] 신경과학자이자 철학자인 데틀레프 링케(본)는 『자유와 뇌』[44]라는 책을 통해, **창의성**이 인간적 사고와 행위에서 어떤 결정적 역할을 수행하는지, 여기서 인간의 사고와 행위의 자유가 어떻게 드러나는지 밝혀냈다.

비어리에 이어, 철학자 위르겐 하버마스도 '원인'과 '이유'를 분명히 구별한다. "주어진 제약에 인과적으로 강제되는 이", 그러니까 **강제적 원인**의 지배를 받는 이는 사실 자유롭지 못하다. 그러나 "더 나은 논증의 비강제적 압박"을 받으면서도 사실의 **이유**에 따라 행동을 결정하는 이는 자유롭다. 실험자가 시켜서 팔이나 손가락을 구부리는 것은 도덕적 책임이라는 의미에서 자유로운 행위가 아니다. 도덕적 책임이란 늘 목적과 수단, 방책과 장해에 대한 신중한 숙고가 복잡하게 얽히고설킨 결과다. 사람 사이의 의사소통은 담론윤리학자 하버마스의 핵심 관심

---

[42] 같은 책 164.

[43] R. BRANDT, Ick bün all da. Ein neuronales Erregungsmuster, in: C. GEYER, *Hirnforschung*, 171-6, 인용: 175.

[44] 참조; D.B. LINKE, *Die Freiheit und das Gehirn. Eine neurophilosophische Ethik*, München 2005.

사다. 이는 말하자면 주관의 배후에서 진행되는 "자연의 맹목적 사건"이 아니다. 신생아에게서조차 인간 정신은 상호작용과 협력과 교육을 통한 사회적 공동체 생활 속에서만 발전한다. 이런 의미에서 정신은 결코 뇌에만 있는 것이 아니라, 인간의 전 인격을 통해 "구현된다". 자아는 사회적 구성물이지만, 환상은 아니다.[45] 여기서 또 하나의 중요한 관점이 대두된다.

### 4.4. 자유의 경험

뇌 과학자들도 일상적으로는 자신과 동료와 환자들이 책임의 주체임을 전제한다. 이런 자기 이해를 단순한 부수 현상으로만 설명하는 것은 더 파고들 여지가 있는 결정론적 독단론을 드러낼 뿐이다. 실험실의 관점은 우리가 사는 세상의 관점으로 보완되어야 하며, 외적 관점과 내적 관점이 긴밀한 관계를 맺어야 한다. 신경생리학적 방법과 더불어 **내성**內省도 절대 경시하면 안 된다. 사실 자신이 획득한 영상과 확인한 과정들을 해석하려면 신경생리학자도 부단히 내성을 실천해야 한다. 자기공명영상만 들여다볼 게 아니라, '자신의 내면을 들여다보아야 한다'. 자기 관찰은 누구에게나 가능하다. 타인의 행동을 관찰하는 것도 도움이 된다. 그러나 자기 관찰이 지나간 사건에만 해당하는 것은 아니다. 그것은 진행 중인 심리학적 과정들까지 동시에 파악할 수 있다.

정신과 의사 만프레트 슈피처(울름 대학)가 비판적으로 지적하듯이, 누구에게나 사물에 대한 자기만의 관점이 있다. "내가 보는 사물은 내 외

---

[45] 참조: J. HABERMAS, Um uns als Selbsttäuscher zu entlarven, bedarf es mehr, in: *Frankfurter Allgemeine Zeitung* vom 15. November 2004.

부에서 나를 관찰하는 사람이 보는 사물과 전혀 다르다. 내게 하늘은 파랗다. 그러나 내 머릿속 여기저기를 탐색하는 사람은 어떤 방법으로도 파란 것을 찾아내지 못할 것이다. 나는 지금 여기서 스스로 결정할 수 있지만, **내 머릿속 여기저기를 탐색하는 사람은 결코 내 자유를 찾아내지 못할 것이다.** 그럼에도 내게 하늘이 언제나 파란 것처럼, 나는 내가 늘 자유롭다고 생각한다."[46] 이렇듯 슈피처는 인식의 교육학적 전환을 위해 많은 노력을 기울였다. 그는 이런 생각까지 한다. "우리의 행동과 결정 기재를 신경과학적 방법으로 더 잘 알수록, 우리는 더 자유로워질 것이다."[47]

개인은 타인과 자신을 예측할 수 없는 것으로 경험한다. 자유롭기 때문이다. 남들이 '예'라는 대답을 기대할 때도 종종 '아니오'라고 말하곤 한다. 남들이 '아니오'라고 할까 봐 두려워할 때 곧잘 '예'라고 대답하기도 한다. (사람들이 쉽게 군중심리에 지배되긴 하지만) 선거와 주가株價 예측이 번번이 빗나가는 것도 이 때문이다. 내가 아무리 나의 전 존재에 있어서는 외적·내적으로 종속되고 결정되어 있다 해도, 말할지 침묵할지, 설지 앉을지, 뭘 마실지 뭘 입을지 어디로 여행할지, 이런 저런 것들이 궁극적으로 내게 달려 있다는 것을 알고 있다. 이 점 나는 명백한 사실로 경험한다. 내 눈이 누군가를 바라보고 내 발이 장애물을 피하는 것을 반사적으로 결정하는 것은 나의 뇌다. 그렇다고 해도 (실험 상황에서처럼 팔이나 손가락을 들어 올리는) 물리적 단기 과정이 아

---

[46] M. Spitzer, Es gibt nichts Gutes, außer man tut es – Die Hirnforschung und die Frage, was uns zum Handeln antreibt, 2004년 6월 13일 SWR2 라디오 강연.

[47] 같은 곳.

니라 (직업 선택과 취업, 배우자 선택처럼) 심사숙고가 필요한 장기 과정이 문제가 되는 순간, 다양한 사고 내용 및 행위의 선택지와 씨름하고 결정해야 하며, 경우에 따라서는 그 결정을 수정해야 한다. 여기서 전체 인생사가 보이기 시작하는 것이다.[48]

튀빙겐의 진화생물학자 알프레트 기어러가 신경생리학과 내성 외에 **의도적 행위**를 의식과 자유에 이르는 제3의 통로로 부각시킨 것은 정당하다. "정보이론적으로 표현하면, 뇌 활동의 객관적 분석은 의식 상태와 과정에 관해 부분적 정보만 제공한다. 의식 체험의 상호 주관적 소통은 언어를 통해 더 많은 것을 드러내고, 의도적 행위는 다시금 더 많은 것을 드러낸다. 이 세 통로는 어느 정도 상보적이지만 모두를 합친다 해도 아직 완전한 그림이 나오지는 않는다."[49] "양자물리학 이전의 '다소 케케묵은' 19세기 역학"이 아니라 차라리 수학적 결정이론의 통찰을 따르면, "뇌와 정신 관계 해명의 원칙적 한계를 추정"할 수 있을 것이다.[50] 이는 자유의지라는 해묵은 근본 문제에도 적용된다. "추측건대 타인의 의지를 객관적으로 온전히 해명할 수는 없다. 인간은 (불완전한 내면 성찰로는) 자신을 충분히 알 수 없고, 많은 경우 자신의

---

[48] 자유의지는 인간이 거듭 새롭게 숙지해야 할 문제다. P. BIERI, *Das Handwerk der Freiheit. Über die Entdeckung des eigenen Willens*, München 2001은 평이하면서도 고도로 섬세하게 이 문제를 다루었다. 나의 개인적 삶의 세계와 그 역사에 관해서는, 지난 40년 동안 다양한 차원에서 자유의 본질을 밝힐 기회가 충분히 있었다: H. KÜNG, *Erkämpfte Freiheit. Erinnerungen*, München 2002, TB-Ausgabe München 2004 (Serie Piper 4135) 참조.

[49] A. GIERER, *Biologie, Menschenbild und die knappe Ressource Gemeinsinn*, Würzburg 2005, 73; 참조: A. GIERER, *Die Physik, das Leben und die Seele*, München 1985; A. GIERER, *Die gedachte Natur. Ursprung, Geschichte, Sinn und Grenzen der Naturwissenschaft*, München 1991.

[50] A. GIERER, *Biologie*, 73.

고유한 행위를 통해 비로소 자신을 체험한다."[51] 이제 뇌와 정신의 문제에 대한 최종적 지평을 넓혀 보자.

### 4.5. 정신적 우주

분자생물학이 생명의 기원을 설명하기가 요원하듯이, 현대의 뇌 과학이 인간 정신의 기원이라는 수수께끼를 푸는 것도 아직은 요원하다. **과학 · 미술 · 음악 · 문화 · 철학 · 종교**가 신경세포의 활동을 각인시키는 힘일지언정, 그 모든 경이로움을 포괄하는 영적 우주를 뇌 과학이 통찰하기란 쉬운 일이 아니다. 뇌 과학은 구체적인 삶의 세계에서 멀찍이 떨어져 있고 **역사**의 세계와는 더욱 거리가 멀다. 역사학에서, 프랑크푸르트의 중세사학자 요한네스 프리트가 제안한[52] "신경학적 전회"를 통해 뇌를 설명하는 것은 별 효과 없는 "극한의 두뇌 운동 과제"일 뿐이다. 근대사학자 마르쿠스 푈켈은 이렇게 묻는다. "무엇이 우리로 하여금 샤르트르 대성당과 프랑스 민법과 르완다 희생자들의 칼자국을 그저 '신경 작용의 부수 현상'으로만 해석하게 한단 말인가?"[53]

매혹적 뇌 영상들은 일단, 생각 · 원의 · 감정이 **어디서** 일어나는지에 대한 정보만 제공한다. 그러나 생각 · 원의 · 감정이 **어떻게** 일어나는지는 확인되지 않았으며, 그 내용이 **무엇**인지는 더욱 확인할 길이 없다. 신경세포의 활성화 패턴을 관찰한들, 인간이 무엇을 느끼고 생각하

---

[51] 같은 책 45.

[52] 참조: J. Fried, Geschichte und Gehirn. Irritationen der Geschichtswissenschaft durch Gedächtniskritik, in: C. Geyer, *Hirnforschung*, 111-33.

[53] M. Völkel, Wohin führt der 'neuronal turn' die Geschichtswissenschaft?, in: C. Geyer, *Hirnforschung*, 140-2, 인용: 141.

고 바라는지는 보이지 않는다. 지도가 풍경은 아니고, 지도 제작자는 지리학자가 아니며, 여행자는 더욱 아니다. 음악이나 그림을 감상할 때 활성화되는 뇌 부위의 다채로운 색깔에서는 음악도 나오지 않고 그림도 보이지 않는다.

신경생물학자는 뇌에서 실험을 통해 측정되고 검증되는 것만 파악한다. 그러나 이런 뇌 생리학적 관점으로는 인간의 감정, 자유, 의지, 사랑, 의식, 자아, 자기 등을 적절히 기술할 수 없다. 그런데 (동물과 달리) 인간에게는 **자신과 관계 맺는 능력**, 더구나 (각자 어떻게 생각하든) **초월성과 관계 맺는 능력**이 있다는 것을 신경생물학자가 뇌에서 어떻게 발견할 수 있겠는가? 동물에게는 종교가 없다. 물론 일찍이 윌리엄 제임스가 수행한[54] 종교적 감정·행위·체험과 (환각 같은) 병리적 현상과의 심리학적 비교 연구는 제법 결실이 있었지만, 신의 존재조차 신경생물학적으로 증명하려는 복음주의 호교론자들의 '신경신학'(Neurotheologie)은 별 도움이 되지 않는다. 인간에게 신앙과 종교는 마치 음식과 같은 것이기 때문이다.[55]

괴팅겐의 신경생물학자 게랄트 휘터는 명저 『뇌 사용 설명서』[56]에서 인간 뇌의 유연한 잠재력을 새삼 언급한다. 뇌의 변화는 우리가 쓰기 나름이며, 쓰는 대로 된다는 것이다. 그렇다. 우리는 앞으로 뇌의 사용

---

[54] 참조: W. JAMES, *The Varieties of Religious Experience. A Study in Human Nature*, New York 1902; dt.: *Die religiöse Erfahrung in ihrer Mannigfaltigkeit. Materialien und Studien zu einer Psychologie und Pathologie des religiösen Lebens*, Leipzig 1907.

[55] 비판: F.W. GRAF, Brain me up! Gibt es einen neurobiologischen Gottesbeweis?, in: C. GEYER, *Hirnforschung*, 143-7.

[56] 참조: G. HÜTHER, *Bedienungsanleitung für ein menschliches Gehirn*, Göttingen 2001.

방식을 조금씩 달리하겠노라고 매 순간 결정할 수 있다. 거위나 두더지와 다르게, "인간의 뇌는 사용 방식에 따라 스스로를 프로그래밍할 수 있다". "따라서 우리는 무엇에, 어떻게 뇌를 사용할 것인지 결정해야 한다."[57] 인식의 가장 원시적 단계는 원숭이도 구사하는 '조건적 인식'(Wenn-Dann-Erkenntnis)이다. 이러한 인과 연관의 단순 단계에 머물러 있는 사람은 원시적이다. 게다가 대부분의 현상에는 여러 원인이 함께 작용하는 법이다. 인식의 최고 단계는 **자아 인식**이다. 오직 인간의 뇌만 "인간의 본성과 세계 내에서의 인간의 지위 …, 그리고 초월적·초인격적·우주적 의식에 관한 포괄적 관념을 발전"[58]시킬 수 있었다. 인간의 뇌를 과거보다 더 포괄적이고 복잡한 네트워크로 사용하는 데는, "의미충만·정직·겸손·신중·진실·신뢰·책무 등",[59] (지금은 가끔 잊혀지곤 하는) 일련의 기본 덕목이 필요하다.

자유는 사고와 감정의 경험만이 아니라 행위의 경험이자 **무위**無爲, **실패, 죄지음의 경험**이기도 하다. 부정적인 것도 행위를 통해 직접 경험할 수 있기 때문이다: 나는 그것을 하지 않았지만 했어야 했다. 나는 약속을 했지만 지키지 않았다. 내 잘못이다. 내 잘못을 시인하고 용서를 청한다. 내가 잘못하지 않았을 때는 타인에게 잘못을 인정하라고 요구한다 ….

그렇다. 책임 없는 도덕성이란 무엇이고, 자유 없는 책임이란 무엇이며, 구속 없는 자유란 또 무엇인가? 방향 상실, 무절제, 무의미가 위협하는 시대에 이 물음은 (강화되어야 할 만큼 위태로운 인류의 인간성

---

[57] 같은 책 99.     [58] 같은 책 118.     [59] 같은 책 123.

때문에) 진지하게 숙고되어야 한다. 인간의 도덕성과 윤리도 천천히 발전되었을 뿐이다! 또한 인류가 인간의 모습을 갖추기 시작한 이래 온갖 가변성에도 불구하고 어느 정도의 불변성은 유지되었다.

## 5. 인간 윤리의 기원

만물의 시초에 대한 물음은, 특정한 도덕적 가치와 척도와 규범이 도대체 어디서 비롯되었는가라는 질문을 포함한다. 이 문제를 간략히 다루어 보자. 분자의학자 게르트 켐퍼만(베를린)에 따르면, "윤리는 오직 사람에게만 있다. 생물학적 사실들을 인정한다는 것이 윤리를 발전시킬 책임에서 면제되어 있다는 뜻은 아니다".[60]

### 5.1. 진화생물학적 요인과 사회문화적 요인

신학자들도 인간의 도덕적 행위가 생물학적 본성에 근거하고 있다는 것은 부인하지 말아야 할 것이다.[61] 알프레트 기어러 같은 사회생물학자들이 도덕적 행위로 발전해 가는 과정에서 **진화생물학적 요인**들을 강조한 것은 정당하다. 동물계에서 유래한 인간은 처음부터 **이기적으로** 설정되었고 또 그럴 수밖에 없었다. 인간화 초기 단계에서 인간은 생존 때문에 생물학적 기본 조건과 환경 조건의 지배를 받았다. 그러나

---

[60] G. KEMPERMANN, Infektion des Geistes. Über philosophische Kategorienfehler, in: C. GEYER, *Hirnforschung*, 235-9, 인용: 239.

[61] 참조: A. GIERER, *Biologie*, 75-93.

고등동물에게서는 친족이나 사회적 동료들 간의 유전적 협력 행동이 관찰된다. 여기서 일종의 **'호혜적' 이타주의**를 확인할 수 있다. 이는 상황을 셈하지 않고 자기를 희생하여 타자를 도우려는 성향이다: '나에게 해 주듯이 너에게도 해 줄게'(Wie du mir, so ich dir). 행동은 반대급부를 기대하면서 수행되는 것이다.

사회학자들이 **사회문화적 요인들**을 적시하는 것 또한 정당하다. 이 요인들은 다양한 공동체 내의 도덕적 행위에 중요한 역할을 한다. 사실 생물학적·기계론적 해석은 도덕적 가치와 척도의 기원을 충분히 설명할 수 없다. **언어 능력**이 있는 인간이 특별한 **협동 능력**을 갖추는 것은 당연하다. 이 능력은 유전적으로 타고난 것이기도 하지만 사회적으로 학습되어야 할 것이기도 하다. 전략적 사고의 진화와 함께, 타인의 두려움과 기대와 희망에 대해 공감하는 **감정이입 능력**도 발달했는데, 바로 이것이 인간의 사회적 행동의 근본이 되었다.

생물학적 기본 조건들을 토대로, 수렵·채집 시대 이후부터 꽤 고등한 문화가 발달되기 시작했다. (대단히 복잡한 사회 변동 과정을 통해) **구체적 윤리 규범, 가치, 통찰** 등이 점차 형성되었다. 이런 의미에서 현대의 개방적 윤리신학자들도 '자율적 도덕성'은 지지한다.[62] 생활의 필요성과 인간관계 유지의 절박성이 대두될 때마다, 행위를 올바르게 규정하고 행동을 규제하는 특정 관습·명령·풍습·특정 도덕 척도·규칙·규범들이 등장했다. 인류는 이것들을 수백, 수천 년 동안 도처에서 시험해 보고 확고히 정립했다.

---

[62] A. Auer, F. Böckle, C. Curran, G. Gründel, G. Hunold, W. Korff, D. Mieth 등의 저술 참조.

### 5.2. 세계 윤리의 토대인 원본 윤리

종교 없는 민족이 없고, 윤리 없는 민족은 더더욱 없다. 말하자면 특정 가치와 척도 없는 민족은 없다. **명문화되지 않은 규범**, 가정·집단·부족 윤리는 부족 문화에도 존재했다. 이는 역사·우화·비유를 통해 전해졌고 ('좋다고' 인정되면) 보편화되었다.

- **상호성, 정의, (호혜적) 관대**
- **생명**에 대한 **외경**(분쟁 조정, 범법자 처벌, 자연을 대하는 태도)
- **이성 혹은 동성 간 공생 규칙**(근친상간과 성적 방종 금지)
- **연장자 공경**(아동 보호)

두드러지는 것은, 특정한 표준적 기본 관습들은 세상 어디서나 같아 보인다는 사실이다. 문화인류학자들의 견해에 따르면, **명문화되지 않은 도덕규범**들은 인간 사회의 토대가 되는 '**반석**' 구실을 한다. 이것을 인류의 공동 윤리인 세계 윤리의 핵심이 되는 '원본原本 윤리'라 불러도 좋다. 아무 종족이나 민족에서도 흔적을 발견할 수 있지만 (그 실체를 찾아낼 수는 없는) 단일 '원시종교'와는 뜻하는 바가 같지 않다. '원본 윤리'는 모든 종족과 민족에 존재한다. 그러므로 '세계 윤리'는 오늘의 다양한 종교와 문화에 공통적인 기본 규범들에만 (공시적共時的으로) 근거하고 있지 않다. 그것은 (문서 자료가 출현하기 전) 선사시대에 정착된 부족 문화의 기본 규범에도 (통시적通時的으로) 근거하고 있다. 물론 모든 규범이 본디 있어 온 윤리의 한 요소는 아닐 것이다. 그러나 온갖 변형에도 기존의 연속성은 유지되고 있다는 것을 강조하려면, 공간적으로 오늘날까지 존속하는 **세계 윤리**가 결국 생물학적·진화적으로 결정되고 시간 속에서 시험을 거친 **원본 윤리에 근거하고 있음**을 지적해야 한다. 이것이 고등 종교, 특히 성경의 윤리에는 어떤 의미를 지니는가? 이는 자연과학자들의 도덕적 방향 설정에도 중요한 문제다.

### 5.3. 성경의 윤리에도 역사가 있다

**정착된 규범**들은 적응과 검증의 시기를 거치고야 **보편적 인정**을 받게 되었고 훗날 명문화되기도 했다. 그렇다. 개별 문화에서 그 규범들은 한 분이신 하느님의 뜻에 맡겨졌다. 이스라엘이 시나이 전통에 따라 하느님의 계시를 통해 받았다는 **구약성경**의 **'십계명'**이 좋은 본보기다. "… 살인해서는 안 된다. 간음해서는 안 된다. 도둑질해서는 안 된다. … 거짓 증언을 해서는 안 된다"(탈출 20,1-17). 뿐만 아니라 "나는 … 주, 너의 하느님이다. … [너는] … 해서는 안 된다"(신명 5,6-21 참조).

말할 것도 없이 십계명도 한 역사를 두루 겪었다. 세상의 시작과 끝에 관한 이야기가 그렇듯이, 구약성경의 도덕적 명령도 하늘에서 떨어진 것이 아니다. 이 점, 구약성경 연구가 광범위하게 증명한다.[63] 예언서의 후기 윤리와 (매우 '세속적으로' 들리는) 지혜 문학의 더 후기 윤리뿐 아니라, 모세 율법의 초기 윤리가 특히 그러하다. 어쨌든 인간관계에 대한 '두 번째 증언판'의 명령들은 이스라엘 이전, 반半유목민들의 도덕적·법적 전통으로 거슬러 올라간다. 근동 지방에는 그와 비슷한 것들이 숱하다. 따라서 모세 일행이 야훼의 백성을 위해 광야에서 유입

---

[63] A. Alt, W. Eichrodt, J.L. McKenzie, G. von Rad, W. Zimmerli 등은 구약성경의 윤리 문제에 관해 중요한 저술들을 남겼다.

한 일련의 감동적인 근본 명령들이 훗날 전 이스라엘에 상속되었을 가능성을 배제할 수 없다.

십계명의 기원이 어찌되었든, 인간의 공동체생활에 필요한 최소한의 기본 요구들은 근원적으로 야훼 신앙에 앞서 있었으며, 이집트와 메소포타미아 사이에 거주한 민족들의 윤리와 비교해 봐도 이스라엘 민족에만 특유한 것이 아니었다. 그렇다면 무엇이 **이스라엘 민족에만 특유한 것**인가? 바로 그 요구들이 **계약의 하느님 야훼의 권위에 종속**되어 있다는 것이다. '첫 번째 증언판'에 새겨진 의무들, 특히 다른 신을 배제하고 오직 야훼만 섬기라는 근본 계명이 다 이와 관련되어 있다!

성서적 도덕성의 특징은 새로운 도덕규범을 발견했다는 데 있지 않다. 전승된 명령들이 한 분이신 참하느님과 그분 계약의 정통적 권위에 맡겨졌다는 데 있다. 그 권위가 이스라엘을 보호할 것이다. 따라서 인간적 경험을 근거로 생성된 규범은, 이스라엘에게 구속력 없는 인간의 법이나 보편적 신법이 아니라 한 분이신 참하느님의 정언적 요구다. 이는 선조들의 역사를 통해 알려진 바이다. 이미 발견된 윤리를 하느님과의 새로운 관계 속에 받아들임으로써 도덕에 새로운 동기가 부여되고 (감사, 사랑, 생명과 자유의 획득 등이 결정적 동기가 된다) 역동성을 얻는다(현존 규범들이 계속 형성되고, 새롭게 발전되거나 채택된다).

구약성경의 윤리와 비교할 때, 그리스도교에만 특유한 윤리에는 어떤 참신함이 깃들어 있는가? 물론 대다수의 서구 자연과학자들에게 그리스도교는 여전히 함축적 세계관의 배경을 제공하고 있다. 그러나 전 세계 '과학자 사회'에는 다른 종교들의 영향력이 점차 증대되고 있다는 사실도 무시할 수는 없다.

### 5.4. 빛은 하나인가 여럿인가?

윤리에도 **특별히 그리스도교적이라 할 만한 것**이 있는가? 그것을 추상적으로 어떤 이념이나 원리, 어떤 신조나 의미 지평, 새로운 성향이나 동기에서 찾는다면 다 헛일이다. '용서', '사랑', '자유'? 그리스도인들에게 더없이 소중한 덕목임이 분명하지만, 이 또한 그들만의 것은 아니다. 남들도 이를 좇아 살고 행동한다. '창조'나 '완성'의 지평에서 행동하기? 유대인, 무슬림, 각종 휴머니스트들 역시 그리하고 있다. 그렇다면 그리스도교적인 것의 기준은 무엇인가? 무엇이 특별히 그리스도교적인가? 추상적인 그 무엇도, 그리스도의 이념도, 그리스도론도, 그리스도 중심적 사고 체계도 아니다. 스스로 규범이 되시는 분, **살아 있는 그리스도, 십자가에 못 박힌 구체적 예수**다.

예수는 역사 속의 구체적 인물이다. 그에게는 영원한 이데아, 추상적 원리, 보편적 규범, 사상 체계 등의 범접을 불허하는 명료성이 있다. 그는 감지되고 실재화될 수 있다. 실현 방식은 다양하겠으나, 믿는 이들에게는 인생관과 인생살이의 근본 모형을 제시한다. 현대인들은 방향 감각을 잃고 규범도 의미도 없이 약물중독과 폭력에 고스란히 노출되어 있다. 예수는 이들이 전방위로 요청하는 바를 구체적으로 실현시킨다. 말하자면 방향·태도·동기·성향·행동을 근본적으로 새롭게 설정하는 한편, 의미 지평과 목표도 새롭게 정립하는 것이다.

그 때문에 신약성경은 예수를 **빛**으로 묘사한다: "사람들의 빛"(요한 1,4), "세상의 빛"(8,12). 그는 이기주의자들의 경쟁 사회에 없는 것이 무엇인지 가르친다. 배려·나눔·용서·회개·절제·내려놓음·베풂이다. 그러나 그리스도교가 진정으로 그리스도를 지향함으로써 그에게서 빛과 광채와 영을 받아 영적 고향, 믿음과 희망과 사랑의 보금자리를 꾸릴 수 있을지는 믿는 이들에게 달렸다.

신약성경에 따르면, **비그리스도인**도 참하느님을 알 수 있다. 하느님은 그들 곁에도 계시다. 빛이신 예수 그리스도가 그리스도교적 행동의 결정적 기준이라 해도, 그리스도인들은 **다른 빛들**도 존재한다는 사실을 외면하지 않는다.

- 온 세상에 산재한 유대인들에게 모세는 지도자요 위대한 해방자다. 따라서 그들은 삶의 지침을 구약성경의 토라(모세 오경)에서 찾는다.
- 무슬림에게 코란은 예나 지금이나 길을 밝히는 '빛'이다. 알라가 파견한 예언자 무함마드가 이 빛이었다. 그는 코란의 가르침을 설득력 있게 체현했다.
- 불자에게 고타마는 예나 지금이나 '붓다'요 '깨인 자'이며 '깨달은 자'다. 그래서 큰 '빛'이다.
- 중국인에게 인륜에 대한 공자孔子의 가르침과 근본 자세는 여전히 사람이 가야 할 길을 밝히는 빛이다.
- 힌두교는 다양한 사조, 차별화된 표현 방식, 포괄적 우주 질서(dharma)에 대한 믿음으로 인도인들의 삶에 방향을 제시한다.

60억 넘는 사람이 지구에 산다. 그렇다면 구원에 이르는 나름의 길을 두고 다른 종교와 다툼질할 권리는 어느 종교에도 없다. 인간의 자유, 특히 진정한 신앙의 자유를 인정하는 가운데, 각자에게 고유한 신앙 노선을 존중하고 대화를 통해 접점을 찾음으로써 자신을 더 잘 이해하는 것이 중요하다. 각자 어떤 종교와 철학과 세계관을 추종하든, 하나의 세계공동체 안에서 지구의 운명은 만인의 관심사다. 세계 윤리는 지구에 책임을 지기 위한 근본 지침일 수 있다. 물론 각자의 종교나 철학에 특별히 정향되는 것을 배제하지 않는다. 다들 나름의 방식으로 세계 윤리에 기여할 수 있다.

  인류의 미래는 어떻게 될 것이며, 지구와 우주의 미래는 또 어떻게 될 것인가? 물리학에서 우주의 기원과 종말에 관한 이론들이 서로 연관되어 있고 성경에도 창조와 종말 간의 유사점들이 다양하게 나타나므로, 에필로그에서는 '만물의 종말'에 대해 언급하겠으나, 이 또한 밝혀진 바 없기로는 '만물의 시초'나 매한가지다.

### 에필로그
### 만물의 종말

요엘서(2,10)의 예언과 마찬가지로 신약성경도, "환난이 지난 뒤 곧바로 해는 어두워지고, 달은 빛을 내지 않으며, 별들은 하늘에서 떨어지고, 하늘의 세력들은 흔들릴 것"(마태 24,29)이라 말한다. 물리학적 종말론의 관점에서 볼 때 섬뜩하도록 구체적인 환시가 아닌가? 그릇된 우주 기원론에 대해서 그랬듯이, 종말론의 신학적 오류에 대해서도 경각심을 가져야 한다! 여기서도 신학은 자연과학자들에게 불러 일으킨 몇 가지 그럴 법한 편견들을 제자리로 돌려놓을 의무를 진다.

**1. 종말에 대한 물리학적 가설**

당연히 천체물리학자들도 종말에 대해 숙고한다. 50억 년쯤 후에 안드로메다 성운이 우리 은하계와 충돌하면 수십억 별들이 우주에 소용돌이칠 것이다. 때맞추어 태양이 '적색거성'으로 팽창하고 현존하는 지구 상의 모든 생물은 멸종할 것이다. 이것이 전부 확실한가? 물리학이 우주의 '마지막 3분'에 관해 가르치는 것 중에는 사변적인 요소도 많다. 미국의 물리학자 폴 데이비스는 자신의 미래학 연구를 잘 정리한 책에 적절하게도 '우주의 마지막 운명에 관한 추측'[1]이라는 부제를 달았다.

오늘날 대다수 우주론자는 세계가 **안정적이지도, 불변하지도, 더구나 영원하지도 않다**는 전제에서 출발한다. 헤랄트 프리취가 말하는 "시작과 종말 사이의 세계"[2]다. 그러나 1992년 4월, 가장 오래된 우주의 구조(지속적 변동)들이 발견된 후 새삼 제기된 의문에 대해서는 논란이 분분하다: 빅뱅과 함께 시작된 우주의 팽창이 언젠가 멈추고 다시 수축될 것인가, 아니면 팽창이 무한히 지속될 것인가?

**첫째 가설**은 우주가 '진동'한다는 전제에서 출발하는데, 아직 어떤 방법으로도 검증되지 않았다. 언젠가 우주의 팽창이 느려져 정지한 후 다시 수축되기 시작한다. 그리하여 우주가 수십억 년의 과정을 거치며 다시 뭉쳐지면, 항성들로 구성된 은하계의 응집 속도도 빠르게 증가한다. 마침내 원자와 원자핵이 더 작은 입자로 분해되면서 새로운 대폭발, **우주 대수축**(Big Crunch), 최종 폭발이 일어난다. (빅뱅 이후 여기까지 빨라야 800억 년은 걸릴 거라고들 한다.) 그 후 다시 새로운 팽창이 시작되면 '아마도' 또 하나의 새로운 세계가 탄생될 것이다. '아마도'라고

---

[1] 참조: P. DAVIES, *The Last Three Minutes. Conjectures about the Ultimate Fate of the Universe*, New York 1994; dt.: *Die letzten drei Minuten: das Ende des Universums*, München 1998.

[2] 참조: H. FRITZSCH, *Vom Urknall zum Zerfall. Die Welt zwischen Anfang und Ende*, München 1983; H. FRITZSCH, *Das absolut Unveränderliche. Die letzten Rätsel der Physik*, München 2005.

한 것은, 우주가 수축과 팽창의 시기를 반복하며 '진동'한다는 가설이 순수한 사변이기 때문이다. 우주 대수축 다음에 새로운 빅뱅이 일어나 전혀 다른 자연법칙을 가진 새로운 세계가 탄생한다는 가설을 경험적 근거 없이 받아들이는 데는, 정말이지 매우 강한 '믿음'이 필요하다.

오늘날 천체물리학자들의 광범위한 지지를 얻고 있는 것은 **둘째 가설**이다. 최근 프랑스 국립과학연구위원회(CNRS)가 측정한 바에 따르면 우주는 매우 평평하며, 우주의 팽창은 멈추거나 수축으로 전환되지 않고 꾸준히 진행된다. 전 **우주**에 분포된 '암흑 에너지'에 의해 가속된(진공의 요동?) 우주는 **점점 더 빠르게 팽창한다**. 여기서도 별들은 부단히 진화한다. 축적된 에너지가 소진되면, 무거운 별들은 (태양 광도의 십억 배에 이르는) 초신성超新星 폭발을 일으키는데, 이때 그 덩어리 내부는 중력 때문에 중심으로 붕괴되고 중성자별이 형성된다. (태양처럼) 더 작은 항성의 경우에는 '백색왜성'이 형성되는데 크기는 아마 지구만 할 것이다. 이것은 전자의 압력 덕분에 중력으로 인한 붕괴에도 안정을 유지한다. 그렇게 별 내부에서 변화되고 생산된 물질들이 새로운 세대의 별을 형성한다. 이처럼 별들 내부에서 다시 핵반응이 일어나면, 내부 물질들은 마침내 '별들의 재'(철과 니켈)로 연소된다. 우주에 서서히 추위가 엄습하고 죽음과 정적과 한밤이 도래한다. 그 이전에 이미 우리의 태양은 먼저 '적색거성'으로 팽창하여 지구를 삼켜 버렸을 것이다. 그때쯤에는 태양도 수소를 다 소진해 버려 어차피 소멸될 것이다.

이 모든 것이 순수한 사변일까? 그렇지는 않다. 우주의 지속적 팽창을 관찰할 수 있을뿐더러 천문학자들이 별들의 다양한 생성 단계를 놀랄 만큼 정확하게 입증했기 때문이다. 설사 그렇다 한들, 태양 내부의 수소 저장량이 고갈되는 50억 년 후에야 일어날 일을 지금 걱정해야 하는가?

**2. 종말에 대한 묵시록적 환시**

평범한 현대인들에게 우주의 종말이 그리 다급하고 위협적인 문제는 아니다. 어쨌든 우주의 광대한 시간적·공간적 범위에 대해 성경 시대 사람들도 아는 바가 전혀 없었다. **우리의** 문제는 오히려 세계의 멸망, 지구의 종말, 더 정확히는 인류의 종말이다. 우리에게는 **인간이 초래하는 인류의 종말**이 곧 세계의 멸망을 의미한다.

세상의 온갖 참사, 전쟁과 기근, 지진, 쓰나미 같은 자연재해에 직면하여, '신심 깊은 그리스도인들'은 음울하고 불길한 신약성경의 환시를 인용해 가면서 불안을 부채질한다. "너희는 여기저기에서 전쟁이 났다는 소식과 전쟁이 일어난다는 소문을 듣더라도 불안해하지 않도록 주의하여라. 그러한 일이 반드시 벌어지겠지만 그것이 아직 끝은 아니다. 민족과 민족이 맞서 일어나고 나라와 나라가 맞서 일어나며, 곳곳에 기근과 지진이 발생할 것이다. 그러나 이 모든 것은 진통의 시작일 따름이다. … 그 무렵 환난이 지난 뒤 곧바로 해는 어두워지고 달은 빛을 내지 않으며 별들은 하늘에서 떨어지고 하늘의 세력들은 흔들릴 것이다" (마태 24,6-8.29).

우리가 유사 이래 원자력의 남용으로 **인류를 끝장낼 능력을 구비한** 첫 세대라는 것을 알기 위해서라면, 에드거 앨런 포에서 프리드리히 뒤렌마트까지 세계 멸망을 다룬 작품들을 읽거나 따로 재난 영화를 볼 필요가 없다. 히로시마와 나가사키에 투하된 '소형' 원자폭탄과 체르노빌

원자로 사고는 온 세상 사람들에게 대규모 핵전쟁이 무엇을 뜻하는지를 보여 주었다. 지구에 사람이 살 수 없게 될 것이다. 대규모 핵전쟁의 위험이 잦아든 오늘날 탈냉전 시대에도, 광신적 민족주의자나 테러 집단이 야기하는 '소규모' 핵전쟁을 두려워하는 사람들은 조금도 줄어들지 않았다. 하지만 이들이 무엇보다 두려워하는 것은 기후변화, 인구폭발, 쓰레기 대란, 오존 홀, 대기오염, 토양오염, 화학약품에 의한 수질오염, 물 부족 등 지구 파괴의 요인이 되는 환경의 붕괴다. 다소 가설적인 다우주 이론과 관련하여 앞서 수차 인용된 바 있는(2부 참조) 영국의 천문학자·우주론자 마틴 리스조차, 최근작 『우리의 마지막 세기?』에서 '인간이 만든 [매우 현실적인] 문제들'(man-made problems)에 직면하여 음울한 예측과 재난 시나리오와 자연과학에 대한 비판들을 장황하게 늘어놓았다.[3]

인류가 (환경보호에서 인구 조절에 이르기까지) 모든 분야에서 더 강력한 보호조치와 개혁조치를 시행하지 않는다면, 묵시록의 환시들은 얼마든지 현실화될 수 있다. 그럼에도 서방 강대국 미국에서는 아직도 생태사회적 전환이 일어나지 않고 있다.[4] 오히려 2001년 9월 11일 이슬람 광신자들에 의해 자행된 무자비한 대학살은 '**그리스도교**' **종말 문학**의 유례없는 붐만 조성했다. 1860년대 쥘 베른이 최초의 미래 과학

---

[3] 참조: M. REES, *Our Final Century? Will the human race survive the twenty-first century?*, London 2004; dt.: *Unsere letzte Stunde. Warum die moderne Naturwissenschaft das Überleben der Menschheit bedroht*, München 2005.

[4] 세계 정치와 세계 경제의 새로운 패러다임과 관련하여 여기서 다루지 않은 문제에 대해서는 H. KÜNG, *Weltethos für Weltpolitik und Weltwirtschaft*, München 1997; TB-Ausgabe München 2000 (Serie Piper 3080); H. KÜNG - D. SENGHAAS (Hrsg.), *Friedenspolitik. Ethische Grundlagen internationaler Beziehungen*, München 2003 참조.

소설들을 발표한 이래 진보에 대한 근대적 신념이 확산되었지만 근대 이후 그것은 회의주의와 비관주의로 돌변했다. 역사와 환상, 묵시록과 비교秘敎, 그리스도적인 것과 가짜 그리스도적인 것이 여기서 뒤섞였다. 수백만 부가 팔린 루터교 출판사의 11부작 소설 『버려진 것』Left Behind은 그리스도 재림 후 어떻게 '악'이 추방되고 '버려질' 것인지 보여준다. 더 유명한 것은 그리스도인들이 악의 세력과의 마지막 한판 승부에서 승리하는 내용을 담은 소설 『아마겟돈』Armageddon인데, 이 책은 나중에 영화화되기도 했다. 여기서 미국인들은 당연히 자신을 '선'과 동일시한다. 이렇게 그들은 지금도 석유와 주도권 장악을 위한 군사 정책과 선제공격을 정당화하고 있다. 잠재적 현실과 실제적 현실을 명확히 구별하지 못했던 로널드 레이건 전 대통령은 '우주 전쟁'을 예견하면서 '여호와의 증인'들처럼 '아마겟돈'(『성경』에는 '하르마게돈'으로 번역)을 믿었다. 묵시록(16,12-16)에 나오는 이 가공의 장소는 "마귀들의 영"이 "저 중대한 날에 일어날 전투에 대비하여" "온 세계 임금들"을 불러 모으는 곳이다. 이 전투에서 만물의 절멸이 일어난다.

　댄 브라운의 『다빈치 코드』The Da Vinci Code 같은 심심풀이 소설을, '최후 만찬'과 '성배'에 관한 역사적 기록으로 읽는 이가 많다니 실로 고약하다. 빌 클린턴처럼 지적인 미국 대통령도, 미국이 생화학 공격 위협에 직면했다는 소설(펜타곤 신보수주의자들의 지원으로 풍성한 자료를 수록했다)을 맹신하여, 상응한 대비책을 강구하라고 군에 명령하기도 했다.[5] 이 종

---

[5] 참조: R. PRESTON, *The Cobra Event*, New York 1997; dt.: *Cobra*, München 2001. 바젤의 역사학자 사라신의 신랄한 비판: P. SARASIN, *Anthrax. Bioterror als Phantasma*, Frankfurt/M. 2004.

말론자들과 보수파 그리스도인 추종자들에게 성경의 묵시록 구절들이 진정 뜻하는 바가 무엇인지 각별히 깨우쳐 줄 필요가 있다.

### 3. 성서적 환시의 의미

땅과 달이 어두워지고, 별들이 떨어지며, 하늘의 세력들이 흔들릴 것이라는 신약성경의 마지막 환난 기사가 우주 혹은 적어도 지구의 종말을 정확히 예언한다고 여기거나, 그것을 일종의 연대기적 '천기누설'(*Apo-kalypsis*) 혹은 세계사 말미의 '마지막 사건들'에 대한 정보로 이해하는 사람은 이 텍스트를 오해하고 있다.

하느님의 창조 사업에 대한 창세기 사화들이 당시의 주변 세계로부터 차용되었듯이, 하느님의 최종 사업에 대한 묵시록 사화들도 서력 기원이 시작될 즈음 종말에 대한 유대교와 그리스도교의 기대가 각인된 시대 조류 가운데 하나였다. 묵시록의 무시무시한 환시들은 개인과 인류가 상황의 심각성을 인식하라는 절박한 권고다. 그러나 성경의 시원론이 최초 사건들에 대한 기사가 아니듯이 성경의 종말론도 최종 사건들에 대한 예언이 아니다. 성경은 여기서도 **과학적 사실어**가 아니라 **은유적 상징어**로 말하고 있다. 여기서도 **성서적 언어**가 새삼 중요하다.

- **상징을 문자 그대로 받아들이지 마라**. 그러면 신앙은 미신이 된다.
- 상징을 상징이라는 이유만으로 **거부하지 마라**. 그러면 이성이 합리주의로 격하된다.
- 상징을 배제하거나 추상적 개념으로 환원하지 말고 **올바르게 이해하라**. 상징은 고유의 이성을 지니고 고유의 논리로 실재를 기술하

며, 실재의 심층적 차원과 의미 연관을 밝힌다. 따라서 상징이 당시의 이해와 상상의 범주에서 의미한 사건들을 오늘날의 그것으로 새롭게 해석하는 것이 중요하다.[6]

그러므로 성경의 선포들이 인류 종장終場의 비극 대본일 수는 없다. 그것이 종말에 관해 우리의 호기심을 만족시킬 특별한 신적 '계시들'을 담고 있지 않기 때문이다. 여기서 우리는 장차 우리에게 무슨 사건이 닥칠지, 그 사건이 구체적으로 어떻게 전개될지 세세히 경험하지 못한다. '최초 사건들'과 마찬가지로 **'최종 사건들'도 직접적으로 경험될 수 없다**. '태초의 시간'을 증언할 사람이 없듯이 '종말의 시간'을 증언할 사람도 없다. 인류와 지구와 우주의 궁극적 미래에 대해서는 과학적 추정도 명백할 수 없고 예언적 진단도 정확할 수 없다. 수십억 인류의 대규모 공심판에 대한 성경의 상징도 그저 하나의 상징일 뿐이다.

그렇다면 처음과 끝에 대한 시적 상징과 사화들의 **의미**는 무엇일까? 그것은 순수 이성으로는 헤아릴 수 없는 소망과 공포를 대변한다. 세말世末에 대한 성경 말씀은 **하느님의 활동이 피조물에서 완성된다는 믿음의 증거**다: 세계와 인류의 역사 끝날까지 함께하시는 하느님! 신학이 이런저런 과학적 세계 모형을 선호할 이유가 없는 것도 그 때문이다. 신학은 사람들에게 하느님을 세계와 인간의 근원이요 완성자로 이해시키려 한다. 여기서도 모든 인간은 말하자면 신앙적 결단과 선택에 직면해 있다. 성경은, 세상의 역사와 인간의 삶이 우리가 **완성자 하느님**이

---

[6] 가톨릭과 개신교 신학자들의 종말 인식에 대한 개관: K.P. FISCHER, *Kosmos und Weltende. Theologische Überlegungen vor dem Horizont moderner Kosmologie*, Mainz 2001.

라고 부르는 **궁극 목표 중의 목표**를 향해 나아간다고 말한다. 인간이 그분을 창조주 하느님으로 증명할 수는 없을지라도 그분을 긍정할 만한 이유는 충분하다. 우리는 이미 하느님에 대한 **이성적 신뢰를 깨인 마음으로 체험**함으로써 그분의 존재를 긍정한 바 있다. 존재하는 하느님이 참하느님이라면, 그분은 내게 지금 · 여기 · 오늘만의 하느님이 아니라, 종말에도 역시 하느님이기 때문이다. 알파의 하느님이라면 오메가의 하느님이기도 하다. 전례문에도 이르듯이 "처음과 같이 이제와 항상 영원히" 계신 분이다.

### 4. 빛으로의 죽음

나는 개인적으로 파스칼의 '내기론'을 받아들여, (확률론과 수학적 논리 대신 이성적 신뢰에만 오롯이 의지하여) 공空과 무無가 아니라 하느님과 무한성에 전부를 걸었다. 나는 신약성경 부활 사화에 대한 후기 성담聖譚은 믿지 않지만, 그 근원적 핵심만은 믿는다. 나자렛 예수가 죽어 무화無化된 것이 아니라 하느님 안으로 들어갔다는 것이다.[7] 이 복음을 신뢰하면서, 많은 타 종교인이 그러하듯이 그리스도인인 나도 무로 스러져 가는 죽음을 원치 않는다. 그것은 매우 비합리적이고 무의미하게 여겨진다. 오히려 궁극의 실재이신 하느님 안으로 죽어 들기를 희망한다. 그것은 (시공의 피안, 숨겨진 무한의 실제적 차원에서) 인간의 이성과 상상을 온전히 초월한다. 아무것도 모르는 아이가 어떻게 유충의

---

[7] 부활 사화를 근원적으로 이해하려면 H. KÜNG, *Christ sein*, TB-Ausgabe München ³2004, Kap. V: Das neue Leben; H. KÜNG, *Credo. Das Apostolische Glaubensbekenntnis – Zeitgenossen erklärt*, TB-Ausgabe München ³2001, Kap. IV: Höllenfahrt – Auferweckung – Himmelfahrt 참조.

고치만 보고 땅의 구속을 떨쳐 버린 나비의 빛나는 존재를 믿을 수 있겠는가! 무조건적 신뢰에 근거한 내기가 모험의 연속임을 모르는 바 아니나, 죽을 때 내기에 진다 한들, 삶에서 잃은 것은 아무것도 없으리라 확신한다. 아무 희망도 없을 때보다는 어쨌든 더 잘, 더 기쁘게, 더 의미 있게 살았을 터이기 때문이다.

이것이 바로 내가 깨달은 희망의 근거다: 죽음은 내면을 향한 이별이요 우리의 진정한 본향인 세상의 근원과 원천으로 돌아가는 것이다. 필경 이별은 아프고 두려울 것이나, 그래도 어쨌든 비탄과 탄식, 괴로움과 절망을 잠재우고 평정과 귀의, 희망찬 기대, 고요한 확신 속에서, 그리고 (모든 것이 정리된 후) 모든 좋은 것과 약간 덜 좋은 것들에 **삼가 감사하면서** 이별할 수 있기를 바란다. 마침내 우리가 이 모든 것을 궁극적으로 떠났으니 — 감사할 일이다.[8]

이제 나는 헤아릴 길 없는 전 실재를 이렇게 이해한다:

하느님은 만물의 알파요 오메가이며, 시작이요 끝이다.

그래서 **빛으로의 죽음**이다.

창세기 첫째 쪽의 '빛'이란 말로써 이 책을 시작했으니, 요한 묵시록 말미의 '빛'이란 말로써 이 책을 맺으려 한다. "다시는 밤이 없고 등불도 햇빛도 필요 없습니다. 주 하느님께서 그들의 빛이 되어 주실 것이기 때문입니다. 그들은 영원무궁토록 다스릴 것입니다"(묵시 22,5).

---

[8] 참조: W. JENS - H. KÜNG, *Menschenwürdig Sterben. Ein Plädoyer für Selbstverantwortung*, TB-Ausgabe München ²1998.

## 감사의 말

1970년대에 나는 『그리스도인 실존』(1974)에 이어 『신은 존재하는가? 근대의 신 문제에 대한 답변』(1978)이라는 문제에 몰두하고 있었다. 이를 위해 우주론과 관련된 분자생물학과 천체물리학의 최근 연구 동향을 조사했다. 1994년 '우리의 우주. 자연과학적 관점과 철학적·신학적 관점'이라는 주제로 열린 콜로퀴움에서, 나는 튀빙겐 대학 물리학부의 아만트 패슬러, 프리드리히 괸넨바인, 헤르베르트 뮈터, 헤르베르트 피스터, 프리데만 렉스, 귄터 슈타우트, 칼 빌더무트 교수 등과 함께 나의 견해들을 테스트한 다음 마침내 22개 테제로 요약할 수 있었다.

우리 시대의 종교 상황을 다룬 삼부작 ― 『유대교』(1991), 『그리스도교』(1994), 『이슬람교』(2004) ― 을 완결한 뒤, 나는 2004년 9월 19일 파사우에서 열리는 독일 과학자·의사협회 연차 총회에서 기념 강연을 해 달라는 초청을 받았다. 이는 우주론과 생물학과 인류학의 근본 문제를 새롭게 들여다볼 도전적 계기가 되었다.

원고의 어려운 부분들은 자연과학에 정통한 전문가의 조언에 의탁할 수 있어서 마음이 놓였다. 본문에도 언급된 아만트 패슬러(이론물리학), 울리히 펠그너(논리학, 수학), 알프레트 기어러(진화생물학) 그리고 레기나 아미히트크 빈(신학적 윤리학) 교수에게 특별한 감사를 드린다.

 2005년 여름 학기, (발터 옌스와 내가 다시 시작한) 튀빙겐 대학 교양 강좌(Studium Generale) 개설 25주년에 즈음하여 내 생각들을 다섯 강좌로 나누어 제공했을 때 각계각층에서 보내 준 호응은 무척 고무적이었다. 고맙게도 튀빙겐 대학 병원 정보공학센터가 모든 강의를 DVD에 담아 주었다. 시청각 미디어 팀장 루디 루이크에게 각별한 감사의 뜻을 전한다.

 이 책도 처음부터 끝까지 내가 직접 손으로 썼다. 그래서 도움 받을 일도 무진장 많았다. 편집은 '세계윤리재단'의 숙련된 편집진이 챙겨 주었다. 문체와 내용을 다듬어 준 칼요세프 쿠셸 교수와 귄터 겝하르트 박사, 슈테판 슐렌조크 박사에게도 감사드린다. 슐렌조크 박사는 문장과 레이아웃까지 익숙한 솜씨로 살펴 주었다. 미더운 아네테 슈투버루셀은 잉에 바우만과 엘레오노레 헨의 도움을 받아 원고를 거듭 수정하는 수고를 아끼지 않았다. 마리안네 사우어는 원고를 여러 번 읽으며 가독성을 점검하였고 카타리나 엘리거의 교정 작업 또한 매우 긴요했다. 신학생 울프 귄네비히와 카리나 겔트하우저는 도서관 여러 곳과 지속적 교류를 담당했다. 자연과학도이기도 한 카리나 겔트하우저는 수학에 관련된 장을 수정하는 데 큰 힘이 되었다. 이 책도 피퍼 출판사에서 간행될 수 있어서 기쁘다. 책임 편집자 울리히 방크와 인쇄·제본 담당자 한스 폴라네츠의 노고에 충심으로 감사드린다.

2005년 7월, 튀빙겐에서<br>한스 큉

## 색인 인명

가가린, 유리 Yurii A. GAGARIN 169
가모, 조지 George A. GAMOW 90
갈릴레이, 갈릴레오 Galileo GALILEI 12 21 23-7 59 65 68 76 85 132-4 137 144 200 207
겔만, 머리 Murray GELL-MANN 113
고타마, 싯다르타 Siddhartha GAUTAMA ☞ 붓다
공자 孔子 268
괴델, 쿠르트 Kurt GÖDEL 40 42-5 47-8 55 205
괴테, 요한 볼프강 폰 Johann Wolfgang VON GOETHE 33 153
괴너, 후베르트 Hubert GOENNER 100
구스, 앨런 Alan GUTH 98
그로스, 데이비드 David J. GROSS 68
기어러, 알프레트 Alfred GIERER 194 207 258 262 282
길버트, 윌리엄 William GILBERT 54

나폴레옹 Napoléon BONAPARTE 117
노발리스 NOVALIS 33
노아 NOA 163
노이라트, 오토 Otto NEURATH 48
뉴턴, 아이작 Isaac NEWTON 12-3 27-9 34-5 54 59 66 85 105 117
니체, 프리드리히 Friedrich W. NIETZSCHE 82 91 121 157

다윈, 찰스 Charles R. DARWIN 12 25 110 128-34 136-8 143 192-3 231
다윗 DAVID 163
다이슨, 프리먼 Freeman J. DYSON 208

데모크리토스 DEMOCRITOS 13 197
데이비스, 폴 Paul DAVIES 206 272
데카르트, 르네 René DESCARTES 41 54 59-61 76 85 102 172 234-5
덴츨러, 게오르크 Georg DENZLER 24
도이치, 다비드 David DEUTSCH 100
도킨스, 리처드 Richard DAWKINS 80
뒤렌마트, 프리드리히 Friedrich DÜRRENMATT 274
드레이크, 프랭크 Frank DRAKE 187
디랙, 폴 Paul Adrien Maurice DIRAC 34 45
디키, 로버트 Robert H. DICKE 206

라메트리, 쥘리앵 드 Julien O. DE LAMETTRIE 237
라이프니츠, 고트프리트 빌헬름 Gottfried Wilhelm LEIBNIZ 27 41 48 54 59 110 117 202 234
라이헨바흐, 한스 Hans REICHENBACH 48
라칭거, 요제프 Joseph RATZINGER 145
라플라스, 피에르 드 Pierre S.M. DE LAPLACE 117
란다우, 레프 Lev D. LANDAU 108
랜들, 리사 Lisa RANDALL 98
랭턴, 스티븐 Stephen LANGTON 220
러셀, 버트런드 Bertrand A.W. RUSSELL 42 48 143
레슈, 하랄트 Harald LESCH 189
레싱, 고트홀트 에프라임 Gotthold Ephraim LESSING 59
레이건, 로널드 Ronald REAGAN 276
레더먼, 리언 Leon M. LEDERMAN 151
로렌츠, 콘라트 Konrad LORENZ 239-40

283

로베스피에르, 막시밀리앙 드 Maximilien F.M.I. DE ROBESPIERRE 139
로트, 게르하르트 Gerhart ROTH 243-5 248
루소, 장 자크 Jean Jacques ROUSSEAU 77
루카스, 조지 George LUCAS 190
루터, 마르틴 Martin LUTHER 24-5 210
류바, 제임스 James H. LEUBA 148
르메트르, 조르주 Georges E. LEMAÎTRE 29-30 90
르포르, 게르트루트 폰 Gertrud VON LE FORT 26
리들, 루페르트 Rupert RIEDL 199 203
리벗, 벤저민 Benjamin LIBET 251
리스, 마틴 Martin REES 73 98-9 101 103 204 275
리스, 토머스 Thomas J. REESE 145
리키, 루이스 Louis S.B. LEAKEY 228
린데, 안드레이 Andrei D. LINDE 98 101
링케, 데틀레프 Detlef B. LINKE 255

**마**르크스, 카를 Karl MARX 80-2
맬서스, 토머스 Thomas R. MALTHUS 130
메스트르, 조제프 마리 드 Joseph Marie DE MAISTRE 140
메츠, 존 John B. METZ 144
멘델, 그레고어 요한 Gregor Johann MENDEL 129
멜란히톤, 필리프 Philipp MELANCHTHON 24
멩거, 카를 Karl MENGER 48
모노, 자크 Jacques L. MONOD 79-80 195 197-8 200-2
모리스, 헨리 Henry M. MORRIS 168
모리슨, 필립 Philip MORRISON 187
모세 MOYSES 157 163 213 265 268
모차르트, 볼프강 아마데우스 Wolfgang Amadeus MOZART 84
몰트만, 위르겐 Jürgen MOLTMAMM 62
무함마드 MUHAMMAD 268

미켈란젤로 부오나로티 Buonarroti MICHELANGELO 11 175

**바**르트, 카를 Karl BARTH 65
바버, 이안 Ian G. BARBOUR 28 65
바오로 (사도) PAULUS 220
바오로 5세 (교황) PAULUS V 219
바오로 6세 (교황) PAULUS VI 135
바이스만, 프리드리히 Friedrich WAISMANN 48
바이츠제커, 카를 프리드리히 폰 Carl Friedrich VON WEIZSÄCKER 161
바흐, 요한 세바스티안 Johann Sebastian BACH 250
바흐만, 잉게보르크 Ingeborg BACHMANN 178
발터, 울리히 Ulrich H. WALTER 169
베르그송, 앙리 Henri L. BERGSON 141 196
베른, 쥘 Jules VERNE 275
베버, 카를 마리아 폰 Carl Maria VON WEBER 88
베유, 앙드레 André WEIL 43
보른, 막스 Max BORN 34
보먼, 프랭크 Frank F. BORMAN 169
보슈코비치 R.J. BOŠKOVIĆ 54
보어, 닐스 Niels H.G. BOHR 34 45 108 161 177
보일, 로버트 Robert BOYLE 59
볼테르 VOLTAIRE 59
뵈르너, 게르하르트 Gerhard BÖRNER 208
부랄리포르티, 체사레 Cesare BURALI-FORTI 42
부버, 마르틴 Martin BUBER 149-50
부아레몽, 에밀 뒤 Emil Heinrich DU BOIS-REYMOND 109
부흐하임, 토마스 Thomas BUCHHEIM 254
분, 이나 Ina WUNN 232
불트만, 루돌프 Rudolf BULTMANN 65
붓다 BUDDHA 159 268

브라우버르, 라위천 Luitzen E.J. BROUWER 42
브라운, 댄 Dan BROWN 276
브라운리, 도널드 Donald BROWNLEE 189
브란트, 라인하르트 Reinhardt BRANDT 255
브레히트, 베르톨트 Bertolt BRECHT 26
브로카, 폴 Paul BROCA 227
브로트, 막스 Max BROD 26
브루노, 조르다노 Giordano BRUNO 87
비르바우머, 닐스 Niels BIRBAUMER 251
비어리, 페터 Peter BIERI 254-5
비오 10세 (교황) PIUS X 134
비오 12세 (교황) PIUS XII 135 143 184
비트겐슈타인, 루드비히 Ludwig J.J. WITTGENSTEIN 48 50 84
빈니히, 게르트 Gerd BINNIG 89
빌렌킨, 알렉산더 Alexander VILENKIN 98

사르트르, 장 폴 Jean-Paul SARTRE 238
사하로프, 안드레이 Andrei Dmitrievich SAKHAROV 144
샤르댕, 테야르 드 Pierre Teilhard DE CHARDIN 65 135 141-2 144-5 198
선드럼, 라만 Raman SUNDRUM 98
세이건, 칼 Carl E. SAGAN 79-80 107 187
셰익스피어, 윌리엄 William SHAKESPEARE 59
슈렝크, 프리데만 Friedemann SCHRENK 227
슈뢰딩거, 에르빈 Erwin SCHRÖDINGER 14 34
슈미츠모어만, 카를 Karl SCHMITZ-MOORMANN 144
슈미트, 빌헬름 Wilhelm SCHMIDT 231
슈바르츠실트, 카를 Karl SCHWARZSCHILD 46
슈트라우스, 요한 Johann STRAUSS 88

슈피처, 만프레트 Manfred SPITZER 256-7
슐리크, 모리츠 Moritz SCHLICK 48 50
슐츠, 발터 Walter SCHULZ 67
스몰린, 리 Lee SMOLIN 98
스무트, 조지 George F. SMOOT 151
스콥스, 존 John T. SCOPES 136
스키너, 벌허스 Burrhus F. SKINNER 239
스펜서, 허버트 Herbert SPENCER 130
스피노자, 바루흐 드 Baruch DE SPINOZA 13 59 151 155 172 234
싱거, 볼프 Wolf SINGER 243-4 248 254

아낙사고라스 ANAXAGORAS 74
아낙시만드로스 ANAXIMANDROS 74
아낙시메네스 ANAXIMENES 74
아도르노, 테오도르 Theodor W. ADORNO 12
아르키메데스 ARCHIMEDES 121-2
아리스타르코스 ARISTARCHOS 21
아리스토텔레스 ARISTOTELES 29 74 153 156 175 185 233-5 254
아브라함 ABRAHAM 163
아우구스티누스 (히포의) AUGUSTINUS HIPPONENSIS 152 157 171 185 234-5
아이겐, 만프레트 Manfred EIGEN 198 200-2
아이블아이베스펠트, 이레네우스 Irenäus EIBL-EIBESFELDT 240
아인슈타인, 알베르트 Albert EINSTEIN 13 28-30 33-6 45-6 54 87 108-9 114 151 154-5 171 234
안셀무스 (캔터베리의) ANSELMUS CANTUARIENSIS 102 172
앳킨스, 피터 Peter ATKINS 80
어셔, 제임스 James USSHER 132
에딩턴, 아서 Arthur Stanley EDDINGTON 30
엘리사 ELISEUS 212
엘리야 ELIAS 210 212

엘칭거, 레옹아르튀르 Léon-Arthur ELCHINGER  144
엥겔스, 프리드리히 Friedrich ENGELS  237
예수 IESUS  142  267-8  279
옌스, 발터 Walter JENS  282
오그던, 슈베르트 Schubert OGDEN  148
와인버그, 스티븐 Steven WEINBERG  89-90  100  104  160
왓슨, 제임스 James D. WATSON  192  247
요나 IONA  212
요한 바오로 2세 (교황) IOANNES PAULUS II  26
워드, 키스 Keith WARD  79  218
워드, 피터 Peter D. WARD  189
윌버포스, 새뮤얼 Samuel WILBERFORCE  133
윌슨, 로버트 Robert W. WILSON  32
윌첵, 프랭크 Frank WILCZEK  68
이스터브룩, 그레그 Gregg EASTERBROOK  75

**제**임스, 윌리엄 William JAMES  260

**차**머스, 데이비드 David CHALMERS  247

**카**르납, 루돌프 Rudolf CARNAP  48  50-1
카스텔리 B. CASTELLI  23
카터, 브랜던 Brandon CARTER  206
칸토어, 게오르크 Georg CANTOR  42  68
칸트, 임마누엘 Immanuel KANT  59  62  66-7  77-9  84  106  119  122  252
케플러, 요한네스 Johannes KEPLER  13  21-3  27  59  68  207
켐퍼만, 게르트 Gerd KEMPERMANN  262
코브, 존 John COBB  148
코코니, 주세페 Giuseppe COCCONI  187
코페르니쿠스, 니콜라우스 Nicolaus COPERNICUS  12  21-4  59  76  132  170
코흐, 크리스토프 Christof KOCH  247
콘웰, 존 John CORNWELL  45
콩트, 오귀스트 Auguste COMTE  49  139-41
쿠자누스, 니콜라우스 Nicolaus CUSANUS  68  156
쿤, 토머스 Thomas S. KUHN  84
퀴에노 C. CUÉNOT  144
크라프트, 빅토르 Victor KRAFT  48
크뢰버, 한스루드비히 Hans-Ludwig KRÖBER  245
크릭, 프랜시스 Francis H.C. CRICK  80  192  247
클라인, 모리스 Morris KLINE  43
클린턴, 빌 W.J Bill CLINTON  276

**타**쉬너, 루돌프 Rudolf TASCHNER  47
타운스, 찰스 Charles H. TOWNES  95-6
탈레스 THALES  54  74
템플턴, 존 John M. TEMPLETON  179
토마스 아퀴나스 THOMAS AQUINAS  175  185
튜링, 앨런 Alan M. TURING  47
티플러, 프랭크 Frank J. TIPLER  103-6
틸리히, 폴 Paul J. TILLICH  156

**파**가니니, 니콜로 Niccolò PAGANINI  88
파스칼, 블레즈 Blaise PASCAL  61  90-1  114-5  170  279
파이글, 헤르베르트 Herbert FEIGL  48
파인먼, 리처드 Richard P. FEYNMAN  35
판넨베르크, 볼프하르트 Wolfhart PANNENBERG  235
패러데이, 마이클 Michael FARADAY  54
패슬러, 아만트 Amand FÄSSLER  93  111  281
페일리, 윌리엄 William PALEY  128

펜로즈, 로저 Roger PENROSE 46 106
펜지어스, 아노 앨런 Arno Allan PENZIAS 32
포, 에드거 앨런 Edgar Allan POE 274
포스트, 에밀 Emil L. POST 43
포이어바흐, 루드비히 Ludwig A. FEUERBACH 80-2
포퍼, 칼 Karl Raimund POPPER 48-50 52-4 64 84
폴리처, 휴 Hugh D. POLITZER 68
폴킹혼, 존 John POLKINGHORNE 65 218
푈켈, 마르쿠스 Markus VÖLKEL 259
프란치스코 (아시시의) FRANCISCUS ASSISIENSIS 13
프랑크, 필립 Philipp FRANK 48
프레게, 고틀로프 Gottlob FREGE 42 48
프레스킬, 존 John P. PRESKILL 46
프레이저, 제임스 James G. FRAZER 231
프로이트, 지그문트 Sigmund FREUD 80-3
프리스, 야코프 Jakob F. FRIES 53
프리취, 헤랄트 Herald FRITZSCH 272
프리트, 요한네스 Johannes FRIED 259
프린츠, 볼프강 Wolfgang PRINZ 253
프톨레마이오스, 클라우디오스 Claudios PTOLEMAEOS 22
플라톤 PLATON 68 74 153 156 234-5
플랑크, 막스 Max Karl Ernst Ludwig PLANCK 34 48 68
플로티노스 PLOTINOS 153
플루, 앤터니 Antony FLEW 138
피셔, 에른스트 Ernst Peter FISCHER 107
피셔, 클라우스 Klaus P. FISCHER 278
피스터, 헤르베르트 Herbert PFISTER 108 281
피코크, 아서 Arthur PEACOCKE 65 218
피타고라스 PYTHAGORAS 19 68 105

하버마스, 위르겐 Jürgen HABERMAS 144 255
하이데거, 마르틴 Martin HEIDEGGER 117
하이든, 프란츠 요제프 Franz Joseph HAYDN 11
하이젠베르크, 베르너 카를 Werner Karl HEISENBERG 33-4 36-7 45 55 59 67 108 118 161 168 177
하트숀, 찰스 Charles HARTSHORNE 148
한, 한스 Hans HAHN 48
해리슨, 에드워드 Edward HARRISON 98
허블, 에드윈 파월 Edwin Powell HUBBLE 30 97
헉슬리, 토머스 Thomas H. HUXLEY 133
헤겔, 게오르크 빌헬름 프리드리히 Georg Wilhelm Friedrich HEGEL 127 139-40 145
헤라클레이토스 HERACLEITOS 74
헤르메스, 한스 Hans HERMES 43
헤켈, 에른스트 Ernst H.P.A. HAECKEL 134 237
헤크만, 오토 Otto HECKMANN 88 90
헨델, 게오르크 프리드리히 Georg Friedrich HÄNDEL 59
호르크하이머, 막스 Max HORKHEIMER 12
호메로스 HOMEROS 19
호일, 프레드 Fred HOYLE 88 98 102
호킹, 스티븐 Stephen W. HAWKING 37-41 43-8 79-80 106-7 205
홀데인, 존 John B.S. HALDANE 46
화이트헤드, 앨프리드 노스 Alfred North WHITEHEAD 42 141 144-8
회페, 오트프리트 Otfried HÖFFE 252
휘터, 게랄트 Gerald HÜTHER 260
휘트콤, 존 John C. WHITCOMB 168
휠러, 존 John Archibald WHEELER 109
힐베르트, 다비트 David HILBERT 42

## 색인 사항

가설 20 24 29 52-3 55 97 99-103 108 116-9 138 142 186 188 204 218 244-6 271-3 275
가스 구름 32
가짜 신비 Pseudogeheimnis 117
가톨릭 21 24-6 65 118 132-4 136-40 143-4 169 184 209 242 278
갈릴레이 사건 24-6 85 132-3 144
감각 소여所與 49
감정이입 Empathie 263
강력强力 68 72 110
개기일식 29
개별성 74
개신교 22 132 235 278
개입 Intervenieren, Dazwischen-Kommen 65 75 106 129 138 153 183-4 195 210-1 214-5 246
거시 세계 36
거품경제 63 101
거품물리학 101
검증 Verifikation 45 48-9 52-3 98 100-3 108 121 137 170 175 192 260 265 272
　～ 기준 53 120-1
　～ 원칙 52
게놈 227
결정론 Determinismus 27 234 238 240 251 256
결정이론 Entscheidungstheorie 258
경험과학 48 50 52-3
경험적 실증주의 Empirischer Positivismus 49
경험주의 Empirismus 49
계界 131
계몽의 변증법 12

계몽주의 12 64 128 237
계통발생사 226 230 239-40
고생대 131
고생물학 130-1 227
고전물리학 28 39
고정주의 Fixismus 133 143
곤드와나 대륙 Gondwanaland 225
공空 shunyata 154 279
공간 13 28-30 33 46 57 59 66-7 76-8 86-7 89 97-8 105-7 111-4 117-8 141 152 154 164 170-2 193 199 208 213 264 274
공간시간 Raum-Zeit 171
공기 74 215
공리 체계 40 43
공심판 278
과科 131
과정신학 Prozeß-Theologie 148
과정철학 Prozeß-Philosophie 145 148
과학만능주의 Szientismus 140
과학 맹신 50
　～주의 63
과학적 사실어 naturwissenschaftliche Faktensprache 277
과학적 세계관 48
과학 혁명 scientific revolution 26
관측 위성 WMAP(Wilkinson Microwave Anisotropy Probe) 87 113
광속 28 93 204
광양자설 35
광인狂人 der tolle Mensch 157
광자光子 Photon 31
광학 41 97
광합성 194
교도권 134-5

교배 129
교황에 관한 두 교의 140
교황청 검사성성 Sacra Congregatio Inquisitionis 25
교황청 과학원 135
교황청 신앙교리성 25 145
구루 158
구석기시대 225 230 232
구성주의 Konstruktivismus 42
구아닌 Guanin 192
구약성경 11 142 156 158 165 174 184 210 265-6 268
구획 기준 Abgrenzungskriterium 53
국립과학연구위원회 CNRS(Centre national de la recherche scientifique) 273
궁극의 실재 155-6 279
궁극의 이론 ultimate theory 44-5
궁극적 관심 Ultimate Concern 156
권위에의 논증 Autoritätsargument 64
귀납법 52
그리스도교 74 76 85 87 105-6 136 146 152 158 161 163 172-3 177 209 216 233 266-8 275 277
그리스도 발생 Christogenese 141
그리스도의 두 본성 117
그리스 철학 60 74 146 216
근대주의자 134
근대철학 76 146
근본 목표 Urziel 117 155 202
근본주의자 11 104 136-7
근원 20 43 48 58 68-9 77 79 84 110 115 117-21 141 147 155 164 173-4 196 202 211 214 217-8 236 266 278-80
~ 본성 147
~적 신비 Urgeheimnis 115 117 119 121 154
글루온 Gluon 111
금성 23 189
급팽창 모형 Inflationsmodell 93
급팽창하는 혼돈의 우주 105

기능성자기공명영상 fMRI 241 247
기본상수 Grundkonstante 92-3 119 123 206
기본 전하 Elementarladung 92
기억에 대한 단죄 Damnatio memoriae 144
기이한 지구 Rare Earth 189
기저핵 Basalganglion 243 248
기적 사화 210-3
기초 과학 42
기하학의 정신 Esprit de géometrie 61
끈이론 Stringtheorie 36 107

나노테크놀로지 113
나사 NASA 99
~ 소성단 프로젝트 NASA Stardust-Projekt 189
나선 은하 32
낙하 법칙 23-4 207
내기 46-7 90-1 106 280
내성內省 Introspektion 256 258
내재성 Immanenz 146 216
네안데르탈인 228-9 233
논리실증주의 Logischer Positivismus 49-50 52
논리주의 Logizismus 42
논증중단 53
농경문화 229
뉴런 195
뉴에이지 186
뉴턴 역학 29
느낌 95 112 243
니르바나 Nirvana 154

다발 Paketen 34
다세계 이론 Viele-Welten-Theorie 98 100 204 207
다세포생물 131 194-5

다신 158
　~교 Polytheismus 232
다우주 이론 Viele-Universen-Theorie 275
다윈의 불독 133
다중우주 Multiversum 98-101 103
다차원성 58
다층성 58
단백질 192-4
단 하나의 이론 36
대뇌변연계 243
대뇌피질 Cortex 241 248
　~ 언어중추 226
　~ 연합중추 226
대립 모형 68 86
대립자들의 합일 Coincidentia oppositorum 156 177
대안우주 alternative Universen 97 105 116 204
대우주 Makrokosmos 57 111-2 208
대체 82-3 85 99 107 110 133 139 203 235
대통일이론 GUT(Grand Unified Theory) 36-7 40
대폭발 Urknall 29 31 92 168 170 272
대헌장 163
거대강입자가속기 LHC(Large Hadron Collider) 111 114
도교 158
도구적 지식 Verfügungswissen 174
도르도뉴 지방 229
도미니코회 219
독단론 Dogmatismus 53 64 256
독립성 66
돌연변이 Mutation 129 186 192 194 197
동물학 131
동요 Fluktuation 47 92 140 151 253
DNA 131 192-5 227-8
D-2 계획 169
디자이너 신 Designer-Gott 106
디자이너 우주 103

루아 Ruach 216

마리너 188
마이크로파 복사 32
마카베오기 165
막스플랑크 연구소
　~ 뮌헨/가르힝 208
　~ 인지·신경과학 253
　~ 진화생물학 194
　~ 프랑크푸르트 243
망상 Illusion 81 83 198
　~ 이론 81 83
메소포타미아 229 266
멘델의 법칙 129
명제 40 48-9 51-6 68 102 106 108 198
모든 것을 통합하는 이론 TOE(Theory of Everything) 38
모세 오경 137 163 268
모순 23 26 34 38 40 42-4 78 88 118 136 166 168 177
목티 131
뫼동 천문대 Observatorium Meudon 206
무거운 핵 94
무궁동 無窮動 88
무류성 無謬性 Unfehlbarkeit 64 134 136 140
무모순성 42-4 55
무신론 51 79 83 85 91-2 106-7 110 121 217
　~적 과학 82-3
　~적 사회주의 82
　~적 휴머니즘 82
무에서의 창조 creatio ex nihilo 164-5 172
무염시태 117
무척추동물 131
무한 반복 Endlos-Schleife 47
무한성 87 101 106 119 152-3 279
무한소급 regressus in infinitum 53

무한자 ápeiron 74 217
문명 63 187-9 225 230
문화 57 82 109 158 160 174 187 203
　　225 227 229-32 253 259 262-5
　　~민족 Kulturvölker 230
　　~인류학 231
　　~종교 Kulturreligion 158
물 11 31 57 74 120 159 167 169 186
　　189 191 216 275
물자체物自體 Ding an sich 67 78
물질 19 31-3 36 46-7 54 57 60 87-8
　　93-5 109-11 113 123 141 150 170-1
　　173 186 193-4 196 198 200-1 204-5
　　216 241 254-5 273
　　~대사 Metabolismus 186 193-4
　　~ 덩어리 32 46
물티베르숨 Multiversum 20
물활론적 투사 198
뮌히하우젠 트릴레마 Münchhausen-Trilemma 53
미적분법 27
미확인비행물체 UFO 186
민중신심 117
밀도 31 38 46 75 88 92

바빌론 유배 163
바이킹 188
반反그리스도인 91
반물질 Antimaterie 57 93
반복성 74
반양성자 Antiproton 57 93
반입자反粒子 31
반종교개혁 25
반증 Falsifikation 40 42 52-3 100 137 170
발생학 Embryologie 130-1
방향 설정의 지식 Orientierungswissen 174
배경복사 Hintergrundstrahlung 32 88 104 151

배중률排中律 41
백색왜성 57 90 273
백악기 225
번식 Reproduktion 129 185-6 193
범신론적 일원론 234
범심론汎心論 Pan-Psychismus 146
범주 Kategorie 67 146 218 278
변동 Ups and Downs 112 197 263 272
변이 Veränderung 129-30
변증법적 유물론 Dialektischer Materialismus 87 198
별들의 재 273
보이저 188
보편 과학 42
보편주의 Universalismus 164
복구 효소 Reparaturenzym 195
복사 에너지 31
복사열 32
복수우주 Ensemble 103
본능적 반대 instinktive Opposition 94-5 102-4 109
볼츠만 상수 93 204
부동不動의 원동자原動者 Unbewegter Beweger 74 153 217
부모 우주들 Eltern-Kosmen 100
부시먼 Bushman 229
분자생물학 34 54 131 192 200-1 259 281
분자유전학 129 230
불 41 74 120 136 159 210 228
불가지론不可知論 51
　　~자 132
불교 155 158-60
불변성이론 Konstanztheorie 129
불확정성원리 Gesetz der Unschärfe- oder Unbestimmtheitsrelation 34 55 155
브로카 영역 Broca-Areal 227
블랙홀 46-7 57 90 98 101 106
비가역성 88
비글Beagle 호 128
비슈누 Vishnu 159

비유 59 99-101 112 115 120 157 167 173 264
비유클리드 기하학 29
비판적 실재론 Kritischer Realismus 28
빅뱅 Big Bang 21 29-33 37-8 46 54 57 75 86-90 93 95 97-8 101-4 107 116 174 203-4 208 270 273
　～ 모형 33 113
　～의 메아리 151 ☞ 배경복사
빈 문화사 학파 Wiener Kulturhistorische Schule 231
빈 학단(비엔나 서클) Wiener Kreis 48 50 140
빛 11-4 27 29 46 57 86 164 167 169-70 174 177-9 190 220 267-8 271 274 279-80
빛나는 어둠 154

**사**건의 지평선 Ereignishorizont 46
사변思辨 47 72 79 96-9 101-3 105 107-8 116 204 217 272-3
사유思惟 22 54 76 141-2 150-1 154 156 234 236
사이버 골상학骨相學 Cyber-Phrenologie 250
사이비
　～개념 Scheinbegriff 51
　～명제 Scheinsatz 51-2
　～문제 49-50 56
사이언스 앤드 휴머니티 디맨션 프로젝트 Science and Humanity Dimension Project 45
사이언티픽 컴퓨팅 47
사자死者 숭배 232
사제계 문헌 Priesterschrift 163-4
4차원 111
　～ 시공간 연속체 29
삶의 문제 84
삶의 자리 Sitz im Leben 167

3차원 29 111 118
상대성이론 Relativitätstheorie 27 34 66
상동곡常動曲 88
상보성 Komplementarität 177-8
　～ 모형 68-9
상수 13 95
상제上帝 160
상징 22 27 112 115 155 157 159 165-7 173 177 184 209 214 229 277-8
상호작용 Interaktion 34 36-7 64 69 83-4 89 111 114 235 256
『새로운 천문학』 22
생기론生氣論 Vitalismus 196 205
생명권역 Biosphäre 141
생물지리학 Biogeographie 130-1
생물학 14 25 55 57 117 128 131-2 138 146 185 192 194-6 198 202 230 242 247 250-1 254 260 262-3 265 281-2
　～의 코페르니쿠스 132
생의 약진 élan vital 141 196
생존경쟁 Kampf ums Dasein 129-30 132-3
생체 진화 Bio-Evolution 234
선결문제요구의 오류 Petitio principii 244
선사 종교 232-3
선재성先在性 176
선택 Auswahl 27 38 91 98 118 129-30 194 198 202 227 251 258 278
선험적 apriorisch 67
섬세의 정신 Esprit de finesse 61
성간星間물질 186
성경 11-2 14 23 55 64 74-5 85-6 104 129 132-4 136-7 142 147 155 157 160 162 165-8 170-3 176 183 209-15 220 232 265 269 274 276-8
　～의 책 23 85
성공회 132-3
성담聖譚 212 279
성령 216 220
성모 승천 135

성서학 162
세계란世界卵 159-60
세계 모형 21-3 28 35 87 94 119 174-5 278
세계 수수께끼 Welträtsel 109-11
세계 시기 Weltperiode 164
세계 에테르 Weltäther 102
세계 윤리 Welt-Ethos 264-5 269
　~ 구상 15
세계의 시간 Welt-Zeit 76 176
세계이해 119
세계 정식 Weltformel 19 35-7 39 73 156 205
　하이젠베르크의 ~ 36
세계 존재 Weltwesen 151
소립자 19 31 35-6 57 114 141 200 208
　~물리학 34 111-2
소멸 82 90 273
소박한 실재론 27
소여성所與性 67
소우주 Mikrokosmos 57 111-2 208
속屬 131 164 227-8
송과선松果腺 235
수소 31-2 93-4 273-4
수위권 Primat 134 140
수학의 근거 논쟁 67-8
수학적 보편 과학[보편 수학(mathesis universalis)] 41
수학적 언어 23 83 207
수학적 확실성 54 76
수학화 능력 43
순수 복사 46
순수 이성 91 119-20 142 172 278
『순수이성비판』 77
순환논증 Zirkelschluß 53 244
스칼데 Skalde 160
「스타워즈」 Star Wars 190
스토아 철학 233
스피리투스 Spiritus 215
시간 13 22 28-9 32-3 39 45-6 57 59 66-7 76-8 83-4 86 88 90 98 105 111 115 118-9 145-6 150 153-4 170-2 176 197 204 208 213 232 251 265 274 278
　~의 세계 Zeit-Welt 76
　~의 시초 Anfang der Zeit 76
시간공간 Zeit-Raum 171
시공간 연속체 Raum-Zeit 29 33 111
시나이 전통 Sinai-Tradition 265
시냅스 Synapse (신경세포 연접부) 255
시대의 오류 135
시도와 오류 trial and error 53 64
시바 Shiva 159
시원론 Protologie 277
시초의 시점 zeitlicher Anfang 76
시크교 158
시토신 Cytosin 192
식물학 131
신
　공백을 때우는~ Lückenbüßer-Gott, God of the Gaps 117 119
　~ 부재 증명 78
　~의 계획 Plan Gottes 206
　~의 마음 Mind of God 37 156
　~의 실존 Wirklich-Sein Gottes 120
　~의 암호 155
　~의 정신 37 39 44-5
　~의 죽음 82 157
　~ 존재 증명 77-8 102 105 201
신경신학 260
신경전달물질 248
신경제학 new economics 101
신경학적 전회 neuronal turn 259
신경환원주의 250
신뢰 15 27 53 106 116 120-1 149 175-6 202-3 209 214 221 261 279-80
신명기 문헌 Deuteronomium 163
신비가 142 158
신비종교 158
신생대 131
신석기시대 229

신성 theîon  74  85  147  149  152  164  234
신실증주의 Neo-Positivismus  49
신앙  60  62  64  77  79  85  106  133  138
    142  148  151  166  168  170  173-6  198
    201  203  208-11  213-4  218  233  260
    266  268  277-8
신약성경  158  210  216  267-8  271  274  277
    279
신유물론 Neuer Materialismus  79
신자유주의  63
신통계보학神統系譜學 Theogonie  158
실존주의 Existentialismus  197  238
실증성 Positivität  139
실증주의 Positivismus  47-9  52-3  139-40
실천 이성 praktische Vernunft  120
실체 entity, Entität  84  145-6  209-10  234
    264
심리주의 Psychologismus  53
심신병행론 Psychophysischer Parallelismus  234
심신이원론 Psychophysischer Dualismus  235
심신일원론 Psychophysischer Monismus  234
십계명  265-6

아기 우주 baby-Universum  47  100
아데닌 Adenin  192
RNA  131  194
아르키메데스의 점  121-2
아마겟돈  276
아미노산 연대측정법  234
아우구스티누스 수도회  129
아우트후믈라 Audhumla  160
아원자亞原子입자  112
아이슬란드  160
아종亞種  229
아편  81  83
    ~ 이론  81-2
아폴로  169
아프리카–시리아 지구대  229
안드로메다 성운  30  190-1  271
알파  214-5  279-80
암흑물질 Dunkle-Masse, Dunkle Materie  93
암흑 에너지 Dunkle Energie  114  273
애보리지니 Aborigine  159  229  231
야훼  165  265-6
    ~ 전승 문헌 Jahwist  163  165
약력  73  111
양성자陽性子 Proton  31  57  92-3  111-2  146
양자量子 Quant  34  101  106  113  218
    ~론 Quantentheorie  27  30  33-5  40
    55  66  102  151
양자물리학 Quantenphysik  34  39  67  250
    258
    ~의 법칙  36  46
양자역학 Quantenmechanik  34-5  37  104
    109  155  192  196  199  234
양자장이론 Quantenfeldtheorie  36
양전기陽電氣  34
양전자陽電子 Positron  31
    ~방출단층촬영술 PET  241
언어 분석  49
엄밀한 의미에서의 신비 Mysterium stricte
    dictum  117
에너지  31  34  38  47  54  83-4  88-9  92-5
    109-11  123  170  186  197-8  204  215
    235  273
    ~량  34
    ~ 양자  34
에다 Edda  90  160
엔트로피 Entropie  88
엘로힘 Elohim  163
    ~ 전승 문헌 Elohist  163  165
M이론  107-8
여호와의 증인  276
역사비평적 성서 해석  66  68  136-7  184
    212

역사 시대 229 233
역사학 56 128 259
역설 42 44 154
역학의 3공리(운동의 3법칙) 27
연장延長 234
열역학 제2법칙 88
염기 192 194
염동念動 Telekinese 99
염세적 은둔자 Hinterweltler 121
영국 과학진흥협회 the British Association for the Advancement of Science 133
영성적 생철학 141
영원한 세계 175-6
영혼 anima, Seele 60 135 138 146 148 165 184-5 233-6
　~숭배 232
　~창조설 Kreatianismus 185
　~출생설 Generatianismus 185
영화靈化 Vergeistigung 166
예수회 143 145 219
예언자 79 140 158 202 212 268
예언 종교 158
오메가 214-5 279-80
　~ 포인트 Punkt Omega 141-2 197
오스트랄로피테쿠스 Australopithecus 227
올두바이 협곡 228
외계 생명 92 186 192
외계 지성 탐사 계획 SETI(Search for extra-terrestrial intelligence) 187
외부은하(은하계 외 성운) 30
　~ 천문학 30
요동 171 273
요엘서 271
우니베르숨 universum 20 57
우연 35 103 173 179 194 196-201 205 215 217 219
우주 그리스도 142
우주 내적 intra-kosmisch 98
우주 대수축 Big Crunch 272-3
우주 디자이너 167

우주론적 논증 103 105
우주발생론 Kosmogonie 158 160 164
우주복사장輻射場 33
우주상수 kosmische Konstante 101 114
우주 소음 수준 32
우주 외적 extra-kosmisch 98
우주 전쟁 276
우주 질서 dharma 164 268
　~ 원리 92-3
우주 팽창 모형 29-30
우주현상학 164
운동량 35 55
원력元力 112
원료 32-3
원본原本 윤리 Ur-Ethos 264-5
원소元素 32 90 94 103 112 186
　~주기율표 103
원숭이 재판 136-7
원시물질 Urmaterie 159 193
원시민족 Naturvölker 230
원시세포 Urzelle 132
원시원자 Ur-Atom 29
원시일신교 Urmonotheismus 232
원시 조류 131
원시종교 Urreligion 232 264
원시태양 Ur-Feuerball 31 92 107
원시헬륨 Urhelium 93
원原우주 Proto-Universum 107
원자론자 54 197
원자상수 93
원자핵 34 67 111 272
원죄 117 136
웨너 그렌 재단 Wenner Gren Foundation 143
위대한 존재 Grand Être 139
위치 22 35 39 55 162
WIMP(Weakly Interacting Massive Particles) 114
유교 158
유대교 105-6 137 158 161 277

유럽입자물리연구소 CERN(Conseil européen pour la recherche nucléaire) 114
유물론 Materialismus 37 58 80 83 87 110 169 198 200 237-8
　～적 기계론 Materialistischer Mechanismus 196
유비 167
유신론 51 154
유인원 226-8 240-1 246
유일신 158 163
유전물질 192 194-5 228
유전자 191 195 227 239-40
　～ 복제 129
　～ 재조합 129
　～ 코드 192
유전형질 129
유한자 154 217
육지식물 131
육체 60 146 213 234-7
은유 113 151 157 165 167 177 213 236
　～적 상징어 metaphorische Bildsprache 166 277
은총 논쟁 219
은하계 30 32-3 46 73 75 93 97 103 113 127 168 186-7 191 271-2
음전기 34
의미 20 22 30 35 42 48-51 53-4 56 60 64 68-9 76 82-4 90 97 105 110 112 115 117-20 122 130 133 139 142 148-9 151-2 157 163 168 170-1 173-7 185 199 206-15 217-8 224 226 230 232 250 253 255-6 261 263 265 267 274 277-8 280
　～ 기준 Sinn-Kriterium 53
의사소통 228 255
의지의 제어 Willensdruck 252
이데아 *idea* 74 153 156 267
이론물리학 27 281
이론 이성 theoretische Vernunft 120
이미르 Ymir 160

이성 Raison 139
　～적 동물 *zoon logon echon*, animal rationale 233
　～적 인물들 Rationalen 60
이슬람교 105-6 158
이오니아 74
이웃 세계 Mit-Welt 176
이원론 Dualismus 60 234-5
이율배반 42
이중나선 Doppelhelix 192
이집트 210 212-3 229 266
이형끈이론 die heterotische Stringtheorie 38
인간기계론 237
인간 발생 Anthropogenese 141 234
「인간 생명」 *Humanae vitae* 135
인간중심적 망상 198
인공수정 129
인과성 57 67 218
인력引力 96
「인류의 기원」 *Humani generis* 135 143
인류일원설 Monogenismus 135
인류 진화 Hominisation 225
인본 원리 antropisches Prinzip 205-8 214
일반상대성과 중력에 관한 제17차 더블린 회의 47
일반상대성이론 Allgemeine Relativitätstheorie 28-9 46 104
일원론 Monismus 58 110 128 146 234
일의성一義性 50
일자一者 Ur-Eines 153
일차원성 58
일치주의 Konkordismus 142-3
입자설 34

**자**가동력 Eigendynamik 185
자기 결정 Selbstbestimmung 253
자기뇌파기록장치 Magnet-Enzephalograph 251

자기 원인causa sui  172
자기이해  67  119
자기 입법Selbstgesetzgebung  253
자기조직화Selbstorganisation  193
자기 증식  108  194
　～ 우주  102
자아 인식Selbsterkenntnis  261
자연법칙  23  39  43  52  61  83  93  151  155  198  205  208  211-3  217  241  273
자연상수  28  86  92  116  204  206
자연선택(자연도태)  129-30  193  218
자연신학  65
자연의 책  23  85
자연 존재 Naturwesen  57
자연종교 Naturreligion  158
자연주의 Naturalismus  58  253
자연철학자  74  110
자유  38  77  116  185  197  199  209  219-21  233-4  237-9  243  246  251-2  254-8  260-1  266-8
　～의지 Willensfreiheit  59  110  240  242-5  249  251-4  258
　～ 존재 Freiheitswesen  57
자율 Autonomie  85  239  244  253  263
　～성  54-5  66  77  209  246
자의식  14  57  242  247  249
자이나교  158
재치권  140
저급한 정보 합리성 low-information rationality  161
저항의 철학  238
적색거성  57  271  273
적색편이赤色偏移(허블 효과)  30
적자생존 the survival of the fittest  129  193-4
전기역학 Elektrodynamik  34
전기학  41
전두엽  243
전자 Elektron  31  34  77  92  102  196  199  273

전자기  34  89
　～력  73  111  204
　～ 약이론  89
절대 동시성  102
절대온도  32
절대 정신 der absolute Geist  127  139
정량 실험  23
정령숭배  232
정밀 조정 Feinabstimmung  93-6  103  204-5
정보 bit  28  46-7  109  111  161-2  174  191  193  195  228  247  258-9  277  282
　～ 생성 과정 information generating process  109
정상우주론 Steady State Cosmology  88-9  104  107  160
정신 noús, psyche, res cogitans  12  20  24  37-9  44-5  55  60-1  63  68  74  106  127  140  144  146  150  152  173  179  184-5  203-8  213  221  225  233-7  240-1  245  250  255-6  258-9
　～과학 Geisteswissenschaft  55  57  66
　～권역 Noosphäre  141
　～ 진화 Psycho-Evolution  234
정지 문제 Halte-Problem  47
정지질량 Ruhemasse  92
정치적 동물 zoon politikón  233
제로 시점  75
제1불완전성정리 der erste Unvollständigkeitssatz  40  43  47
제1세대 별  33
제1차 바티칸 공의회  134  140
제2불완전성정리  42  55
제2세대 별  32
제2의 원숭이 재판  136
제2차 바티칸 공의회  144
제4차 세계종교회의  15
조건적 인식 Wenn-Dann-Erkenntnis  261
'존재론적' 신 존재 증명  102
종  128-31  134  164  186  192-3  196  215
종교개혁  76

종말론 Eschatologie 271 277
종種의 불변성 129
종자식물 131
종족 종교 Stammesreligion 158
좌회전성 분자 191
주변 세계 176-7 209 236 277
주체 51 57 60 77 83 256
준비 전위 Bereitschaftspotential, readiness potential 251
준성準星 111
중력 13 27-9 32 34 36 46-7 73 95-6 98 105 111 113 204 273
　～의 법칙(만유인력의 법칙) 27 36 46
중생대 131
중석기시대 228
중성미자 Neutralino 114
중성자中性子 Neutron 31 92 111-2
　～별 Neutronenstern 273
즉물적 실재론 Unvermittelter Realismus 27
증언판 265-6
지고한 궁극의 실재 Ultimate Reality 155
지구형 행성 탐사선 Terrestrial Planet Finder 99
지속적 창조 creatio continua 172-3
지양 Aufhebung 67-8 128
지적 강요 116
지혜 155
　～ 문학 265
　～ 종교 158
직관 61 78 244
　～주의 Intuitionismus 42
진동 우주 모형 Modell eines schwingenden Universums 160
진자 법칙 23
진짜 신비 117
진화 Evolution 90 110 119 123 125 127-35 137-8 141-2 145 148 152 173-4 179 189 193-8 200 202-6 208-9 211 214-6 219 225 229 231 234-5 240-1 258 262-3 265 273 282

　～론 129-34 136 138 143 168 183 192 209
　～주의 Evolutionismus 133
질량 29 46 92 94 96 114
질료 Stoff 74 235
질서 Kosmos 19-20 68 74 92-3 140 146 158 164-5 167-8 174-6 199 207 230 268
집합론 Mengenlehre 41-2

참여 철학자 Philosophe engagé 238
창조론 Kreationismus 136 168 173
창조 신비주의 Schöpfungsmystizismus 200-1
창조 이야기 162-3 165 170 173 177 209
창조적 진화 141
책임 12 25-6 57 91 118-20 122 140 165 177 238 244-6 255-6 261-2 269
처녀 출산 117
척추동물 110
천체역학 27 41
철저성 58
철학의 전환 48
초기 조건 38 75 92 108-9 206
초끈이론 Superstring-Theorie 36 107-8
초법칙 Metagesetz 205
초신성 폭발 Supernova-Explosion 273
초월성 Transzendenz 106 146 150 153 164 216 260
초이론 Super-Theorie 36
초인 Über-Mensch 155
초자아 Über-ich 155
초자연법칙 206-7
촉매 193-4
최고 존재 Être suprême 139
최상위층 59
최종 폭발 272
최하위층 59
추측 conjecture 53 99 272

충만화 Pleromisation 142
층에 관한 이론 Schichtentheorie 59

카오스 *Chaos* 20 199
　~이론 Chaos-Theorie 199 218
컴퓨터단층촬영기 CT(Computertomograph) 246
케네디 우주 센터 86
코란 75 155 158 166 173 268
코스모스 *Kosmos* 19-20 57
코페르니쿠스적 전환 Kopernikanische Wende 22 76
코페르니쿠스적 혁명 Kopernikanische Revolution 170
코펜하겐 해석 Kopenhagener Deutung 178
쾰른 관구 공의회 134
쿼크 Quark 67 92 99 111-3
퀘이사 Quasar 111
크로마뇽 동굴 229

타이탄 183 191
텔레파시 Telepathie 99
토라 268
토성 23 183 191
통일과학 Einheitswissenschaft 51
통일성 60 65 143 164
통일장이론 die einheitliche Feldtheorie 34
통합 모형 68
통합주의자 Integralist 136
퇴행 Regression 81
투사投射 Projektion 81-2
　~ 이론 81-2
트릴레마 Trilemma 53
특이점 Singularität 38 74 86 105-7 109 172
　~ 정리 Singularitätstheorem 106
티민 Thymin 192

파동설 34
파동역학 14
파티마의 기적 117
패러다임 전환 Paradigmenwechsel 22-3 26 28 77 158
펄서 Pulsar 111
페르페투움 모빌레 Perpetuum mobile 88 96
평행 우주 Paralleluniversum 47 100
폐기 82
포유류 131 195-6
표준모형 Standardmodell 31 33 54 75 88-9 93 111 208
표준 핵물리학 Standardkernphysik 104
푸루샤 *Purusha* 159
프네우마 *Pneuma* 216
프랑스혁명 62 139
플랑크 상수 92 204
플레로마 *Pleroma* 141
플레이버 flavor 112
피타고라스 학파 68
피타고라스의 정리 105

하나 *tad ekam* 154
하느님 11 85-6 137 147 157 163-7 169-78 184-5 197 210-1 213-7 220 265-6 268 277-80
하르마게돈 276
합리성 58 61 65 102 121 160 202 230
합리주의 Rationalismus 58 86 121 277
　~자 Rationalist 60
합법칙성 74 128 193 201
항성계 111
해석기하학 76
핵력 34 94 111
핵산 192-4
핵생성 과정 Nukleation 100
핵융합 31
행동과학 235-6 238-9

행성 궤도 법칙  207
행성 운동 제3법칙  22
허무주의 Nihilismus  82
허블 천체 망원경  30
헬륨  30-2
　　~핵  31
현상계  66  69  78
형상 Form, *Entelechie*  159  177-8  235
형식주의 Formalismus  42
형태학 Morphologie  130-1
호교론  66
　　~자  74  260
호모 사피엔스 Homo sapiens  127  131  228-9
호모 에렉투스 Homo erectus  127  131  228
호모 하빌리스 Homo habilis  227-8
호미니드 Hominid  227-8
호이겐스 Huygens  183  191
'호혜적' 이타주의 'reziproker' Altruismus  263
혼돈 Chaos  20  105  164  174  176  199
홍수지질학 Flood-Geology  168
화성  189-91
확률적 개연성  35
환원주의 Reduktionismus  27  62  246  250-1
황금 배아  159
후속 본성 nachfolgende Natur  147
힘  29
힌두교  158-9  268
힘의 장場  57

#### 한스 퀑HANS KÜNG

1928년 스위스 수르제에서 태어나 1948~1955년 교황청 그레고리오 대학에서 철학과 신학을 공부했다. 1954년 사제품을 받았고 이듬해 파리 소르본 대학과 가톨릭 대학에서 학업을 계속하여 1957년 신학박사 학위를 받았다. 1959년까지 스위스 루체른에서 사목 활동을 하다가 1960년 튀빙겐 대학교 기초신학 교수로 초빙되었다. 1962년 교황 요한 23세는 퀑을 제2차 바티칸 공의회 고문顧問 신학자로 공식 임명했다. 1963~1996년, 퀑은 튀빙겐 대학교 신학부 교의신학 및 교회일치 신학 정교수 겸 교회일치연구소장으로 봉직했다. 1968~1989년에는 뉴욕 유니언 신학대학을 시작으로 바젤 · 시카고 · 미시간 · 토론토 · 라이스 대학교의 초빙 교수를 역임했고, 케임브리지 대학교를 포함한 전 세계 15개 대학에서 명예 박사 학위를 받았다. 지난 수십 년간 그의 저술과 강연들은 가톨릭의 영역을 뛰어넘어 세계 신학계 전반에 강력한 도전이 되었다.

#### 한스 퀑의 주요 저서[우리말 번역은 분도출판사 발간본]:

*Rechtfertigung. Die Lehre Karl Barths und eine katholische Besinnung,* Johannes/Benziger 1957.

*Konzil und Wiedervereinigung. Erneuerung als Ruf in die Einheit,* Herder 1960.

*Strukturen der Kirche,* Herder 1962.

*Kirche im Konzil,* Herder 1963.

*Die Kirche,* Herder 1967.

*Wahrhaftigkeit. Zur Zukunft der Kirche,* Herder 1968.

*Menschwerdung Gottes. Eine Einführung in Hegels theologisches Denken als Prolegomena zu einer künftigen Christologie,* Herder 1970.

*Was ist Kirche?,* Herder 1970 [이홍근 옮김 『교회란 무엇인가?』 1978].

*Unfehlbar? Eine Anfrage,* Benziger 1970.

*Fehlbar? Eine Bilanz,* Benziger 1973.

*Christ sein,* Piper 1974.

*20 Thesen zum Christsein,* Piper 1975.

*Jesus im Widerstreit. Ein jüdisch-christlicher Dialog* (P. Lapide와 공저) Calwer/Kösel 1976.

*Existiert Gott? Antwort auf die Gottesfrage der Neuzeit,* Piper 1978 [전반부: 성염 옮김 『신은 존재하는가? I』 1994].

*Freud und die Zukunft der Religion,* Piper 1978.

*24 Thesen zur Gottesfrage,* Piper 1979.

*Die christliche Herausforderung. Kurzfassung von Christ sein,* Piper 1980 [정한교 옮김 『왜 그리스도인인가?』 1982].

*Kunst und Sinnfrage,* Benziger 1980.

*Ewiges Leben?*, Piper 1982.
*Christentum und Weltreligionen. Hinführung zum Dialog mit Islam, Hinduismus und Buddhismus* (J. van Ess, H. von Stietencron, H. Bechert와 공저) Piper 1984.
*Theologie – wohin? Auf dem Weg zu einem neuen Paradigma* (D. Tracy와 공저) Benzinger 1984; Gütersloher Verlagshaus 1984.
*Das neue Paradigma von Theologie. Strukturen und Dimensionen* (D. Tracy와 공저) Benzinger 1984; Gütersloher Verlagshaus 1984.
*Dichtung und Religion. Pascal, Gryphius, Lessing, Hölderlin, Novalis, Kierkegaard, Dostojewski, Kafka* (W. Jens과 공저) Kindler 1985.
*Theologie und Literatur. Zum Stand des Dialogs* (W. Jens, K.-J. Kuschel과 공저) Kindler 1986.
*Katholische Kirche – wohin? Wider den Verrat am Konzil* (N. Greinacher와 공저) Piper 1986.
*Theologie im Aufbruch. Eine ökumenische Grundlegung*, Piper 1987.
*Christentum und Chinesische Religion* (J. Ching과 공저) Piper 1988 [이낙선 옮김 『중국 종교와 그리스도교』 1994].
*Anwälte der Humanität. T. Mann – H. Hesse – H. Böll* (W. Jens와 공저) Kindler 1989
*Die Hoffnung bewahren. Schriften zur Reform der Kirche*, Benziger 1990.
*Projekt Weltethos*, Piper 1990 [안명옥 옮김 『세계 윤리 구상』 1992].
*Das Judentum*, Piper 1991.
*Mozart – Spuren der Transzendenz*, Piper 1991.
*Die Schweiz ohne Orientierung? Europäische Perspektiven*, Benziger 1992.
*Credo. Das Apostolische Glaubensbekenntnis – Zeitgenossen erklärt*, Piper 1992 [이종한 옮김 『믿나이다』 1999].
*Weltfrieden durch Religionsfrieden. Antworten aus den Weltreligionen* (K.-J. Kuschel과 공저) Piper 1993.
*Erklärung zum Weltethos. Die Deklaration des Parlamentes der Weltreligionen* (K.-J. Kuschel과 공저) Piper 1993.
*Das Christentum. Wesen und Geschichte*, Piper 1994 [이종한 옮김 『그리스도교』 2002].
*Große christliche Denker*, Piper 1994.
*Ja zum Weltethos. Perspektiven für die Suche nach Orientierung* (Hg.) Piper 1995.
*Menschenwürdig sterben. Ein Plädoyer für Selbstverantwortung* (W. Jens와 공저, D. Niethammer, A. Eser 공동 기고) Piper 1995.
*Weltethos für Weltpolitik und Weltwirtschaft*, Piper 1997.
*Wissenschaft und Weltethos* (K.-J. Kuschel과 공저) Piper 1998.

*Spurensuche. Die Weltreligionen auf dem Weg,* Sachbuch Piper, 7 Videos Komplett-Media, CD-Rom Schroedel 1999.

*Die Frau im Christentum,* Piper 2001 [이종한 · 오선자 옮김 『그리스도교 여성사』 2011].

*Kleine Geschichte der katholischen Kirche,* Berliner Taschenbuch Verlag 2001.

*Globale Unternehmen – globales Ethos. Der globale Markt erfordert neue Standards und eine globale Rahmenordnung* (Hg.) FAZ-Verlag 2001.

*Brücken in die Zukunft. Ein Manifest für den Dialog der Kulturen. Eine Initiative von Kofi Annan* (Hg.) S. Fischer 2001.

*Wozu Weltethos? Religion und Ethik in Zeiten der Globalisierung,* Herder 2002.

*Dokumentation zum Weltethos* (Hg.) Piper 2002.

*Friedenspolitik. Ethische Grundlagen internationaler Beziehungen* (D. Senghaas와 공저) Piper 2003.

*Der Islam,* Piper 2004.

*Weltethos christlich verstanden* (Angela Rinn-Maurer와 공저) Herder 2005.

*Der Anfang aller Dinge. Naturwissenschaft und Religion,* Piper 2005 [서명옥 옮김 『한스 큉, 과학을 말하다』 2011].

*Musik und Religion. Mozart – Wagner – Bruckner,* Piper 2006.

*Weltethos aus den Quellen des Judentums* (Walter Homolka와 공저) Herder 2008.

*Was ich glaube,* Piper 2009.

*Anständig wirtschaften. Warum Ökonomie Moral braucht,* Piper 2010.

*Ist die Kirche noch zu retten?* Piper 2011.

**서명옥**

독일 뷔르츠부르크 대학교에서 기초신학 전공으로 신학 석사 학위를 받았다. 「예수의 특이성: 정당한 혼합주의는 존재하는가?」 「예수 그리스도: 역사 안에서의 절대자? 한 역사적 실재의 보편적 의미에 대한 물음」 등의 논문을 썼고, 『성서에서 만난 변화의 표징들』 『올해 만날 50천사』 『50가지 성탄 축제 이야기』 등을 분도출판사에서 옮겨 펴냈다.